教育部哲学社会科学发展报告培育项目资助
教育部人文社会科学重点研究基地基金资助

中国国有经济发展报告
（2021）

Report on the Development of China's State-owned Economy

李 政　彭华岗　等著

中国财经出版传媒集团
经济科学出版社
Economic Science Press

图书在版编目（CIP）数据

中国国有经济发展报告.2021/李政等著.—北京：
经济科学出版社，2021.10
ISBN 978-7-5218-2950-1

Ⅰ.①中… Ⅱ.①李… Ⅲ.①中国经济-国有经济-
经济发展-研究报告-2021 Ⅳ.①F121.21

中国版本图书馆 CIP 数据核字（2021）第 204030 号

责任编辑：于 源 冯 蓉
责任校对：郑淑艳
责任印制：范 艳

中国国有经济发展报告（2021）

李 政 彭华岗 等著

经济科学出版社出版、发行 新华书店经销
社址：北京市海淀区阜成路甲 28 号 邮编：100142
总编部电话：010-88191217 发行部电话：010-88191522
网址：www.esp.com.cn
电子邮箱：esp@esp.com.cn
天猫网店：经济科学出版社旗舰店
网址：http://jjkxcbs.tmall.com
北京季蜂印刷有限公司印装
710×1000 16 开 31.5 印张 300000 字
2021 年 10 月第 1 版 2021 年 10 月第 1 次印刷
ISBN 978-7-5218-2950-1 定价：110.00 元
(图书出现印装问题，本社负责调换。电话：010-88191510)
(版权所有 侵权必究 打击盗版 举报热线：010-88191661
QQ：2242791300 营销中心电话：010-88191537
电子邮箱：dbts@esp.com.cn)

本书编委会

学术顾问委员会：邵　宁　金　碚　刘国光
　　　　　　　　郑海航　程恩富　杜　莉
　　　　　　　　谢　地　黄速建　黄泰岩
　　　　　　　　彭华岗　吴易风　李俊江
　　　　　　　　徐传谌　张　杰　张　宇
　　　　　　　　张承耀
课题组组长：李　政　彭华岗
课题组成员：李中义　廖红伟　顾洪梅
　　　　　　王文成　张东明　张炳雷
　　　　　　何　彬　李　何　赵岳阳
　　　　　　刘朝阳　王　婷　石纬林

前　　言

《中国国有经济发展报告》系教育部人文社会科学重点研究基地吉林大学中国国有经济研究中心（以下简称"中心"）在相关政府部门支持下隆重推出的系列报告，受到中央电视台、《经济日报》《中国社会科学报》等媒体广泛关注和报道，取得较大学术与社会影响。

本报告是在《中国国有经济发展报告（1949～2002）》《中国国有经济发展报告（2003～2010）》《中国国有经济发展报告（2003～2012）》《中国国有经济发展报告（2013～2019）》基础上，中心出版的第五部报告。本报告全面反映和总结了"十三五"时期国有经济和国有企业发展与改革进展和成就与问题，并对"十四五"时期国有经济改革发展做出展望。本报告还对"十三五"时期国有经济研究相关成果做了梳理和评述。

国有经济有广义和狭义之分。广义的国有经济指以经济资源归国家所有为基础的一切经济活动和过程，主要包括三个方面的内容：一是对重要的自然资源（如土地、矿山、石油、港口等）和重要的公共资源（如电信、烟草专卖、金融、证券、配额、许可证等）等特殊资源的垄断权、控制权；二是国家财政收入，包括税收和国家投资收益，通常是国有企业上缴的税利；三是以国有企业和国有资本为载体的全部经济活动。狭义的国有经济一般指以国有企业和国有资本为载体而进行的经济活动、取得的经济成果。本报告主要是以狭义的国有经济为对象进行研究、分析和总结。

《中华人民共和国宪法》第七条明确指出："国有经济，即社会主义全民所有制经济，是国民经济中的主导力量。"实现国有经济高质量发展，对于发挥中国特色社会主义的制度优势，促进生产力发展和人民生活水平提高，保持我国经济社会持续稳定健康发展，提高国家治理能力，具有关键作用。需要指出的是，在我国国有经济与包括民营经济在内的非国有经济之间是相容共生、相互融合发展、相互促进的关系，而非你进我退、此消彼长的对立关系。

党的十九届四中全会通过的《中共中央关于坚持和完善中国特色社会主义制度，推进国家治理体系和治理能力现代化若

前 言

干重大问题的决定》(以下简称《决定》)指出:"公有制为主体、多种所有制经济共同发展,按劳分配为主体、多种分配方式并存,社会主义市场经济体制等社会主义基本经济制度,既体现了社会主义制度优越性,又同我国社会主义初级阶段社会生产力发展水平相适应,是党和人民的伟大创造。必须坚持社会主义基本经济制度,充分发挥市场在资源配置中的决定性作用,更好发挥政府作用,全面贯彻新发展理念,坚持以供给侧结构性改革为主线,加快建设现代化经济体系。"

《决定》进一步指出:"毫不动摇巩固和发展公有制经济,毫不动摇鼓励、支持、引导非公有制经济发展。探索公有制多种实现形式,推进国有经济布局优化和结构调整,发展混合所有制经济,增强国有经济竞争力、创新力、控制力、影响力、抗风险能力,做强做优做大国有资本。深化国有企业改革,完善中国特色现代企业制度。形成以管资本为主的国有资产监管体制,有效发挥国有资本投资、运营公司功能作用。"党的十九届五中全会提出要加快国有经济布局优化和结构调整,发挥国有经济战略支撑作用。这些都为国有经济改革发展指明了方向。

本报告由教育部人文社会科学重点研究基地吉林大学中国国有经济研究中心主任李政教授在国务院国资委党委委员、秘书长彭华岗博士指导下做总体规划和设计。在此基础上,本报告的框架设计、写作指导和最终定稿由李政教授和彭华岗秘书长共同负责,中心部分研究员参加了撰写工作。具体分工为:何彬博士:第一章、第五章;赵岳阳博士:第二章;张东明博士:第三章;李何博士:第四章;刘朝阳博士、王硕硕士:第六章;王婷博士:第七章。书中疏漏错误之处,恳请读者指正。

作　者

2021 年 9 月

目 录

第一章 "十三五"时期中国国有经济发展概况 …………… 1

第一节 "十三五"时期国有经济发展的
总量与结构变化………………………… 4

第二节 "十三五"时期国有经济发展的
质量变化 ……………………………… 12

第三节 "十三五"时期国有经济发挥的
战略支撑作用 ………………………… 21

第二章 "十三五"时期国有经济改革的指导思想和政策措施 … 27

第一节 "十三五"时期国有经济改革的指导思想 … 28
第二节 "十三五"时期国有经济改革的政策 … 36
第三节 "十三五"时期国有经济改革的具体措施 … 62

第三章 "十三五"时期中国国有企业改革与发展 … 98

第一节 "十三五"时期国有企业改革目标、任务与举措 … 99
第二节 "十三五"时期国有企业改革取得的成效 … 107
第三节 "十三五"时期全国国有及国有控股企业发展总体状况 … 111

目 录

第四章 "十三五"时期中国国有经济的产业布局与结构演变 …… 142

第一节 "十三五"时期国有企业在国民经济中的总体分布情况 …… 144

第二节 "十三五"时期国有经济在国民经济各领域中的布局及结构演变情况 …… 151

第三节 "十三五"时期国有经济在工业领域的布局及结构演变 …… 182

第四节 现阶段中国国有经济产业布局特征及存在问题 …… 242

第五节 加快国有经济产业布局优化和结构调整的对策建议 …… 251

第五章 "十三五"时期国有经济的区域布局与协调发展 …… 256

第一节 "十二五"时期国有资产的区域分布特征及演变 …… 258

第二节 "十三五"时期国有企业户数的
区域分布特征及演变 …………… 274

第三节 "十三五"时期国有企业收入的
区域分布特征及演变 …………… 286

第四节 "十三五"时期国有企业利润的
区域分布特征及演变 …………… 298

第五节 "十三五"时期规模以上国有
工业企业用工人数的区域分布
特征及演变 ……………………… 310

第六节 "十三五"时期国有经济增长
质量的区域比较分析 …………… 319

第七节 促进国有经济区域布局协调发展的
对策建议 ………………………… 332

第六章 "十三五"时期国有企业的社会责任担当 ……… 341

第一节 中国国有企业社会责任的定位、
特征与内容 ……………………… 343

第二节 "十三五"时期国有企业履行社会
责任所取得的成绩 ……………… 349

目 录

第三节 "十四五"时期国有企业进一步完善社会责任履责的建议 …………… 393

第七章 "十三五"时期国有经济理论研究进展 ………… 401

第一节 习近平总书记关于国有经济改革发展的理论与创新 …………… 402

第二节 充分发挥国有经济主导作用与坚持"两个毫不动摇" …………… 409

第三节 国有经济布局结构调整 ………… 419

第四节 国有企业混合所有制改革 ………… 431

第五节 构建中国特色现代国有企业制度 …………… 449

第六节 国有资产管理体制改革与完善 ……… 459

参考文献 ………………………………………… 472

第一章

"十三五"时期中国国有经济发展概况

面对"十三五"时期经济新常态的这些趋势性变化和国家发展新战略,对于国有经济而言,一方面,环境变化对国有企业提出了新挑战,国有企业要生存和发展必须迎接挑战、适应新的环境变化——"适应新常态";另一方面,新的经济发展阶段国家将赋予国有企业新使命,进而也给国有企业提出了新要求——"引领新常态"。"十三五"时期,是我国经济社会发展取得新的历史性成就的五年,也是国有经济改革发展和党的建设取得重大进展和重要成果的五年。"十三五"期间,国有企业坚决贯彻落实党中央国务院的决策部署,锐意进取、奋力拼搏,交出了一份比较优异的成绩单,在"量、质、效"三个方面都发生了很大变化。

"十三五"时期国有经济发展在"量"上有显著增长。从规模体量上来看,"十三五"时期,全国国有企业资产总额由1549141.5亿元增长为2683740亿元,平均增长速度为14.76%;同时,中央管辖国有企业的资产总额由705913.7亿元增长为932206.9亿元,平均增长速度为7.20%;地方管辖国有企业的资产总额由843227.8亿元增长为1769692亿元,平均增长速度为20.46%。中央企业资产总额连续突破50万亿元、60万亿元关口,2020年底达到69.1万亿元,接近70万亿元,年均增速达到了7.7%①。国有经济在总量上的增长高于同期宏观经济的增速。

"十三五"时期国有经济发展在"质"上有明显改善。在发展质量上,"十三五"期间,第一产业国有企业利润总额由121.0亿元上升为144.5亿元,平均增长速度为34.89%;同时,第二产业国有企业利润总额由18028.3亿元增长为30502.4亿元,平均增长速度为14.51%;第三产业国有企业利润总额由28358.4亿元增长为43878.6亿元,平均增长速度为11.59%。2016~2020年第一产业、第二产业和第三产业国有企业的劳动生产率均表现出明显的提升。从劳动生产率的提升幅度来看,第二产业国有企业的劳动生产率提升效果最为明

---

① 资料来源:《"十三五"期间,中央企业资产总额年均增长7.7%——央企这五年成绩单,真不错》,国务院国有资产监督管理委员会,人民日报海外版,2021年3月2日,http://www.sasac.gov.cn/n2588025/n2588139/c17327765/content.html。

第一章 "十三五"时期中国国有经济发展概况

显。同时,在"十三五"时期,全国国有企业、中央管理企业、中央部门管理企业资产负债率均呈现出一个不断下降的趋势。2016~2020年全国国有企业的资产负债率由65.5%下降为63.5%;中央管理国有企业的资产负债率由66.6%下降为64.4%;中央部门管理国有企业的资产负债率围绕72.9%做小幅度的波动。"两升一降"的运行趋势表明国有企业运行质量的改善、市场竞争力的增强。"十三五"期间,国有企业改革全面发力、破局闯关,不断向纵深推进,解决了一批长期想解决而没有解决的问题,取得了一系列重大进展和重要成果。

"十三五"时期国有经济服务国家战略、支撑地方发展的示范带动作用充分发挥。"十三五"期间,中央企业累计在落实国家区域发展战略上完成投资17.9万亿元,比"十二五"时期增长36.4%。"十三五"期间,国有企业的R&D人员的数量由2016年的121644人增加为2020年的123164人,平均增长速度为0.31%。国有企业的R&D经费内部支出由2016年的3602389万元增加为2020年的4293045万元,平均增长速度为4.84%。国有企业的专利申请数量由2016年的23724件增加为2020年的24524件,平均增长速度为0.843%。国有企业的有效发明专利数量由2016年的19388件增加为2020年的31228件,平均增长速度为16.97%。国有企业的新产品销售收入由2016年的55784862万元增加为2020年的89330874万元,平均增长速度为10.36%。国务院国资委牢记习近平总书记嘱托，推进中央企业"十三五"时期实现了科技创新的重要进展。中央企业"十三五"期间高质量建设"一带一路"沿线项目超过3400个，实施了一批民生项目，打造了一批标志性工程，有力带动了我国装备、服务、技术标准"走出去"。2020年，国资系统80家监管企业进入《财富》世界500强[①]。

本章分析数据来自相关年份公开出版的《中国统计年鉴》《中国财政年鉴》《中国工业统计年鉴》《中国税务年鉴》《中国科技统计年鉴》。

第一节 "十三五"时期国有经济发展的总量与结构变化

一、"十三五"时期国有资产及负债水平的变化情况

表1-1是"十三五"时期（2016~2020年）全国国有企

[①] 资料来源：《"十三五"期间中央企业在规模、效益、发展质量等方面有哪些提升？》，国务院国有资产监督管理委员会，人民日报，2021年2月26日，http://www.sasac.gov.cn/n2588040/n2590387/n9854147/c17281293/content.html。

第一章 "十三五"时期中国国有经济发展概况

业、中央管辖国有企业、地方管辖国有企业资产和负债总额的变动情况。

表1-1　"十三五"时期国有企业资产及负债　　单位：亿元

年份	全国		中央		地方	
	资产总额	负债总额	资产总额	负债总额	资产总额	负债总额
2016	1549141.5	1015214.9	705913.7	482871.4	843227.8	532343.5
2017	1835207.2	1184611.0	761873.6	518645.0	1073333.6	665966.0
2018	2103650.9	1350366.1	807930.4	547264.3	1295720.5	803101.7
2019	2338667.2	1497512.6	869585.8	584107.2	1469081.5	913405.5
2020	2683740	1705042	932206.9	622383.4	1769692	1094344

从表1-1可以看到，2016~2020年全国国有企业资产总额由1549141.5亿元增长为2683740亿元，平均增长速度为14.76%；同时，中央管辖国有企业的资产总额由705913.7亿元增长为932206.9亿元，平均增长速度为7.20%；地方管辖国有企业的资产总额由843227.8亿元增长为1769692亿元，平均增长速度为20.46%。同时，全国国有企业的负债总额由1015214.9亿元增长为1705042亿元，资产负债比由65.53%变为63.53%；中央管辖的国有企业的负债总额由482871.4亿元增长为622383.4亿元，资产负债比由68.40%变为66.76%；地方管辖的国有企业的负债总额由532343.5亿元增

长为 1094344 亿元，资产负债比由 63.13% 变为 61.84%。

表 1-2 是 2016~2020 年国有企业的资产及资产负债水平在三大产业的分布情况①。

表 1-2　"十三五"时期国有企业资产及负债在三大产业的分布

单位：亿元

年份	第一产业		第二产业		第三产业	
	资产总额	负债总额	资产总额	负债总额	资产总额	负债总额
2016	16988.8	10132.8	836856.5	493053.1	1462879.0	883678.4
2017	19072.9	11310.6	951761.0	549122.4	1744785.0	1050934.0
2018	20623.5	12313.5	1093968	625568.6	1996457	1198590
2019	27290	15392.1	1184869	680869.4	2284394	1362240
2020	32085.9	17726.2	1330929	758337.5	2650790	1573981

从表 1-2 可以看到，2016~2020 年第一产业国有企业资产总额由 16988.8 亿元增长为 32085.9 亿元，平均增长速度为 17.57%；同时，第二产业国有企业资产总额由 836856.5 亿元增长为 1330929 亿元，平均增长速度为 12.33%；第三产业国

---

① 依照《中国财政年鉴》中的统计口径划分标准，第一产业包括农业、林业、牧业、渔业；第二产业包括工业、建筑业、地质勘察及水利业；第三产业包括交通运输仓储业、邮电通信业、批发和零售、餐饮业、房地产业、信息技术服务业、社会服务业、卫生体育福利业、教育文化广播业、科学研究和技术服务业、机关社团及其他。

有企业资产总额由 1462879.0 亿元增长为 2650790 亿元，平均增长速度为 19.25%。从负债情况来看，2016~2020 年第一产业国有企业的负债总额由 10132.8 亿元增长为 17726.2 亿元，资产负债率由 59.64% 下降为 55.25%；第二产业国有企业的负债总额由 493053.1 亿元增长为 758337.5 亿元，资产负债率由 58.92% 下降为 56.98%；第三产业国有企业的负债总额由 883678.4 亿元变为 1573981 亿元，资产负债率由 60.41% 上升为 59.38%。从国有企业资产在三大产业的分布来看，2015 年第一产业、第二产业、第三产业的国有企业资产占比分别为 0.74%、36.12%、63.14%；2020 年第一产业、第二产业、第三产业的国有企业资产占比分别为 0.80%、33.16%、66.04%。

表 1-3 是 2016~2020 年不同所有制类型的工业企业资产的分布情况。

表 1-3 "十三五"时期不同所有制类型工业企业资产的分布

年份	国有控股		私营		外商投资和港澳台投资	
	资产总计（亿元）	占比（%）	资产总计（亿元）	占比（%）	资产总计（亿元）	占比（%）
2016	417704.16	48.01	239542.71	27.53	212744.42	24.45
2017	439622.86	48.94	242636.74	27.01	215998.05	24.05
2018	456504.2	48.61	263450.6	28.05	219165.4	23.34

续表

年份	国有控股		私营		外商投资和港澳台投资	
	资产总计（亿元）	占比（%）	资产总计（亿元）	占比（%）	资产总计（亿元）	占比（%）
2019	469679.9	47.87	282829.6	28.82	228743.9	23.31
2020	488425.8	47.79	299069.4	29.27	234360.5	22.93

通过表 1-3 的统计数据可以看到，2016 年规模以上国有控股、私营、外商投资和港澳台投资工业企业的资产总计分别是 417704.16 亿元、239542.71 亿元、212744.42 亿元；2020 年规模以上国有控股、私营、外商投资和港澳台投资工业企业的资产总计分别是 488425.8 亿元、299069.4 亿元、234360.5 亿元。2016~2020 年规模以上国有控股、私营、外商投资和港澳台投资工业企业资产的平均增长速度分别是 3.99%、5.74%、2.46%。同时，2016~2020 年规模以上国有控股、私营、外商投资和港澳台投资工业企业资产的占比分别保持在 48%、27%、24% 左右。

二、"十三五"时期国有企业户数及职工人数的变化情况

衡量国有企业总量规模的两个重要的指标就是国有企业的

企业户数和企业的职工人数。表1-4是2016~2020年全国国有企业、中央管辖国有企业、地方管辖国有企业的企业户数的变动情况。

表1-4　　"十三五"时期国有企业的企业户数　　单位：万户

年份	全国	中央	地方
2016	17.4	5.7	11.6
2017	18.7	5.8	12.9
2018	20.3	6.2	14.1
2019	21.7	6.2	15.5
2020	21.9	6.2	15.7

从表1-4可以看到，2016~2020年国有企业的企业户数呈现一个不断增长的变化趋势。具体表现为：2016~2020年全国国有企业的企业户数由17.4万户增长为21.9万户，平均增长速度为5.96%；同时，中央管辖的国有企业的企业户数由5.7万户增长为6.2万户，平均增长速度为2.16%；地方管辖的国有企业的企业户数由11.6万户增长为15.7万户，平均增长速度为7.93%。

表1-5是2016~2020年国有企业的企业户数和企业的职工人数在三大产业的分布情况。

表1-5 "十三五"时期国有企业的企业户数及职工人数在三大产业的分布

年份	第一产业		第二产业		第三产业	
	企业户数（户）	职工人数（万人）	企业户数（户）	职工人数（万人）	企业户数（户）	职工人数（万人）
2016	6939	246.1	56191	1954.3	110866	1411.0
2017	6884	224.5	58879	1912.0	121341	1454.6
2018	7096	153.8	63036	1876.2	132885	1518.1
2019	7293	143.7	66100	1832.1	143442	1555.4
2020	7310	121.3	66780	1793.1	144507	1606.8

从表1-5可以看到2016~2020年第一产业国有企业的企业户数由6939户增长为7310户，平均增长速度为1.32%；同时，第二产业国有企业的企业户数由56191户增长为66780户，平均增长速度为4.43%；第三产业国有企业的企业户数由110866户增长为144507户，平均增长速度为6.91%。从职工人数来看，2016~2020年第一产业国有企业的职工人数由246.1万人下降为121.3万人，平均下降速度为15.61%；第二产业国有企业的职工人数由1954.3万人下降为1793.1万人，平均下降速度为2.13%；第三产业国有企业的职工人数由1411.0万人增长为1606.8万人，平均增长速度为3.30%。从企业户数和企业的职工人数在三大产业的分布来看，2016年国有企业户数在第一产业、第二产业、第三产业的占比分别

第一章 "十三五"时期中国国有经济发展概况

为 3.98%、32.30%、63.72%；2020 年国有企业户数在第一产业、第二产业、第三产业的占比分别为 3.34%、30.55%、66.11%。2016 年国有企业的职工人数在第一产业、第二产业、第三产业的占比分别为 6.81%、54.11%、39.08%；2020 年国有企业的职工人数在第一产业、第二产业、第三产业的占比分别为 3.44%、50.92%、45.64%。

表 1-6 是 2016~2020 年不同所有制类型的规模以上工业企业的企业户数和职工人数的情况。

表 1-6 "十三五"时期不同所有制类型规模以上工业企业户数及职工人数

年份	国有控股		私营		外商投资和港澳台投资	
	企业户数（户）	职工人数（万人）	企业户数（户）	职工人数（万人）	企业户数（户）	职工人数（万人）
2016	19022	1695.93	214309	3397.76	49554	2182.4
2017	19022	1595.82	215138	3230.03	47458	2052.3
2018	19250	1524.1	235424	3318.6	44624	1856.9
2019	20683	1418.5	243640	3245.4	43588	1748.3
2020	20978	1336.6	244446	3197.8	41768	1714.8

通过表 1-6 的统计数据可以看到，从工业企业户数来看，2016~2020 年国有控股工业企业户数由 19022 户增长为 20978 户，平均增长速度为 2.52%；同时，私营工业企业户数由

214309户增长为244446户，平均增长速度为3.41%；外商投资和港澳台投资工业企业户数由49554户下降为41768户，平均下降速度为4.17%。从职工人数上来看，2016~2020年国有控股工业企业的职工人数由1695.93万人下降为1336.6万人，平均下降速度为5.77%；同时，私营工业企业职工人数由3397.76万人下降为3197.8万人，平均下降速度为1.47%；外商投资和港澳台投资工业企业职工人数由2182.4万人下降为1714.8万人，平均下降速度为5.81%。从2016~2020年不同所有制类型的规模以上工业企业户数和职工人数的占比来看，2016年国有控股、私营、外商投资和港澳台投资工业企业户数的占比分别为6.72%、75.76%、17.52%；2020年国有控股、私营、外商投资和港澳台投资工业企业户数的占比分别为6.83%、79.57%、13.60%。2016年国有控股、私营、外商投资和港澳台投资工业企业职工人数的占比分别为23.31%、46.70%、29.99%；2020年国有控股、私营、外商投资和港澳台投资工业企业的职工人数的占比分别为21.38%、51.17%、27.45%。

第二节 "十三五"时期国有经济发展的质量变化

"十三五"时期，广大国有企业认真落实党中央、国务院

第一章 "十三五"时期中国国有经济发展概况

决策部署，坚持稳中求进工作总基调，全面贯彻落实新发展理念，以推进供给侧结构性改革为主线，以提高质量效益和核心竞争力为中心，取得了积极的进展和成效。通过调整结构、优化布局、提质增效，企业经济运行的质量和效益持续提升，实体经济特别是工业经济盈利能力增强，战略性新兴产业和新动能加快成长，抗风险能力进一步提高。

一、"十三五"时期国有企业资产负债率变化情况

表1-7是2016~2020年全国国有企业、中央管理企业、中央部门管理企业资产负债率的变化情况。

表1-7　　"十三五"时期国有企业资产负债率　　单位：%

年份	全国	中央管理	中央部门管理
2016	65.5	66.6	72.9
2017	64.5	66.2	72.8
2018	64.2	65.7	73.0
2019	64.0	65.0	72.9
2020	63.5	64.4	72.9

从表1-7可以看到2016~2020年全国国有企业、中央管理企业、中央部门管理企业资产负债率均呈现出一个不断下降的趋势。2016~2020年全国国有企业的资产负债率由65.5%下降为63.5%;中央管理国有企业的资产负债率由66.6%下降为64.4%;中央部门管理国有企业的资产负债率围绕72.9%做小幅度的波动。全国国有企业、中央管理企业、中央部门管理企业资产负债率的不断降低,说明"十三五"时期国有企业运行过程中,始终保持了较好的运行态势。

二、"十三五"时期国有企业利润变化情况

利润是国有企业效益的集中体现,考察国有经济利润总额的动态发展趋势,能够从中发现国有企业是如何在中国的市场化转轨过程中经历的博弈、竞争和高速发展的历程。表1-8是2016~2020年全国国有企业盈利和亏损状况。

表1-8 "十三五"时期全国国有企业盈利和亏损

年份	利润总额（亿元）	盈利面（%）	盈利企业盈利额（亿元）	亏损企业亏损额（亿元）
2016	25558.7	62.9	61161.6	-14659.0
2017	31818.8	63.1	69153.6	-14454.1

第一章 "十三五"时期中国国有经济发展概况

续表

年份	利润总额（亿元）	盈利面（%）	盈利企业盈利额（亿元）	亏损企业亏损额（亿元）
2018	36157.7	62.5	77604.8	-16089.4
2019	38659.2	63.4	83596.3	-17509.7
2020	44464.2	63.5	92794.2	-17603.7

从表1-8可以看到，2016~2020年全国国有企业的利润总额由25558.7亿元增长为44464.2亿元，平均增长速度为15.02%；2016~2020年全国国有企业的盈利面由62.9%变为63.5%；2016~2020年全国国有企业中盈利企业盈利额由61161.6亿元增长为92794.2亿元，平均增长速度为11.00%；2016~2020年全国国有企业中亏损企业亏损额由14659.0亿元，变为17603.7亿元，亏损额的平均增长速度为4.82%。

表1-9是2016~2020年国有企业利润总额在三大产业的分布情况。

表1-9　　"十三五"时期国有企业利润总额在三大产业的分布

年份	第一产业		第二产业		第三产业	
	利润总额（亿元）	占比（%）	利润总额（亿元）	占比（%）	利润总额（亿元）	占比（%）
2016	121.0	0.26	18028.3	38.76	28358.4	60.98

续表

年份	第一产业		第二产业		第三产业	
	利润总额（亿元）	占比（%）	利润总额（亿元）	占比（%）	利润总额（亿元）	占比（%）
2017	33.6	0.06	22161.4	40.51	32504.5	59.42
2018	80.3	0.13	27135.5	44.11	34299.6	55.76
2019	129.4	0.20	26637.1	40.31	39320.1	59.50
2020	144.5	0.19	30502.4	40.93	43878.6	58.87

从表1-9可以看到，2016~2020年第一产业国有企业利润总额由121.0亿元上升为144.5亿元，平均增长速度为34.89%；同时，第二产业国有企业利润总额由18028.3亿元增长为30502.4亿元，平均增长速度为14.51%；第三产业国有企业利润总额由28358.4亿元增长为43878.6亿元，平均增长速度为11.59%。国有企业利润在三大产业的分布情况来看，2016年第一、第二、第三产业国有企业利润总额的占比分别是0.26%、38.76%、60.98%；2020年第一、第二、第三产业国有企业利润总额的占比分别是0.19%、40.93%、58.87%。

表1-10是2016~2020年不同所有制类型的规模以上工业企业利润的分布情况。

第一章 "十三五"时期中国国有经济发展概况

表1-10 "十三五"时期不同所有制类型规模以上工业企业利润

年份	国有工业企业		私营工业企业		外商投资和港澳台投资工业企业	
	总额（亿元）	占比（%）	总额（亿元）	占比（%）	总额（亿元）	占比（%）
2016	12324.34	22.24	25494.90	46.01	17597.47	31.75
2017	17215.49	29.34	23043.00	39.28	18412.38	31.88
2018	19284.7	33.25	21762.8	37.53	16943.5	29.22
2019	16067.8	30.20	20650.8	38.82	16483.0	30.98
2020	17943.7	33.64	19254.6	36.09	16149.8	30.27

从表1-10可以看到，2016~2020年国有规模以上工业企业利润总额由12324.34亿元增长为17943.7亿元，平均增长速度为11.68%；同时，私营规模以上工业企业利润总额由25494.90亿元变为19254.6亿元，平均下降速度为6.76%；外商投资和港澳台投资规模以上工业企业利润总额由17597.47亿元变为16149.8亿元，平均下降速度为2.02%。从不同所有制类型规模以上工业企业利润的分布情况上来看，2016年国有、私营、外商投资和港澳台投资规模以上工业企业利润的占比分别是22.24%、46.01%、31.75%；2020年国有、私营、外商投资和港澳台投资规模以上工业企业利润的占比分别是33.64%、36.09%、30.27%。

三、"十三五"时期国有企业上缴税金变化情况

表1-11是2016~2020年国有企业上缴税金总额在三大产业的分布情况。

表1-11　"十三五"时期国有企业上缴税金总额在三大产业的分布

年份	第一产业		第二产业		第三产业	
	税金总额（亿元）	占比（%）	税金总额（亿元）	占比（%）	税金总额（亿元）	占比（%）
2016	120	0.30	26392.3	65.03	14070.0	34.67
2017	112.8	0.26	27886.4	64.81	15025.7	34.92
2018	108.0	0.23	29531.1	64.02	16488.9	35.75
2019	109.0	0.22	30550.2	62.70	18061.8	37.07
2020	105.6	0.20	32078.7	61.9	19631.4	37.89

从表1-11可以看到，2016~2020年第一产业国有企业上缴税金总额由120亿元下降为105.6亿元，平均下降速度为3.11%；同时，第二产业国有企业上缴税金总额由26392.3亿元上升为32078.7亿元，平均增加速度为5.00%；第三产业国有企业上缴税金由14070.0亿元增长为19631.4亿元，平均增长速度为8.69%。国有企业上缴税金总额在三大产业的分布

第一章 "十三五"时期中国国有经济发展概况

情况来看，2016年第一、第二、第三产业国有企业上缴税金总额的占比分别是0.30%、65.03%、34.67%；2020年第一、第二、第三产业国有企业上缴税金的占比分别是0.20%、61.9%、37.89%。

四、"十三五"时期国有企业劳动生产率变化情况

劳动生产率是资源配置效率的重要指标，表1-12是2016~2020年在三大产业中，国有企业劳动生产率的变化情况。

表1-12 "十三五"时期国有企业劳动生产率在三大产业的分布

单位：万元/人

年份	第一产业	第二产业	第三产业
2016	0.49	9.22	20.10
2017	0.15	11.59	22.35
2018	0.52	14.46	22.59
2019	0.90	14.54	25.28
2020	1.19	17.01	27.31

从表1-12可以看到，2016~2020年第一产业、第二产业和第三产业国有企业的劳动生产率均表现出明显的提升。2016~2020年第一产业国有企业的劳动生产率由0.49万元/人提升为1.19万元/人；第二产业国有企业的劳动生产率由9.22万元/人提升为17.01万元/人；第三产业国有企业的劳动生产率由20.10万元/人提升为27.31万元/人。从劳动生产率的提升幅度来看，第二产业国有企业的劳动生产率提升效果最为明显。

表1-13是2016~2020年不同所有制类型的规模以上工业企业劳动生产率对比情况。

表1-13　"十三五"时期不同所有制类型规模以上工业企业劳动生产率　　　单位：万元/人

年份	国有工业企业	私营工业企业	外商投资和港澳台投资工业企业
2016	7.27	7.50	8.06
2017	10.79	7.13	8.97
2018	12.65	6.56	9.12
2019	11.33	6.36	9.43
2020	13.42	6.02	9.42

从表1-13可以看到，2016~2020年规模以上国有工业企业和外商投资和港澳台投资工业企业的劳动生产率均呈现显著的提升趋势，但是规模以上私营工业企业的劳动生产率出现明显的下降趋势。并且规模以上国有工业企业在劳动生产率的提升幅度要远远高于同期的规模以上外商投资和港澳台投资工业企业的劳动生产率。

第三节 "十三五"时期国有经济发挥的战略支撑作用

习近平总书记2016年在全国国有企业党的建设工作会议上，提出国有企业要成为"六个力量"的要求，指明了新时代国有企业的战略定位。国有企业要义不容辞地承担自己的历史使命，努力做高质量发展的主力军、建设现代经济体系的排头兵、建设创新型国家的突击队、"一带一路"建设的国家队。要加快培育具有全球竞争力的世界一流企业，在新征程上再创辉煌。"十三五"时期国资国企服务国家战略、支撑地方发展的示范带动作用充分发挥。

"十三五"时期国资国企在服务国家战略上发挥了表率作用。"十三五"期间，中央企业累计在落实国家区域发展战略上完成投资17.9万亿元，比"十二五"时增长36.4%[①]。国有企业全力承担地方重大工程、基础设施和公共服务建设，在三大攻坚战特别是脱贫攻坚战中做出了重要贡献，在重大自然灾害、突发事件的抗击救援中发挥了骨干作用。中央企业在扶贫方面的工作，同时在抗击新冠肺炎疫情、应对重大自然灾害中，都展示了报国为民的央企担当。

"十三五"时期国资国企在科技创新上发挥了引领作用。企业是创新主体，国有企业是建设创新型国家的突击队。习近平总书记强调，国有企业特别是中央所属国有企业，一定要加强自主创新能力，研发和掌握更多的国之重器。"十三五"期间，国有企业的R&D人员的数量由2016年的121644人增加为2020年的123164人，平均增长速度为0.31%。国有企业的R&D经费内部支出由2016年的3602389万元增加为2020年的4293045万元，平均增长速度为4.84%。国有企业的专利申请数量由2016年的23724件增加为2020年的24524件，平均增长速度为0.843%。国有企业的有效发明专利数量由2016年的19388件增加为2020年的31228件，平均增长速度为16.97%。国有企业的新产品销售收入由2016年的55784862万元增加为2020年的89330874万元，平均增长速度为

[①] 资料来源：《"十三五"期间中央企业在规模、效益、发展质量等方面有哪些提升？》，国务院国有资产监督管理委员会，2021年2月26日，http://www.sasac.gov.cn/n2588040/n2590387/n9854147/c17281293/content.html。

第一章 "十三五"时期中国国有经济发展概况

10.36%。国务院国资委牢记习近平总书记嘱托，推进中央企业"十三五"时期实现了科技创新的重要进展。中央企业"十三五"时期取得了一批世界级科技成果，增强了我国综合实力。在载人航天、深海探测、高速铁路、高端装备、能源化工、移动通信、北斗导航、国产航母、核电等领域，涌现出一大批世界先进水平的标志性重大成果。"十三五"以来，中央企业累计获得国家科技进步奖、技术发明奖364项，占到全国同类获奖总数的38%。中央企业"十三五"时期打造了一批高水平科技平台，提高了企业创新能力。中央企业不遗余力增加研发投入，"十三五"期间累计投入3.4万亿元，占全国的1/4。在2020年经营艰难的情况下，仍然保持了11.3%的增速。现在中央企业的国内外研发机构数量达到4360个，国家重点实验室91个。在中央企业中集聚了一批高层次创新人才，为未来发展积蓄了创新后劲。中央企业从事研发人员达到近百万人，两院院士229人，工程院院士占全国的1/5。可以说，"十三五"期间中央企业的科技创新能力和水平都得到了实质性提升①。

"十三五"时期国资国企在共建"一带一路"上发挥了带动作用。国有企业的发展壮大是在开放条件下实现的。新形势

---

① 资料来源：《"十三五"期间中央企业在规模、效益、发展质量等方面有哪些提升?》，国务院国有资产监督管理委员会，2021年2月26日，http://www.sasac.gov.cn/n2588040/n2590387/n9854147/c17281293/content.html。

下推动国有企业高质量发展，必须进一步扩大对外开放、提升国际化经营能力。习近平总书记强调，共建"一带一路"是开放的合作平台，秉持的是共商共建共享的基本原则，是中国同世界共享机遇、共谋发展的阳光大道。国有企业要秉持这一原则和理念，深入参与"一带一路"建设，进一步提升国际化经营水平、培育全球竞争力，帮助相关国家推进工业化、城镇化和现代化，努力同相关国家和企业共享机遇、共谋发展。近年来，中国电建在参与"一带一路"建设中，为多个国家提供设计咨询、工程承包、装备与贸易供货等服务，特别是承建的多个水电站项目获得当地认可，在建设过程中既提升了自身国际化经营能力，也为相关国家的现代化建设作出了贡献。"十三五"时期，国有企业在基础设施建设、能源资源开发、国际产能合作等领域承担了一大批具有示范性和带动性的重大项目和标志性工程，为推动共建"一带一路"从理念转化为行动、从愿景转变为现实作出了积极贡献。随着"一带一路"建设深入推进，国有企业要发挥更加积极的作用，在共同绘制好精谨细腻的"工笔画"中加强与相关国家和企业沟通协作，推动共建"一带一路"走深走实、造福人民。中央企业"十三五"期间高质量建设"一带一路"沿线项目超过3400个，实施了一批民生项目，打造了一批标志性工程，有力地带动了我国装备、服务、技术标准"走出去"。截至2020年底，中央企业海外资产规模约8万亿元，在全球180多个国家和地区

第一章 "十三五"时期中国国有经济发展概况

拥有机构与项目超过 8000 个,其中参与建设"一带一路"沿线项目超过 3400 个。"十三五"期间,中央企业实现海外营业收入超 24 万亿元,利润总额近 6000 亿元①。

"十三五"时期的实践探索,使我们进一步深化了对做强做优做大国有企业的新认识。

习近平总书记关于国资国企改革发展和党的建设的重要论述是做强做优做大国有企业的根本遵循。一方面,做强做优做大国有资本与做强做优做大国有企业有机统一。国有企业是独立市场主体,是国有资本的主要运营载体,做强做优做大国有企业对于做强做优做大国有资本具有基础性、实质性和决定性的意义,要在实践和政策层面把两者统筹好、衔接好。另一方面,"做强""做优""做大"有机统一。"做强"要求国有企业能够体现我国经济实力和国际竞争力;"做优"要求国有企业能够在严峻复杂外部环境中持续创造优秀业绩、实现高质量发展;"做大"要求国有企业能够成为促进我国经济社会健康发展的"稳定器""压舱石"。当前,"做强""做优"更为紧迫,也是进一步"做大"的重要基础和前提,要从整体上来认识把握,从全局上统筹推动。

牢牢把握发挥国有经济战略支撑作用这一新使命。这是我

---

① 资料来源:《"十三五"期间中央企业在规模、效益、发展质量等方面有哪些提升?》,国务院国有资产监督管理委员会,2021 年 2 月 26 日,http://www.sasac.gov.cn/n2588040/n2590387/n9854147/c17281293/content.html。

们党从国有企业在历次应对突发事件、重大危机特别是这次"战疫"的突出表现中得出的深刻启示,是习近平总书记和党中央赋予国有企业、国有经济新的光荣使命。做强做优做大国有资本和国有企业,目的就是更好地发挥国有经济战略支撑作用,更好地推动解决发展不平衡不充分问题。在战略安全方面,要强化国防军工领域布局,提升国有经济对能源资源和粮食安全的保障能力,增强国有资本对骨干网络的控制力。在产业引领方面,要增强国有企业攻克"卡脖子"关键核心技术和制造业强基补链的能力,引领我国产业发展和自主创新。在国计民生方面,要推动国有经济在重要行业和关键领域承担起基础性、保障性功能,发挥好国有经济在重大区域战略和高水平对外开放战略中的引领示范作用。

第二章

"十三五"时期国有经济改革的指导思想和政策措施

"十三五"时期,国有企业改革全面发力、破局闯关,不断向纵深推进,解决了一批长期没有解决的问题,取得了一系列重大进展和成果,可以概括为"三个历史性突破""五个实质性进展""一个根本性加强"。"三个历史性突破"包括:全面完成公司制改制,从法律上厘清了政府与企业的职责边界,使企业独立市场主体地位从根本上得以确立;实现了国有企业的功能分类,有效解决了过去工作中存在的"一刀切"问题,实现分类改革、分类监管、分类发展;有力解决了长期以来政企不分等问题,使国有企业更加公平地参与市场竞争。"五个实质性进展"包括:坚持和加强党对国有企业的全面领导这一重大政治原则，坚持建立现代企业制度改革方向，推动现代公司治理取得了新进展；健全市场化经营机制取得了实质性进展；分层分类深化混合所有制改革，中央企业混合所有制企业的户数占比超过70%，民航、电信、石油等重点领域的混改试点稳步开展；国有经济布局优化和结构调整取得了实质性进展；完善国有资产监管体制取得了实质性进展。"一个根本性加强"：国有企业党的领导和党的建设得到根本性加强，为企业改革发展提供坚强保证。"十三五"期间，在习近平新时代中国特色社会主义思想指引下，政府出台一系列针对国有资产改革的政策，国有资产的领导者和管理者对国有企业改革政策执行到位，形成了指导思想明确、配套政策完善、具体举措切实可行的国有企业改革政策体系。

第一节 "十三五"时期国有经济改革的指导思想

一、党中央对于国有经济改革发展的新指示

在"十三五"时期，国有经济改革继续深入，习近平总

第二章 "十三五"时期国有经济改革的指导思想和政策措施

书记在一些重要的全国性会议上多次发表的重要讲话中均指示了国有经济的改革方向和基本内容,推动国有资本做强做优做大,进一步突出国有经济在国民经济中的优势和引领作用。

中国共产党第十九次全国代表大会上,习近平总书记提出,要完善各类国有资产管理体制,改革国有资本授权经营体制,加快国有经济布局优化、结构调整、战略性重组,促进国有资产保值增值,推动国有资本做强做优做大,有效防止国有资产流失。深化国有企业改革,发展混合所有制经济,培育具有全球竞争力的世界一流企业。党的十九届四中全会提出毫不动摇巩固和发展公有制经济,毫不动摇鼓励、支持、引导非公有制经济发展。探索公有制多种实现形式,推进国有经济布局优化和结构调整,发展混合所有制经济,增强国有经济竞争力、创新力、控制力、影响力、抗风险能力,做强做优做大国有资本。深化国有企业改革,完善中国特色现代企业制度。形成以管资本为主的国有资产监管体制,有效发挥国有资本投资、运营公司的功能作用。

党的十九届五中全会《中共中央关于制定国民经济和社会发展第十四个五年规划和二〇三五年远景目标的建议》中强调要全面深化改革,构建高水平社会主义市场经济体制坚持和完善社会主义基本经济制度,充分发挥市场在资源配置中的决定性作用,更好发挥政府作用,推动有效市场和有为政府更好结合。激发各类市场主体活力。深化国资国企改革,做强做优做大国有资本和国有企业。加快国有经济布局优化和结构调整，发挥国有经济战略支撑作用。加快完善中国特色现代企业制度，深化国有企业混合所有制改革。健全资本为主的国有资产监管体制，深化国有资本投资、运营公司改革。推进能源、铁路、电信、公用事业等行业竞争性环节市场化改革。

更为明确的是，中共中央、国务院2020年5月提出的《关于新时代加快完善社会主义市场经济体制的意见》中，提出了将加速国有经济改革发展落到实处，并且提出了国有经济改革的几点方向。

（一）推进国有经济布局优化和结构调整

坚持有进有退、有所为有所不为，推动国有资本更多投向关系国计民生的重要领域和关系国家经济命脉、科技、国防、安全等领域，服务国家战略目标，增强国有经济竞争力、创新力、控制力、影响力、抗风险能力，做强做优做大国有资本，有效防止国有资产流失。对处于充分竞争领域的国有经济，通过资本化、证券化等方式优化国有资本配置，提高国有资本收益。进一步完善和加强国有资产监管，有效发挥国有资本投资、运营公司功能作用，坚持"一企一策"，成熟一个推动一个，运行一个成功一个，盘活存量国有资本，促进国有资产保值增值。

（二）积极稳妥推进国有企业混合所有制改革

在深入开展重点领域混合所有制改革试点基础上，按照完善治理、强化激励、突出主业、提高效率要求，推进混合所有制改革，规范有序发展混合所有制经济。对充分竞争领域的国家出资企业和国有资本运营公司出资企业，探索将部分国有股权转化为优先股，强化国有资本收益功能。支持符合条件的混合所有制企业建立骨干员工持股、上市公司股权激励、科技型企业股权和分红激励等中长期激励机制。深化国有企业改革，加快完善国有企业法人治理结构和市场化经营机制，健全经理层任期制和契约化管理，完善中国特色现代企业制度。对混合所有制企业，探索建立有别于国有独资、全资公司的治理机制和监管制度。对国有资本不再绝对控股的混合所有制企业，探索实施更加灵活高效的监管制度。

（三）稳步推进自然垄断行业改革

深化以政企分开、政资分开、特许经营、政府监管为主要内容的改革，提高自然垄断行业基础设施供给质量，严格监管自然垄断环节，加快实现竞争性环节市场化，切实打破行政性垄断，防止市场垄断。构建有效竞争的电力市场，有序放开发用电计划和竞争性环节电价，提高电力交易市场化程度。推进油气管网对市场主体公平开放，适时放开天然气气源和销售价格，健全竞争性油气流通市场。深化铁路行业改革，促进铁路运输业务市场主体多元化和适度竞争。实现邮政普遍服务业务与竞争性业务分业经营。

此外，党中央也不断强化政府部门对国有资产的经营责任。2017年12月，为贯彻落实党的十八届三中全会关于加强人大国有资产监督职能的部署要求，加强国有资产管理和治理，党中央就建立国务院向全国人大常委会报告国有资产管理情况制度提出以下意见。国务院每年向全国人大常委会报告国有资产管理情况，依法由国务院负责同志进行报告，也可以委托有关部门负责同志报告。（1）明确报告方式。国务院关于国有资产管理情况的年度报告采取综合报告和专项报告相结合的方式。综合报告全面反映各类国有资产基本情况，专项报告分别反映企业国有资产（不含金融企业）、金融企业国有资产、行政事业性国有资产、国有自然资源等国有资产管理情况。各类国有资产报告要汇总反映全国情况。企业国有资产（不含金融企业）、金融企业国有资产报告以中央本级情况为重点。在每届全国人大常委会任期内，届末年份国务院向全国人大常委会提交书面综合报告并作口头报告；其他年份在提交书面综合报告的同时就1个专项情况进行口头报告。（2）突出报告重点。根据各类国有资产性质和管理目标，确定各类国有资产管理情况报告重点。企业国有资产（不含金融企业）、金融企业国有资产报告重点是：总体资产负债，国有资本投向、布局和风险控制，国有企业改革，国有资产监管，国有资产处置和收益分配，境外投资形成的资产，企业高级管理人员薪酬等情况。行政事业性国有资产报告重点是：资产负债总量，相关管理制度建立和实施，资产配置、使用、处置和效益，推进管理体制机制改革等情况。国有自然资源报告重点是：自然资源总量，优化国土空间开发格局、改善生态环境质量、推进生态文明建设等相关重大制度建设，自然资源保护与利用等情况。（3）提高报告质量。国务院要采取有力措施，科学、准确、及时掌握境内外国有资产基本情况，切实摸清家底。要建立健全全国各类国有资产管理报告制度，依法明确和规范报告范围、分类、标准。省、自治区、直辖市政府应按照国务院规定的时间、要求，将本地区国有资产管理情况报国务院汇总，国务院编写并向全国人大常委会报告中央和地方国有资产管理情况。按照国家统一的会计制度规范国有资产会计处理，制定完善相关统计制度，确保各级政府、各部门各单位的国有资产报告结果完整、真实、可靠、可核查。加快编制政府综合财务报告和自然资源资产负债表。组织开展国有资产清查核实和评估确认，统一方法、统一要求，建立全口径国有资产数据库。建立全口径国有资产信息共享平台，实现相关部门单位互联互通，全面完整反映各类国有资产配置、使用、处置和效益等基本情况。

二、国务院对于国有经济改革的新指导

在党中央的新指示下，国务院在"十三五"期间对国企改革提出新的指导。此时期的各年政府工作报告中，李克强总理根据国有经济改革进展，对国有经济发展做出了进一步工作安排。2016年3月5日在第十二届全国人民代表大会第四次会议上，李克强总理在发表的讲话中提出大力推进国有企业改革。要以改革促发展，坚决打好国有企业提质增效攻坚战。推动国有企业特别是中央企业结构调整，创新发展一批，重组整合一批，清理退出一批。推进股权多元化改革，开展落实企业董事会职权、市场化选聘经营者、职业经理人制度、混合所有制、员工持股等试点。深化企业用人制度改革，探索建立与市场化选任方式相适应的高层次人才和企业经营管理者薪酬制度。加快改组组建国有资本投资、运营公司。以管资本为主推进国有资产监管机构职能转变，防止国有资产流失，实现国有资产保值增值。赋予地方更多国有企业改革自主权。加快剥离国有企业办社会职能，解决历史遗留问题，让国有企业"瘦身健体"，增强核心竞争力。大幅放宽电力、电信、交通、石油、天然气、市政公用等领域市场准入，消除各种隐性壁垒，鼓励

第二章 "十三五"时期国有经济改革的指导思想和政策措施

民营企业扩大投资、参与国有企业改革。2017年3月5日在第十二届全国人民代表大会第五次会议上，李克强总理发表的讲话中提出深入推进国企国资改革。要以提高核心竞争力和资源配置效率为目标，形成有效制衡的公司法人治理结构、灵活高效的市场化经营机制。推进国有资本投资、运营公司改革试点。改善和加强国有资产监管，确保资产保值增值，把人民的共同财富切实守护好、发展好。加大股权融资力度，强化企业特别是国有企业财务杠杆约束，逐步将企业负债降到合理水平。2018年3月5日在第十三届全国人民代表大会第一次会议上，李克强总理强调，推进国资国企改革。制定出资人监管权责清单。深化国有资本投资、运营公司等改革试点，赋予更多自主权。继续推进国有企业优化重组和央企股份制改革，加快形成有效制衡的法人治理结构和灵活高效的市场化经营机制，持续"瘦身健体"，提升主业核心竞争力，推动国有资本做强做优做大。国有企业要通过改革创新，走在高质量发展前列。2019年3月5日在第十三届全国人民代表大会第二次会议上，李克强总理发表的讲话中提出，要加快国资国企改革。加强和完善国有资产监管，推进国有资本投资、运营公司改革试点，促进国有资产保值增值。积极稳妥推进混合所有制改革，完善公司治理结构，健全市场化经营机制，建立职业经理人等制度。依法处置"僵尸企业"。深化电力、油气、铁路等领域改革，自然垄断行业要根据不同行业特点实行网运分开，将竞争性业务全面推向市场。国有企业要通过改革创新、强身健体，不断增强发展活力和核心竞争力。2020年5月22日在第十三届全国人民代表大会第三次会议上，李克强总理强调，提升国资国企改革成效。实施国企改革三年行动，健全现代企业制度，完善国资监管体制，深化混合所有制改革。基本完成剥离国有企业办社会职能和解决历史遗留问题。国企要聚焦主责主业，健全市场化经营机制，提高核心竞争力。

第二节 "十三五"时期国有经济改革的政策

在新指示和新指导的指引下，各级政府围绕着国企改革的具体问题制定了针对性的政策和方案，构建起完整的国企改革政策体系，为国有企业改革发展提供全方位的政策引领。

一、党组织和中国特色现代企业制度建设的政策

2015年9月，中共中央办公厅印发了《关于在深化国有企业改革中坚持党的领导加强党的建设的若干意见》，对在深

第二章 "十三五"时期国有经济改革的指导思想和政策措施

化国有企业改革中坚持党的领导、加强党的建设提出要求、作出部署。坚持党的领导,是中国特色社会主义最本质的特征,也是国有企业的独特优势。在协调推进"四个全面"战略布局的伟大进程中,必须毫不动摇坚持党对国有企业的领导,毫不动摇加强国有企业党的建设。出台《若干意见》,对于加强国有企业党的建设,保证国有企业改革发展的社会主义方向,提升国有企业的制度优势和竞争优势,促进国有企业做强做优做大,具有十分重要的战略意义和现实意义。

2016年10月10~11日全国国有企业党的建设工作会议在北京召开,习近平总书记出席会议并发表重要讲话。他强调,要通过加强和完善党对国有企业的领导、加强和改进国有企业党的建设,使国有企业成为党和国家最可信赖的依靠力量,成为坚决贯彻执行党中央决策部署的重要力量,成为贯彻新发展理念、全面深化改革的重要力量,成为实施"走出去"战略、"一带一路"建设等重大战略的重要力量,成为壮大综合国力、促进经济社会发展、保障和改善民生的重要力量。习近平总书记指出,坚持党的领导、加强党的建设,是我国国有企业的光荣传统,是国有企业的"根"和"魂",是我国国有企业的独特优势。新形势下,国有企业坚持党的领导、加强党的建设,总体要求是:坚持党要管党、从严治党,紧紧围绕全面解决党的领导、党的建设弱化、淡化、虚化、边缘化问题,坚持党对国有企业的领导不动摇,发挥企业党组织的领导核心和政治核心作用，保证党和国家方针政策、重大部署在国有企业贯彻执行。

2017年8月，国资委印发《关于认真学习贯彻习近平总书记在省部级主要领导干部专题研讨班上重要讲话精神的通知》。通知强调，中央企业各级党组织和广大党员要充分认识习近平总书记重要讲话的重大政治意义、理论意义、实践意义。要充分认识到习近平总书记在专题研讨班上的重要讲话，从党和国家事业全局的高度，科学分析了当前国际国内形势，深刻阐述了5年来党和国家事业发生的历史性变革，深刻阐述了新的历史条件下坚持和发展中国特色社会主义的一系列重大理论和实践问题，深刻阐明了未来一个时期党和国家事业发展的大政方针和行动纲领，提出了一系列新的重要思想、重要观点、重大判断、重大举措，具有很强的思想性、战略性、前瞻性、指导性，是坚持和发展中国特色社会主义的政治宣言和行动纲领，为党的十九大胜利召开奠定了重要的政治、思想和理论基础。通知要求，中央企业各级党组织要把学习宣传贯彻习近平总书记在专题研讨班上的重要讲话精神作为首要的政治任务，切实加强领导、精心组织、深入学习、务求实效。中央企业党委（党组）理论学习中心组要发挥示范带动作用，把学习习近平总书记在专题研讨班上的重要讲话精神与学习习近平总书记系列重要讲话精神结合起来，开展集中学习、专题研讨。各级领导干部要主动带头学、静下心来学、融会贯通学，学思践悟，知行合一。要紧密联系本单位本部门工作实际，引导广大党员把思想和行动统一到讲话精神上来，增强维护核心的思想自觉和行动自觉。

2020年7月，国资委印发《关于进一步加强行业协会党支部标准化规范化建设的通知》。通知要求，要扎实推动党支部标准化规范化建设工作有效开展。充分调动行业协会各级党组织的积极性、主动性和创造性，发挥各方面的作用，形成上下联动、齐抓共管，共同推动行业协会党支部标准化规范化建设工作有效开展的工作格局。直管协会党委在年度工作中要对本系统党支部标准化规范化建设工作作出专门安排，做好整体调度和疑难解答。直管协会党务工作部门要按照直管协会党委的工作部署和《行业协会党支部标准化、规范化建设工作方案》明确的总体要求、目标任务、基本原则，通过实地督促检查指导、排查整改软弱涣散党组织、召开经验交流会、组织到先进支部学习观摩、先进支部与后进支部"结对子"帮扶、开展达标建设等措施，推动本系统党支部标准化规范化建设工作全面深入开展。行业协会党支部要按照支部工作条例和行业协会党支部标准化规范化工作手册要求，围绕增强党支部政治功能、发挥党支部政治作用、更好履行党支部基本职责、服务中心工作等内容，健全完善党支部建设有关制度流程及工作规范。试点单位要充分发挥标杆示范作用，积极总结经验，形成具有自身特色、务实有效的支部工作法。

此外，如何进一步完善现代国有企业制度，国务院也构建了完整的政策体系。

2019年4月，为贯彻落实党的十九大精神，加快推进国有资本授权经营体制改革，进一步完善国有资产管理体制，推动国有经济布局结构调整，打造充满生机活力的现代国有企业，国务院关于印发《改革国有资本授权经营体制方案》的通知。其中提出：（1）完善公司治理。按照建设中国特色现代国有企业制度的要求，把加强党的领导和完善公司治理统一起来，加快形成有效制衡的公司法人治理结构、灵活高效的市场化经营机制。建设规范高效的董事会，完善董事会运作机制，提升董事会履职能力，激发经理层活力。要在所出资企业积极推行经理层市场化选聘和契约化管理，明确聘期以及企业与经理层成员双方的权利与责任，强化刚性考核，建立退出机制。（2）夯实管理基础。按照统一制度规范、统一工作体系的原则，加强国有资产基础管理。推进管理创新，优化总部职能和管理架构。深化企业内部三项制度改革，实现管理人员能上能下、员工能进能出、收入能增能减。不断强化风险防控体系和内控机制建设，完善内部监督体系，有效发挥企业职工代表大会和内部审计、巡视、纪检监察等部门的监督作用。（3）优化集团管控。国有资本投资公司以对战略性核心业务控股为主，建立以战略目标和财务效益为主的管控模式，重点关注所出资企业执行公司战略和资本回报状况。国有

第二章 "十三五"时期国有经济改革的指导思想和政策措施

资本运营公司以财务性持股为主,建立财务管控模式,重点关注国有资本流动和增值状况。其他商业类企业和公益类企业以对核心业务控股为主,建立战略管控和运营管控相结合的模式,重点关注所承担国家战略使命和保障任务的落实状况。(4)提升资本运作能力。国有资本投资、运营公司作为国有资本市场化运作的专业平台,以资本为纽带、以产权为基础开展国有资本运作。在所出资企业积极发展混合所有制,鼓励有条件的企业上市,引进战略投资者,提高资本流动性,放大国有资本功能。增强股权运作、价值管理等能力,通过清理退出一批、重组整合一批、创新发展一批,实现国有资本形态转换,变现后投向更需要国有资本集中的行业和领域。

2020年2月,为深入贯彻落实党中央、国务院关于推行国有企业经理层成员任期制和契约化管理、建立职业经理人制度的决策部署,在系统总结梳理相关政策和企业实践经验的基础上,国务院国有企业改革领导小组办公室近日印发《"双百企业"推行经理层成员任期制和契约化管理操作指引》和《"双百企业"推行职业经理人制度操作指引》(以下简称两个《操作指引》)。两个《操作指引》重点聚焦以下四个方面:一是明确了基本概念、范围和职责。两个《操作指引》分别明确了经理层成员任期制和契约化管理、职业经理人的基本概念和实施范围,厘清了"双百企业"控股股东及党组织、本企业党组织和董事会等治理主体在相关工作中的职责。二是明确了基本操作流程。两个《操作指引》分别明确了"双百企业"推行经理层成员任期制和契约化管理、推行职业经理人制度一般应遵循的操作流程，主要包括制定方案、履行决策审批程序、签订契约、开展考核、结果应用等，并对每个流程的主要内容进行了解释说明。三是明确了各主要环节的操作要点。两个《操作指引》分别就任期制管理、契约化管理两个环节和市场化选聘、契约化管理、差异化薪酬、市场化退出四个环节，明确了任期管理、权责划分、契约签订、考核实施、薪酬管理、退出管理和选聘标准、人选来源、选聘程序、契约签订、考核实施、薪酬结构、薪酬水平、薪酬支付、退出条件、辞职规定等具体操作要点，为"双百企业"规范实施相关工作提供了重要参考。四是明确了监督管理相关环节的操作要点。两个《操作指引》重点就严格任期、履职监督、责任追究等方面明确了具体操作要点，特别是就推行职业经理人制度过程中需要重点关注的组织人事关系管理、出国（境）管理、培养发展、保密管理等问题提出了规范性要求。两个《操作指引》的出台，为"双百企业"全面推行经理层成员任期制和契约化管理、积极推行职业经理人制度提供了系统规范的操作指南，为加快培育一批国企改革尖兵、更好发挥"双百企业"的引领示范带动作用提供了政策支撑，有利于下一步在更大范围、更深层次推动国有企业完善市场化经营机制，切实提高国有企业的活力和效率。

二、促进国有经济科技创新的政策

2016年6月,国资委在北京召开中央企业科技创新工作会议,深入学习贯彻全国科技创新大会、两院院士大会和中国科协第九次全国代表大会精神,推动中央企业加快实施创新驱动发展战略,部署"十三五"时期中央企业科技创新工作。张毅对贯彻落实全国科技创新大会、两院院士大会、中国科协第九次全国代表大会精神,学习贯彻习近平总书记、李克强总理重要讲话精神进行了全面部署,对中央企业在建设世界科技强国中发挥主力军作用提出了明确要求。

中央企业要深入学习贯彻落实习近平总书记重要讲话和大会精神,把思想行动统一到党中央、国务院的决策部署和工作要求上来,进一步推动中央企业科技创新工作。要深刻理解科技创新的重大意义,准确把握科技创新的新任务新要求,充分认识加快科技创新的紧迫性。中央企业要加快科技创新步伐,充分发挥在建设世界科技强国中主力军作用。要更加注重发挥中央企业在新一轮全球科技竞争中的骨干作用。要更加注重发挥中央企业在自主创新方面的引领作用。要更加注重发挥中央企业在协同创新中的带动作用。要更加注重发挥人才科技创新中的核心作用。国资委和中央企业要齐抓共管、多措并举,营造有利于科技创新的良好环境。要加强对科技创新工作的组织领导。要深化体制机制改革。要整合和调动创新资源。要营造鼓励创新的文化氛围。

肖亚庆回顾总结了"十二五"时期中央企业科技创新取得的成绩，深入分析了中央企业科技创新面临的新形势新要求，提出"十三五"中央企业科技创新工作总的要求是：要全面贯彻党的十八大及十八届三中、四中、五中全会精神和全国科技创新大会精神，坚持创新、协调、绿色、开放、共享发展理念，主动适应、把握和引领经济发展新常态，围绕做强做优做大中央企业、培育具有创新能力和国际竞争力跨国公司的目标，加快实施创新驱动发展战略，面向世界科技前沿、面向经济主战场、面向国家重大需求，进一步强化自主创新，加强协同创新，大力推动大众创业万众创新，完善创新体制机制，激发创新创业活力，培育发展新兴产业，推动中央企业转型升级、提质增效和瘦身健体，不断提升中央企业整体实力和竞争力，努力为建设创新型国家和世界科技强国作出更大的贡献。他强调，推进"十三五"中央企业科技创新工作要重点从六个方面下功夫。要切实抓好顶层设计，强化科技战略引领。要突出抓好自主创新，突破关键核心技术。要大力推动协同创新，构建开放创新体系。要全面推进双创工作，增添企业发展新动能。要强化技术与资本结合，加快科技创新步伐。要构建人才创新机制，充分激发科技人才积极性。

第二章 "十三五"时期国有经济改革的指导思想和政策措施

2018年5月,科技部、国资委印发《关于进一步推进中央企业创新发展的意见》的通知,把科技创新摆在国家发展全局的核心位置,围绕实施创新驱动发展战略作出了一系列重大决策部署。中央企业作为国民经济发展的重要支柱,是践行创新发展新理念、实施国家重大科技创新部署的骨干力量和国家队。推动中央企业提高科技创新能力,走创新发展道路,是实现科技创新面向世界科技前沿、面向经济主战场、面向国家重大需求的必然要求。为深入学习贯彻党的十九大精神,实施创新驱动发展战略,落实中央企业科技创新推进会议要求,加快推动中央企业创新发展,科技部会同国资委制定了《关于进一步推进中央企业创新发展的意见》,总体要求为:全面贯彻落实党的十九大精神,以习近平新时代中国特色社会主义思想为指导,按照党中央、国务院科技创新重大决策部署要求,发挥科技创新和制度创新对中央企业创新发展的支撑推动作用,通过政策引导、机制创新、研发投入、项目实施、平台建设、人才培育、科技金融、国际合作等加强中央企业科技创新能力,充分发挥中央企业在国家安全、国民经济和社会发展等方面的基础性、引导性和骨干性作用,培育具有全球竞争力的世界一流创新型中央企业,为建设创新型国家和世界科技强国提供坚强支撑。建立特色鲜明、要素集聚、活力迸发的中央企业创新体系;突破一批核心关键技术,在若干重点产业领域形成一批具有国际影响力和竞争力的创新型中央企业;取得一批对国家经济社会发展具有重要作用的创新成果，推动高质量发展，为我国建成创新型国家和现代化经济体系提供强有力的支撑。

2018年7月，为了贯彻落实党中央、国务院关于推进科技领域"放管服"改革的要求，建立完善以信任为前提的科研管理机制，按照能放尽放的要求赋予科研人员更大的人财物自主支配权，减轻科研人员负担，充分释放创新活力，调动科研人员积极性，激励科研人员敬业报国、潜心研究、攻坚克难，大力提升原始创新能力和关键领域核心技术攻关能力，多出高水平成果，壮大经济发展新动能，为实现经济高质量发展、建设世界科技强国作出更大贡献，国务院印发《关于优化科研管理提升科研绩效若干措施的通知》内容如下：

（1）优化科研项目和经费管理，包括：简化科研项目申报和过程管理；合并财务验收和技术验收；推行"材料一次报送"制度；赋予科研人员更大技术路线决策权；赋予科研单位科研项目经费管理使用自主权；避免重复多头检查。（2）完善有利于创新的评价激励制度，包括：切实精简人才"帽子"；开展"唯论文、唯职称、唯学历"问题集中清理；加大对承担国家关键领域核心技术攻关任务科研人员的薪酬激励。（3）强化科研项目绩效评价，包括：推动项目管理从重数量、重过程向重质量、重结果转变；实行科研项目绩效分类评价；严格依据任务书开展综合绩效评价；加强绩效评价结果的应用。（4）完善分级责任担当机制，包括：建立相关部门为高校和科研院所分担责任机制;强化高校、科研院所和科研人员的主体责任;完善鼓励法人担当负责的考核激励机制。
(5)开展基于绩效、诚信和能力的科研管理改革试点。科技部、财政部会同教育部、中科院在教育部直属高校和中科院所属科研院所中选择部分创新能力和潜力突出、创新绩效显著、科研诚信状况良好的单位开展支持力度更大的"绿色通道"改革试点。包括:开展简化科研项目经费预算编制试点;开展扩大科研经费使用自主权试点;开展科研机构分类支持试点;开展赋予科研人员职务科技成果所有权或长期使用权试点。

三、国有经济布局调整和企业重组的政策

2016年7月提出的《国务院办公厅关于推动中央企业结构调整与重组的指导意见》中指出,中央企业积极推进结构调整与重组,布局结构不断优化,规模实力显著增强,发展质量明显提升,各项改革发展工作取得了积极成效。但总的来看,中央企业产业分布过广、企业层级过多等结构性问题仍然较为突出,资源配置效率亟待提高、企业创新能力亟待增强。为贯彻落实党中央、国务院关于深化国有企业改革的决策部署,进一步优化国有资本配置,促进中央企业转型升级,国务院办公厅关于推动中央企业结构调整与重组提出了以下指导意见。

(一)总体要求

全面贯彻党的十八大和十八届三中、四中、五中全会精神,深入学习领会习近平总书记系列重要讲话精神,认真贯彻落实"四个全面"战略布局和党中央、国务院决策部署,牢固树立创新、协调、绿色、开放、共享的发展理念,推进供给侧结构性改革,坚持公有制主体地位,发挥国有经济主导作用,以优化国有资本配置为中心,着力深化改革,调整结构,加强科技创新,加快转型升级,加大国际化经营力度,提升中央企业发展质量和效益,推动中央企业在市场竞争中不断发展壮大,更好发挥中央企业在保障国民经济持续健康安全发展中的骨干中坚作用。

(二)主要目标

到 2020 年,中央企业战略定位更加准确,功能作用有效发挥;资源配置更趋合理,国有资本配置效率显著提高;发展质量明显提升,形成一批具有创新能力和国际竞争力的世界一流跨国公司。具体目标是:(1)功能作用有效发挥。在国防、能源、交通、粮食、信息、生态等关系国家安全的领域保障能力显著提升;在重大基础设施、重要资源以及公共服务等关系

第二章 "十三五"时期国有经济改革的指导思想和政策措施

国计民生和国民经济命脉的重要行业控制力明显增强；在重大装备、信息通信、生物医药、海洋工程、节能环保等行业的影响力进一步提高；在新能源、新材料、航空航天、智能制造等产业的带动力更加凸显。（2）资源配置更趋合理。通过兼并重组、创新合作、淘汰落后产能、化解过剩产能、处置低效无效资产等途径，形成国有资本有进有退、合理流动的机制。中央企业纵向调整加快推进，产业链上下游资源配置不断优化，从价值链中低端向中高端转变取得明显进展，整体竞争力大幅提升。中央企业间的横向整合基本完成，协同经营平台建设加快推进，同质化经营、重复建设、无序竞争等问题得到有效化解。（3）发展质量明显提升。企业发展战略更加明晰，主业优势更加突出，资产负债规模更趋合理，企业治理更加规范，经营机制更加灵活，创新驱动发展富有成效，国际化经营稳步推进，风险管控能力显著增强，国有资本效益明显提高，实现由注重规模扩张向注重提升质量效益转变，从国内经营为主向国内外经营并重转变。

（三）保障措施

国务院国资委要会同有关部门根据国家战略要求，结合行业体制改革和产业政策，提出有关中央企业实施重组的具体方案，报国务院批准后稳步推进。中央企业结合实际制定本企业结构调整与重组的具体实施方案，报国务院国资委备案后组织实施，其中涉及国家安全领域的，须经相关行业主管部门审核同意。中央企业在结构调整与重组过程中要切实加强党的领导，建立责任清晰、分工明确的专项工作机制，由主要负责人负总责，加大组织协调力度，切实依法依规操作。同时发挥工会和有关社团组织的作用，做好干部职工的思想政治工作。各有关部门要根据实现"两个一百年"奋斗目标、国家重大战略布局以及统筹国内国际两个市场等需要，明确国有资本分行业、分区域布局的基本要求，作为中央企业布局结构调整的重要依据，同时结合各自职责，配套出台相关产业管理政策，保障国有资本投入规模科学合理，确保中央企业结构调整与重组有利于增强国有经济主导能力、维护市场公平竞争秩序。各有关部门要研究出台财政、金融、人才、科技、薪酬分配、业绩考核等支持政策，并切实落实相关税收优惠政策，为中央企业结构调整与重组创造良好环境。要充分发挥各类基金的作用，积极稳妥引入各类社会资本参与和支持中央企业结构调整与重组。健全企业退出机制，完善相关退出政策，依法妥善处理劳动关系调整、社会保险关系接续等问题，切实维护好企业职工合法权益。建立完善政府和企业合理分担成本的机制，多渠道筹措资金，妥善解决中央企业历史遗留问题，为中央企业公平参与市场竞争创造条件。金融、文化等中央企业的结构调整与重组，中央另有规定的依其规定执行。

四、混合所有制改革的政策

2015年9月,《国务院关于国有企业发展混合所有制经济的意见》中指出,发展混合所有制经济,是深化国有企业改革的重要举措。混合所有制改革的基本原则为:尊重市场经济规律和企业发展规律,以企业为主体,充分发挥市场机制作用,把引资本与转机制结合起来,把产权多元化与完善企业法人治理结构结合起来,探索国有企业混合所有制改革的有效途径。以保护产权、维护契约、统一市场、平等交换、公平竞争、有效监管为基本导向,切实保护混合所有制企业各类出资人的产权权益,调动各类资本参与发展混合所有制经济的积极性。坚持依法依规,进一步健全国有资产交易规则,科学评估国有资产价值,完善市场定价机制,切实做到规则公开、过程公开、结果公开。强化交易主体和交易过程监管,防止暗箱操作、低价贱卖、利益输送、化公为私、逃废债务,杜绝国有资产流失。对通过实行股份制、上市等途径已经实行混合所有制的国有企业,要着力在完善现代企业制度、提高资本运行效率上下功夫;对适宜继续推进混合所有制改革的国有企业,要充分发挥市场机制作用,坚持因地施策、因业施策、因企施策,宜独则独、宜控则控、宜参则参,不搞拉郎配,不搞全覆盖,不设时间表，一企一策，成熟一个推进一个，确保改革规范有序进行；尊重基层创新实践，形成一批可复制、可推广的成功做法。

2016年12月，为贯彻落实《国务院关于国有企业发展混合所有制经济的意见》，稳妥有序推进中央企业混合所有制改革，国资委特制定《中央企业实施混合所有制改革有关事项的规定》，内容如下：

中央企业实施混合所有制改革，应当遵守《中华人民共和国公司法》《中华人民共和国企业国有资产法》等法律、行政法规及公司章程的有关规定，并履行以下操作流程：（1）可行性研究。拟实施混合所有制改革的企业，应当在本企业功能界定和分类的基础上，按照《国务院关于国有企业发展混合所有制经济的意见》（以下简称《意见》）确定的改革原则，结合企业发展需要，做好改革的必要性、可行性研究。（2）方案制订。经研究适宜推进混合所有制改革的企业，应制订具体改革方案，明确改革内容，做好风险评估和合规性审查，必要时聘请专家进行论证。（3）内部决策。改革方案制订后，应当按照中央企业"三重一大"决策机制，履行企业内部决策程序，涉及职工安置的，职工安置方案应当经职工代表大会或职工大会审议通过。（4）方案审批。改革方案经企业内部决策后，应当按照本规定履行相应审核批准程序。（5）组织实施。企业按照经批准的改革方案推动具体工作，做好改革组织动员，规范开展审计、资产评估，严格执行国有资产交易制度，确保改革依法合规及公开、公平、公正进行。

中央企业制订混合所有制改革方案，应当立足企业功能定位和发展战略，根据《意见》明确的不同类别企业发展混合所有制经济原则，确定改革的内容、目标、途径等。改革方案应主要包括企业基本情况，改革基本原则和思路，企业面临的主要问题和相应改革措施，引进非国有资本的条件要求、方式、定价办法，改革风险评估与防范措施，改革组织保障和进度安排等内容，方案要重点明确企业在转换经营机制、完善现代企业制度、提高资本配置和运行效率等方面的措施和目标。

中央企业进行混合所有制改革，必须严格履行相应的审核批准程序。中央企业集团公司的混合所有制改革方案，由国资委审核报国务院批准。中央企业中主业处于关系国家安全、国民经济命脉的重要行业和关键领域、主要承担重大专项任务的子企业混合所有制改革方案，由中央企业审核报国资委批准，其中报国务院批准的按照有关法律、行政法规和国务院文件规定执行。中央企业其他子企业的混合所有制改革方案，由中央企业批准。中央企业中主业处于关系国家安全、国民经济命脉的重要行业和关键领域、主要承担重大专项任务的子企业名单，由中央企业按照关于中央企业功能界定与分类的有关文件要求确定并报国资委审核。

中央企业要切实做好混合所有制改革的组织领导，重点做好以下工作：（1）做好与企业改革相关部门的沟通，对改革中遇到的问题及时报告、提出政策建议，将混合所有制改革实施情况报告国资委并抄报派驻本企业监事会。（2）保持改革过程中各项生产经营活动正常进行和职工队伍稳定，充分发挥工人阶级主人翁作用，维护好职工群众合法权益，保障企业职工对改革的知情权和参与权。（3）做好企业混合所有制改革中有关涉密事项的保密工作，聘请中介机构参与的应当签订保密协议，重大改革事项未经批准前，严禁擅自对外发布信息。（4）实施信息公开加强社会监督。相关资产评估、定价结果应按要求实施信息公开，涉及转让产权或增资扩股、上市公司增发引进投资人的应在产权、股权、证券市场公开进行。（5）充分发挥企业内部监督、国有资产监管机构监督、监事会监督和审计、纪检监察、巡视等内外部监督合力，建立监督意见反馈工作机制，对改革过程中出现的问题及时纠偏提醒，形成监督闭环，对违规操作造成国有资产流失的，要对有关责任人员严肃追责。（6）营造良好的改革舆论环境，及时宣传成功经验，正确引导社会舆论，积极回应社会关切。

2019年11月，为进一步贯彻落实党中央、国务院关于发展混合所有制经济的决策部署，积极稳妥有序推进中央企业混合所有制改革，在系统梳理混合所有制改革涉及的相关法律法

第二章 "十三五"时期国有经济改革的指导思想和政策措施

规和支持政策，总结中央企业混合所有制改革工作的基础上，国务院国资委印发《中央企业混合所有制改革操作指引》。《操作指引》重点聚焦以下几个方面：一是规范混合所有制改革操作流程。中央企业混合所有制改革一般应履行可行性研究、制定混合所有制改革方案、履行决策审批程序、开展审计评估、引进非公资本投资者、推进企业运营机制改革等基本流程。二是明确通过市场化方式推进混合所有制改革。中央企业"混资本"环节要充分发挥市场在资源配置中的决定性作用，通过产权市场、股票市场等平台公开、公平、公正进行。"混资本"过程中资产审计评估、进场交易、上市公司资本运作要严格履行相关工作程序，切实防止国有资产流失。三是推动混改企业切实转变运营机制。包括完善公司法人治理结构和管控方式、深化三项制度改革、灵活用好多种激励约束机制和加强党的建设，明确相关工作的重点内容、有关规定和指导原则。

《操作指引》的出台，为中央企业开展混合所有制改革提供了系统的操作指南，有利于中央企业规范混合所有制改革工作流程，深化混合所有制改革内涵，以"混资本"促进"改机制"，切实提高中央企业竞争力、创新力、控制力、影响力和抗风险能力，夯实社会主义基本经济制度的微观基础。

五、去除历史负担的政策

加快剥离国有企业办社会职能和解决历史遗留问题是深化国有企业改革的重要内容。为贯彻落实《中共中央国务院关于深化国有企业改革的指导意见》和《国务院关于印发加快剥离国有企业办社会职能和解决历史遗留问题工作方案的通知》精神，剥离与主业发展方向不符的国有企业办市政、社区管理等职能，2017 年 6 月，国务院国资委、民政部、财政部、住房和城乡建设部关于国有企业办市政、社区管理等职能分离移交提出如下指导意见。

（1）总体要求。工作目标是将与主业发展方向不符的国有企业管理的市政设施、职工家属区的社区管理等职能移交地方政府负责，2017 年底前完成。工作要求是坚持政企分开，将国有企业配合承担的公共管理职能归位于相关政府部门和单位；实行专业化管理，将与主业发展方向不符的国有企业承担的公共服务职能移交地方政府实行集中统一管理；减轻企业负担，促进国有企业瘦身健体、提质增效。

（2）主要任务。市政设施移交范围：国有企业管理的面向社会开放、提供公共服务的市政设施，包括道路桥梁及相应照明设施、环境卫生设施、市政管网及附属设施、生活污水处

第二章 "十三五"时期国有经济改革的指导思想和政策措施

理设施、生活垃圾处理设施、城市供水设施、公共绿化设施、公共交通设施、公园、广场等，移交地方政府管理。中央企业或省属国有企业所属与主业发展方向不符的，承担生活供水、供热、污水处理、垃圾处理等公共服务的企业，原则上划转地方政府管理。地方政府不能接收的，企业可自行关闭撤销或重组改制。国有企业为职工服务的文化、体育设施，经与地方政府协商一致，可移交地方管理；也可由企业根据实际情况妥善处置，面向社会开放可按市场化方式合理收费。市政设施移交程序：由国有企业向市县政府提出申请，市县政府要在 15 个工作日内明确具体接收部门或单位。移交接收双方共同协商确定具体方案，办理移交接收事项。对于损坏、丧失使用功能的供排水等设施，经协商一致可由移交企业进行必要的维修完善。2018 年起国有企业不再承担已移交的市政设施相关费用。社区管理职能移交。国有企业职工家属区的社区管理职能移交市县政府负责，由国有企业向市县政府提出申请，市县政府在 15 个工作日内明确责任单位，与国有企业协商办理移交接收事项，做好相关工作衔接。已经建立的职工家属区街道办事处等机构、依法选举产生的社区居民委员会与企业完全脱钩，现有办公场所、服务场所及设备设施一并移交。仍未建立管理机构或未依法选举产生社区居民委员会的国有企业职工家属区，按区域划片移交区县政府、街道办事处管理。剥离国有企业办社会职能和解决历史遗留问题，认真学习贯彻党的十九大和中央经济工作会议精神，以习近平新时代中国特色社会主义思想为指引，按照国务院国有企业改革领导小组的要求，统筹谋划，进一步强化工作组织，落实工作责任，坚持问题导向，完善政策措施，强化工作实效，加快解决企业办社会等历史遗留问题，基本完成"三供一业"分离移交和教育医疗机构深化改革，努力完成市政社区管理等职能分离移交，逐步在全国推开国有企业退休人员社会化管理工作，稳妥推进厂办大集体改革工作。

2018年2月23日专项小组召开专门会议，中央国家有关部门负责同志参加了会议，提出以下几点建议：

（1）进一步提高对剥离国有企业办社会职能和解决历史遗留问题重要性和紧迫性的认识。党中央、国务院高度重视剥离国有企业办社会职能和解决历史遗留问题工作，将其纳入深化国有企业改革重点任务统筹推进，要求2020年底前基本完成。习近平总书记多次作出重要指示，李克强总理作出重要部署，国务院国有企业改革领导小组会议多次专题研究，要求狠抓落实，突破难点，务求稳妥有效推进。党的十九大作出中国特色社会主义进入了新时代的重要论断，指出中国社会主要矛盾已经转化为人民日益增长的美好生活需要和不平衡不充分的发展之间的矛盾，确定了决胜全面建成小康社会、开启全面建设社会主义现代化国家新征程的目标，做出了新时代的战略部署，对国企改革、民生改善、社会治

第二章 "十三五"时期国有经济改革的指导思想和政策措施

理提出了新的更高要求。中央经济工作会议和刚刚闭幕的全国"两会"进一步明确了2018年工作任务。学习领会党的十九大精神，贯彻落实中央经济工作会议和"两会"部署要求，加快剥离国有企业办社会职能和解决历史遗留问题极为重要、十分紧迫。我们一定要进一步统一思想，提高认识，增强责任感和使命感，勇于担当，奋发有为，以更大力度、更实的措施，坚决完成2018年剥离企业办社会职能和解决历史遗留问题各项工作任务。

（2）充分肯定2017年剥离国有企业办社会职能和解决历史遗留问题取得的重要进展。2017年各地、各中央企业深入学习贯彻习近平新时代中国特色社会主义思想，认真落实党中央、国务院决策部署，加强组织领导，密切配合，以推进供给侧结构性改革为主线，以提高质量效益和核心竞争力为中心，攻坚克难，扎实推进剥离企业办社会职能和解决历史遗留问题，工作有力、有序、有方、有效，取得了重要进展。

（3）主动作为，勇于担当，积极完成"三供一业"分离移交。2017年"三供一业"分离移交重点抓了协议签订，完成分离移交或签订移交协议的达到80%，其中不少是框架协议，下一步维修改造、完成分离移交还要做大量艰苦的工作，特别是北方地区施工期短、时间更为紧迫，按照工作目标在今年底基本完成全国国有企业"三供一业"分离移交，任务依然十分艰巨。我们一定要毫不松懈，持续发力，久久为功。

（4）攻坚克难，砥砺前行，深入推进独立工矿区剥离办社会职能。独立工矿区是剥离办社会职能的重点也是难点，关系到剥离国有企业办社会职能和解决历史遗留问题整体工作进展与实际成效。5个独立工矿区综合改革试点取得了突破，积累了不少好经验好做法，对深入推进独立工矿区剥离办社会职能具有重要的示范作用。但啃下独立工矿区剥离办社会职能这块硬骨头，还需要进一步探索解决面临的不少矛盾和问题。我们一定要锐意改革，攻坚克难，砥砺前行。

（5）统筹谋划，分类施策，全面完成教育医疗机构深化改革。国有企业办教育医疗机构深化改革是剥离国有企业办社会职能和解决历史遗留问题的重要任务，既要减轻企业负担，激发企业活力；又要促进职业教育、健康产业发展，扩大服务有效供给。按照中央要求，2018年底前要基本完成国有企业办教育医疗机构集中管理、改制或移交工作。我们一定要统筹谋划，因地制宜，分类施策。

（6）积极稳妥，勇毅笃行，逐步在全国推开退休人员社会化管理工作。5个试点城市积极推进退休人员社会化管理工作，取得了初步成效，找到了有关难点问题，探索了有效途径。按照专项小组有关工作安排，今年要逐步在全国推开。退休人员社会化管理关系着退休老同志的切身利益，情况复杂，需要加强政策协调,做好各方面的工作衔接。我们一定要凝心聚力,蹄疾步稳,勇毅笃行。

(7)协同配合,精准施策,稳妥推动厂办大集体改革。厂办大集体改革起步较早,2005年在东北地区选择部分城市和央企开展试点,2011年国务院办公厅印发《关于在全国范围内开展厂办大集体改革工作的指导意见》,全面推开全国厂办大集体改革。国务院国资委、财政部、人力资源社会保障部专门进行了动员部署,并多次调研督导。《国务院办公厅关于印发2016年政务公开工作要点的通知》和国务院国资委、财政部和人力资源社会保障部《关于加快推进厂办大集体改革工作的指导意见》,进一步明确中央财政补助和奖励比例,补助、奖励资金可统筹使用;厂办大集体改革组织协调的责任主体是地方人民政府和中央企业,推进改革的责任主体是主办国有企业或主办国有企业的主管部门,具体操作和成本承担的责任主体是厂办大集体。

(8)加强组织,狠抓落实,全面完成2018年目标任务。一分部署,九分落实。2018年是贯彻党的十九大精神的开局之年,是改革开放40周年,是决胜全面建成小康社会、实施"十三五"规划承上启下的关键一年。剥离国有企业办社会职能和解决历史遗留问题目标任务已经明确,多数工作要在今年基本完成,需要我们继续发扬敢啃硬骨头、敢于涉险滩的精神,勇于担当,同心协力,狠抓落实,务期必成。

第三节 "十三五"时期国有经济改革的具体措施

一、党组织和中国特色现代企业制度建设的具体措施

"十三五"时期，国企的特色企业制度建设体现在以下几个方面：

（1）公司制改制取得历史性突破，企业市场化基础进一步筑牢。2015年下发的《中共中央、国务院关于深化国有企业改革的指导意见》（以下简称《指导意见》）提出了到2020年"国有企业公司制改革基本完成"的目标。按照这一部署，各级国资委在相关部门的配合、支持下，加快推进国有企业的公司制改革。2019年3月，国务院国资委宣布，央企的公司制改革已全面完成，超过96%的地方国资委出资企业完成改制。公司制改革实现了历史性突破。在国资委看来，其重大意义具体体现在三个方面：一是责任更加明确，有助于企业真正成为自主经营、自负盈亏、自担风险、自我约束、自我发展的

独立市场主体；二是改革空间进一步打开，为股份制、多元化、混改、上市等改革打下了基础；三是有效推动了完善公司治理、转换经营机制。

（2）深入推进规范董事会建设，董事会职权进一步落实。在央企推行规范化董事会建设，是国务院国资委成立后，优化国企治理结构，完善现代企业制度的重要抓手，其"意义不亚于神舟飞船"。《指导意见》也提出，健全公司法人治理结构，"重点是推进董事会建设"。截至2019年底，已有83家中央企业建立了外部董事占多数的董事会，中央企业所属二三级企业建立董事会的占比达到了76%，各省级国资委所出资企业中建立董事会的占比达到了90%。

（3）持续强根铸魂，党的领导与公司治理融合更加紧密。特别是2016年10月，全国国有企业党的建设工作会议召开之后，国有企业党建工作取得了明显进展和实质性加强，有关领导用三个"前所未有"高度概括了中央企业党的建设取得的历史性成就、发生的历史性变革。为进一步加强中央企业党建工作，2017年开始，国务院国资委先后启动了党建工作落实年、党建质量提升年、基层党建推进年、党建巩固深化年等专项行动；连续两年对中央企业开展党建考核，考核结果同企业领导人员薪酬奖惩挂钩，中央企业党委（党组）连续5年向国资委党委报告年度党建工作、党委（党组）书记连续4年向国资委党委作党建现场述职。2020年上半年，创新开发

"云考核"平台，对95家中央企业抓党建促改革强发展实绩实效"扫描画像"。国务院办公厅还出台了《关于进一步完善国有企业法人治理结构的指导意见》，全部中央企业集团公司实现"党建进章程"，党委（党组）书记、董事长"一肩挑"，截至2020年6月底，1036家国有控股上市公司完成党建入章程，完成率超过90%。选优配强专职副书记并推进专职副书记进入董事会且不在经理层任职，目前，66家中央企业专职副书记进入董事会。落实党组织研究讨论作为公司决策重大事项前置程序，企业党组织在公司治理结构中的法定地位进一步明确，企业党委（党组）把方向、管大局、保落实职能全面履行。

坚持党的领导、加强党的建设，是我国国有企业的光荣传统，是国有企业的"根"和"魂"，是我国国有企业的独特优势。中国特色现代国有企业制度，"特"就特在把党的领导融入公司治理各环节，把企业党组织内嵌到公司治理结构之中，明确和落实党组织在公司法人治理结构中的法定地位，做到组织落实、干部到位、职责明确、监督严格。党组织在公司治理中的法定地位，既是中国特色现代国有企业制度的核心特征，更是中国特色国有企业董事会建设的特色所在。认真梳理国有企业董事会在试点、规范和完善等不同阶段党组织地位变化的发展逻辑，有助于更为深入地理解中国国有企业的制度特征。

第二章 "十三五"时期国有经济改革的指导思想和政策措施

以下是"十三五"时期国有企业党建典型案例[①]。

（1）加强党建，中铝集团实现扭亏脱困。2017年，中铝集团盈利21亿元，并且消化历史包袱40亿元，取得自2008年以来最好的经营业绩，连续3年超额完成国资委考核目标。2018年上半年，中铝实现利润26亿元，继续保持向好发展态势。全面从严治党要在国有企业落实落地，必须从基本组织、基本队伍、基本制度抓起。2015年以来，中铝集团及下属境内363家全资或控股公司全部将党建要求写进了公司章程。党组和各企业党委通过制定修订党组织议事规则、"三重一大"决策制度等，落实了党组织研究讨论前置程序要求。41户实体企业实行了"党委书记、董事长由一人担任，党员总经理担任副书记"的领导体制，集团和各企业党群工作部门按照不低于同级部门平均编制数的要求，确保了党建工作有人抓、有人管。

（2）2018年11月20日，国务院国资委党委在中国石化胜利油田召开落实全国组织工作会议精神推进中央企业基层党建座谈会，以习近平新时代中国特色社会主义思想为指导，认真学习贯彻习近平总书记关于党的建设和组织工作重要思想，深入落实全国组织工作会议和中央企业党的建设工作座谈会精神，对全面深化中央企业基层党建"三基建设"作出部署。

---

① 本部分事例均来自国务院国有资产监督管理委员会官网，http://www.sasac.gov.cn/。

国务院国资委党委书记郝鹏出席会议并讲话，强调要高举习近平新时代中国特色社会主义思想伟大旗帜，全面贯彻落实党的十九大精神，紧紧围绕新时代党的建设总要求和党的组织路线，按照"一年抓短板强弱项、两年抓巩固促提升、三年抓深化上水平"工作目标，把中央企业党的基层组织打造成为组织体系严密、党员队伍过硬、基本制度健全的坚强战斗堡垒，为培育具有全球竞争力的世界一流企业提供坚强保证。

（3）中国海洋石油集团有限公司深入学习贯彻习近平新时代中国特色社会主义思想和习近平总书记关于扶贫工作的重要论述，坚持"解困、扶本、造血，建立长效机制"的工作思路，自承担定点扶贫任务以来，累计投入资金超过7.4亿元，对口帮扶的6个县市全部脱贫摘帽，在国务院扶贫开发领导小组组织的中央单位定点扶贫工作考核中连续三年获评最高等级，为打赢脱贫攻坚战作出了积极贡献，走出了一条国有企业特色扶贫之路。

（4）2020年1月，国资委党委颁布《关于中央企业加强党的领导，为打赢疫情防控阻击战提供坚强政治保证》的通知。通知强调：一、坚决用习近平总书记重要指示和党中央《通知》精神统一思想和行动；二、充分发挥党委（党组）疫情防控领导作用；三、充分发挥党员领导干部示范表率作用；四、充分发挥基层党组织战斗堡垒作用；五、充分发挥广大党员疫情防控先锋模范作用；六、认真做好宣传思想工作。

第二章 "十三五"时期国有经济改革的指导思想和政策措施

二、促进国有企业技术创新的具体措施

"十三五"以来,围绕实施创新驱动发展战略、加快推进以科技创新为核心的全面创新,提出一系列新思想、新论断、新要求,为科技事业的发展指明了方向。科技部、国资委印发的《关于进一步推进中央企业创新发展的意见》中指出,国企的技术创新具体应体现在以下几个方面:

(1)鼓励和支持中央企业参与国家重大科技项目。共同指导和推动中央企业在国家科技计划组织实施中发挥更大作用,制定出台相关政策措施,鼓励中央企业承担和参与国家重大科技项目。在集中度较高、中央企业具有明显优势的产业领域,将中央企业的重大创新需求纳入相关科技计划项目指南,支持中央企业牵头承担国家科技重大专项、重点研发计划重点专项和"科技创新2030—重大项目",结合项目特点,可按照"一企一策"原则制定管理、投入和知识产权分享机制,优化管理流程,提高实施效率,一体化推进基础研究、共性技术研发、应用示范和成果转化。

(2)鼓励中央企业增加研发投入。深化科技体制改革和国企改革,健全中央企业技术创新经营业绩考核制度,将技术进步要求高的中央企业研发投入占销售收入的比例纳入经营业

绩考核。引导和鼓励中央企业加大对基础研究和应用基础研究的投入。加强对中央企业高新技术企业认定工作的指导，协调相关部门完善研发费用加计扣除等创新激励政策，促进相关政策落实落地。推动中央企业加快实施《国有科技型企业股权和分红激励暂行办法》，进一步发挥好股权和分红激励政策的带动作用。

（3）支持中央企业发挥创新主体作用。激发中央企业创新发展的内在动力，充分发挥在技术创新决策、研发投入、科研组织和成果转化应用方面的主体作用。支持中央企业参与编制国家科技创新规划和相关技术领域发展专项实施方案，在科技专家数据库中增加中央企业技术专家数量和比重，更多吸收来自中央企业的专家参与国家科技计划项目评审和验收。在中央企业推广应用创新方法，提高研发和生产效能。推进《促进科技成果转化法》在中央企业落地，采取多种方式推动建立中央企业技术交易平台，提高知识产权创造、应用、管理和保护能力。

（4）支持中央企业打造协同创新平台。支持中央企业设立或联合组建研究院所、实验室、新型研发机构、技术创新联盟等各类研发机构和组织，加强跨领域创新合作，打造产业技术协同创新平台。加强对在中央企业中建立国家各类创新基地和平台的统筹规划和系统布局，按照《国家科技创新基地优化整合方案》，支持中央企业承建更多的技术创新中心、重点实

第二章 "十三五"时期国有经济改革的指导思想和政策措施

验室等国家科技创新基地,对外开放和共享创新资源,加强行业共性技术问题的应用研究,发挥行业引领示范作用。鼓励中央企业建设完善军民两用技术创新平台。将中央企业符合条件的科研设施与仪器设备,纳入国家科技资源共享服务平台,进一步向各类创新主体开放共享。

(5)共同推动中央企业科技人才队伍建设。树立人才是第一资源的理念,落实中央关于深化人才发展体制机制改革的意见,支持中央企业加大创新型科技人才的培养、引进力度,共同支持在中央企业建立高层次人才创新创业基地。结合创新人才推进计划的实施,加大对中央企业中青年科技创新领军人才、重点领域创新团队、创新人才培养示范基地等的支持力度,重视培育高水平战略科学家和具有创新精神的企业家。在中央企业培育一批创新工程师、创新咨询师和创新培训师。

(6)共同指导和推动中央企业深入开展"双创"工作。支持中央企业围绕主营业务和发展需要,推行众创、众包、众扶、众筹等创新模式。建立一批特色鲜明、创客聚集、资源开放、机制灵活、成效显著的专业化众创空间。支持中央企业面向中小企业开放创新资源,建设大中小企业融通发展的众创平台。共同支持办好中央企业熠星创新创意大赛,加强与"中国创新创业大赛"的协调联动和资源整合。发展完善科技金融,为创新创业提供金融服务和融资支持。

（7）支持中央企业参与北京、上海科技创新中心建设。中央企业整合创新资源，积极投入北京、上海科技创新中心建设。会同两地政府，在资金投入、重大工程以及项目安排、平台建设、人才引进等方面加强与中央企业合作。推动中央企业围绕新一代信息技术、北斗导航、高端处理器芯片、大飞机、智能制造与机器人、深远海洋工程装备、生物医药、能源、新能源汽车、节能环保、新材料、轨道交通、人工智能等产业领域，在两地组织实施重点示范项目，加快中央企业科技成果在两地转化落地。

（8）共同开展创新创业投资基金合作。加强国家科技成果转化引导基金与中央企业创新类投资基金的合作，围绕国家科技创新部署和区域创新发展需求，在创新创业、人工智能、军民融合、信息安全、装备制造、生物医药、新材料、现代农业等国家重点支持和鼓励发展的科技创新领域和方向，联合地方政府、金融机构、社会资本，成立一批专业化创业投资基金，推动中央企业科技成果的转移转化和产业化。

（9）支持中央企业开展国际科技合作。以"一带一路"建设为重点，加强中央企业创新能力开放合作，支持中央企业参与实施"一带一路"科技创新行动计划，与"一带一路"沿线国家企业、科研机构和大学开展高层次、多形式、宽领域的科技合作。支持中央企业主动布局全球创新网络、并购重组海外高技术企业或研发机构，建立海外研发中心或

第二章 "十三五"时期国有经济改革的指导思想和政策措施

联合实验室,促进顶尖人才、先进技术及成果的引进和对外合作,实现优势产业、产品的"走出去",提高全球创新资源配置能力。

"十三五"规划收官之年,我国国有企业科技创新捷报频传:量子通信现实应用取得重要突破,"墨子号"量子科学实验卫星首次实现千公里级基于纠缠的量子密钥分发;北斗三号全球卫星导航系统正式建成开通,全球都能够获得北斗系统高质量的导航、定位和授时服务,大国重器举世瞩目。2019年1月,嫦娥四号实现人类首次月球背面软着陆。截至2020年11月2日,嫦娥四号着陆器与"玉兔二号"月球车已在月背工作超过600天,不断刷新纪录[①]。5年来,我国的科技进步贡献率从55.3%提升到59.5%,重大科技成果不断涌现,在全球131个经济体创新能力排名中升至第14位,国有企业在科技创新领域占据重要地位[②]。

以下为"十三五"时期国有企业创新典型案例[③]:

(1) 2019年9月,中国建材集团有限公司参与建设的高世代8.5世代玻璃基板生产线,首片8.5代薄膜晶体管液晶显

[①] 资料来源:《这五年,创新动力更强劲》,载于《人民日报》2020年11月2日。

[②] 资料来源:《答卷2020 | "十三五"漂亮成绩单:中国经济总量突破100万亿元,人均GDP突破1万美元》,载于《中国经济周刊》2020年第24期。

[③] 本部分案例均来自国务院国有资产监督管理委员会官网,http://www.sasac.gov.cn/。

示器用玻璃基板下线，中国继美国、日本之后成为全球第三个掌握高世代液晶玻璃基板生产技术的国家。

（2）"十三五"时期，中国联通累计荣获国家科技进步奖2项、中国专利银奖1项；日内瓦国际发明金奖1项、银奖1项；省部级科学技术奖77项；参加25个国际组织，覆盖主要通信与IT领域；在国际标准组织和开源社区任职超过100个，管理类职务21个；牵头、联合牵头制定国际标准202项；荣获TMF卓越奖、GSMA最佳移动技术突破奖；获得通信行业唯一的国资委中央企业优秀科技创新团队称号；获授权专利2800余件，其中发明专利占比超过92%。

（3）2020年7月，中国建筑自主研发的"中建万吨级多功能实验系统"建成正式投入试运行，成为当前世界上唯一的垂向加载能力上万吨的六自由度工程结构实验设备，可真实反映结构受力状态，为重大工程、设备的设计、建造和制造提供技术支撑，助力我国工程结构科学研究和技术革新。

（4）2020年天翼智能生态博览会上，中国电信宣布"全球最大规模的5G SA网络正式商用"，这是中国在全球5G发展过程中的又一领先之举。作为全球率先提出云网融合发展理念的电信运营商，中国电信同一时间还宣布实施云终端合作计划，发布深度定制5G云手机；此外还将目光投向量子通信，率先为百城万企提供量子安全云和量子安全组网服务，进一步筑牢网络安全根基。

(5) 中企云链成立于 2015 年，经过 5 年发展，中企云链的产品和服务不断丰富，形成了企业确权产品、资本市场产品、场景金融产品、金融科技类产品和企业服务产品等 5 大产品板块、18 条业务线，基于区块链技术，全线上化设计了云签服务平台，真实、可信、合法、便捷地解决了传统合作签约过程中存在的难题。

三、推进国有资本重组的具体措施

国有资本分布过散过宽，一直是阻碍国企发展的痼疾。随着经济下行压力的加大，速度换挡带来巨大挑战，原先高速增长掩盖的不少矛盾显露出来。国企结构调整形势严峻、任务艰巨。优化存量、引导增量、主动减量，做好加减乘除法，实现更高水平发展是当务之急。国务院国资委 2016 年初提出了中央企业效益努力实现恢复性增长。而"瘦身健体"、苦练内功，向结构调整要效益，是国企提质增效的重要举措。推进中央企业兼并重组，对于解决国有资本布局结构不合理、资源配置效率不高、同质化发展等问题意义重大。《国务院办公厅关于推动中央企业结构调整与重组的指导意见》指出，"十三五"时期国企重组的具体措施如下：

(1) 巩固安全保障功能。对主业处于关系国家安全、国民经济命脉的重要行业和关键领域、主要承担国家重大专项任务的中央企业，要保证国有资本投入，增强保障国家安全和国民经济运行能力，保持国有资本控股地位，支持非国有资本参股。对重要通信基础设施、重要江河流域控制性水利水电航电枢纽等领域，粮食、棉花、石油、天然气等国家战略物资储备领域，实行国有独资或控股。对战略性矿产资源开发利用，石油天然气主干管网、电网等自然垄断环节的管网、核电、重要公共技术平台、地质等基础数据采集利用领域，国防军工等特殊产业中从事战略武器装备科研生产、关系国家战略安全和涉及国家核心机密的核心军工能力领域，实行国有独资或绝对控股。对其他服务国家战略目标、重要前瞻性战略性产业、生态环境保护、共用技术平台等重要行业和关键领域，加大国有资本投资力度，发挥国有资本的引导和带动作用。

（2）搭建调整重组平台。改组组建国有资本投资、运营公司，探索有效的运营模式，通过开展投资融资、产业培育、资本整合，推动产业集聚和转型升级，优化中央企业国有资本布局结构；通过股权运作、价值管理、有序进退，促进国有资本合理流动。将中央企业中的低效无效资产以及户数较多、规模较小、产业集中度低、产能严重过剩行业中的中央企业，适度集中至国有资本投资、运营公司，做好增量、盘活存量、主动减量。

（3）搭建科技创新平台。强化科技研发平台建设，加强应用基础研究，完善研发体系，突破企业技术瓶颈，提升自主创新能力。构建行业协同创新平台，推进产业创新联盟建设，建立和完善开放高效的技术创新体系，突破产业发展短板，提升集成创新能力。建设"互联网+"平台，推动产业互联网发展，促进跨界创新融合。建立支持创新的金融平台，充分用好各种创投基金支持中央企业创新发展，通过市场化方式设立各类中央企业科技创新投资基金，促进科技成果转化和新兴产业培育。把握世界科技发展趋势，搭建国际科技合作平台，积极融入全球创新网络。鼓励企业搭建创新创业孵化和服务平台，支持员工和社会创新创业，推动战略性新兴产业发展，加快形成新的经济增长点。鼓励优势产业集团与中央科研院所企业重组。

（4）搭建国际化经营平台。以优势企业为核心，通过市场化运作方式，搭建优势产业上下游携手走出去平台、高效产能国际合作平台、商产融结合平台和跨国并购平台，增强中央企业联合参与国际市场竞争的能力。加快境外经济合作园区建设，形成走出去企业集群发展优势，降低国际化经营风险。充分发挥现有各类国际合作基金的作用，鼓励以市场化方式发起设立相关基金，组合引入非国有资本、优秀管理人才、先进管理机制和增值服务能力，提高中央企业国际化经营水平。

（5）推进强强联合。统筹走出去参与国际竞争和维护国内市场公平竞争的需要，稳妥推进装备制造、建筑工程、电力、钢铁、有色金属、航运、建材、旅游和航空服务等领域企业重组，集中资源形成合力，减少无序竞争和同质化经营，有效化解相关行业产能过剩。鼓励煤炭、电力、冶金等产业链上下游中央企业进行重组，打造全产业链竞争优势，更好地发挥协同效应。

（6）推动专业化整合。在国家产业政策和行业发展规划指导下，支持中央企业之间通过资产重组、股权合作、资产置换、无偿划转、战略联盟、联合开发等方式，将资源向优势企业和主业企业集中。鼓励通信、电力、汽车、新材料、新能源、油气管道、海工装备、航空货运等领域相关中央企业共同出资组建股份制专业化平台，加大新技术、新产品、新市场联合开发力度，减少无序竞争，提升资源配置效率。

（7）加快推进企业内部资源整合。鼓励中央企业依托资本市场，通过培育注资、业务重组、吸收合并等方式，利用普通股、优先股、定向发行可转换债券等工具，推进专业化整合，增强持续发展能力。压缩企业管理层级，对五级以下企业进行清理整合，将投资决策权向三级以上企业集中，积极推进管控模式与组织架构调整、流程再造，构建功能定位明确、责权关系清晰、层级设置合理的管控体系。

第二章 "十三五"时期国有经济改革的指导思想和政策措施

（8）积极稳妥开展并购重组。鼓励中央企业围绕发展战略，以获取关键技术、核心资源、知名品牌、市场渠道等为重点，积极开展并购重组，提高产业集中度，推动质量品牌提升。建立健全重组评估机制，加强并购后企业的联动与整合，推进管理、业务、技术、市场、文化和人力资源等方面的协同与融合，确保实现并购预期目标。并购重组中要充分发挥各企业的专业化优势和比较优势，尊重市场规律，加强沟通协调，防止无序竞争。

（9）大力化解过剩产能。严格按照国家能耗、环保、质量、安全等标准要求，以钢铁、煤炭行业为重点，大力压缩过剩产能，加快淘汰落后产能。对产能严重过剩行业，按照减量置换原则从严控制新项目投资。对高负债企业，以不推高资产负债率为原则严格控制投资规模。

"十三五"时期，加快推进国有资本布局优化和结构调整，先后完成了12组24家中央企业的重组，新组建和接收了5家企业，中央企业数量和"十二五"末相比，从106家调整到目前的97家。基于"十三五"时期，国务院国资委监管企业名单变动情况，进行不完全梳理（主要是不包含央、地重组类信息），得到了18项央企整合重组、新建、接收或移出信息。典型的情况如表2-1所示。

表 2-1 "十三五"时期中央企业重组情况

时间	现有企业	变更内容	变更分类
2016年7月8日	中国航空发动机集团有限公司	经国务院批准，新组建的中国航空发动机集团有限公司由国务院国有资产监督管理委员会代表国务院履行出资人职责，列入国务院国有资产监督管理委员会履行出资人职责的企业名单，排在中国电子科技集团公司之后	新组建
2016年7月11日	中国旅游集团公司［香港中旅（集团）有限公司］	经报国务院批准，中国国旅集团有限公司整体并入中国港中旅集团公司，成为其全资子公司。中国国旅集团有限公司不再作为国资委监管企业	重组
2016年7月15日	中粮集团有限公司	经报国务院批准，中国中纺集团公司整体并入中粮集团有限公司，成为其全资子企业。中国中纺集团不再作为国资委直接监管企业	重组
2016年8月22日	中国建材集团有限公司	经报国务院批准，中国建筑材料集团有限公司与中国中材集团公司实施重组	重组
2016年9月22日	中国宝武钢铁集团有限公司	经报国务院批准，宝钢集团有限公司与武汉钢铁（集团）公司实施联合重组	重组
2016年11月23日	中国储备粮管理总公司	经报国务院批准，中国储备棉管理总公司整体并入中国储备粮管理总公司，成为其全资子企业。中国储备棉管理总公司不再作为国资委直接监管企业	重组

第二章 "十三五"时期国有经济改革的指导思想和政策措施

续表

时间	现有企业	变更内容	变更分类
2017年6月29日	中国机械工业集团公司	经报国务院批准,中国恒天集团有限公司整体并入中国机械工业集团公司,成为其全资子企业。中国恒天集团有限公司不再作为国资委直接监管企业	重组
2017年8月21日	中国保利集团有限公司	经报国务院批准,中国轻工集团公司,中国工艺(集团)公司整体并入中国保利集团公司,成为其全资子企业。中国轻工集团公司与中国工艺(集团)公司不再作为国资委直接监管企业	重组
2017年8月28日	国家能源投资集团有限责任公司	经报国务院批准,中国国电集团公司与神华集团有限责任公司合并重组为国家能源投资集团有限责任公司	重组
2018年1月31日	中国核工业集团有限公司	经报国务院批准,中国核工业集团有限公司与中国核工业建设集团有限公司实施重组,中国核工业建设集团有限公司整体无偿划转进入中国核工业集团有限公司,不再作为国资委直接监管企业	重组
2018年6月27日	中国信息通信科技集团有限公司	经报国务院批准,武汉邮电科学研究院有限公司与电信科学技术研究院有限公司实施联合重组	重组
2019年4月2日	中国安能建设集团有限公司	经党中央、国务院批准,武警水电部队组建为国有企业后,使用"中国安能建设总公司"名称。目前,已完成公司制改制,更名为"中国安能建设集团有限公司",列入国务院国有资产监督管理委员会代表国务院履行出资人职责的企业名单	接收

续表

时间	现有企业	变更内容	变更分类
2019年7月8日	中国保利集团有限公司	经报国务院批准,中国保利集团有限公司与中国中丝集团有限公司实施重组,中国中丝集团有限公司整体无偿划转进入中国保利集团有限公司,不再作为国资委直接监管企业	重组
2019年10月25日	中国船舶集团有限公司	经报国务院批准,中国船舶工业集团有限公司与中国船舶重工集团有限公司实施联合重组,组建中国船舶集团有限公司	重组
2019年12月9日	国家石油天然气管网集团有限公司	经报国务院批准,中石油、中石化、中海油三大石油公司全资和控股(参股)的4MPA以上国家干线管网、省级管网、LNG接收站、储气库、管网调度业务等资产、员工实施联合重组,组建国家石油天然气管网集团有限公司	新组建
2020年3月31日	中国融通资产管理集团有限公司	经批准,列入国务院国有资产监督管理委员会履行出资人职责企业名单	接收
2020年6月3日		经国务院批准,上海诺基亚贝尔股份有限公司(简称"诺基亚贝尔")不再列入国务院国有资产监督管理委员会履行出资人职责企业名单,按照股权关系由相关中央企业管理	移出
2020年6月6日	中国检验认证(集团)有限公司	列入国务院国有资产监督管理委员会履行出资人职责企业名单	接收

资料来源:国务院国有资产监督管理委员会官网,http://www.sasac.gov.cn/。

第二章 "十三五"时期国有经济改革的指导思想和政策措施

四、国有控股混合所有制改革具体措施

《国务院关于国有企业发展混合所有制经济的意见》中提出总体要求，改革和开发的落脚点为国有资本、集体资本、非公有资本等交叉持股、相互融合的混合所有制经济，是基本经济制度的重要实现形式。多年来，一批国有企业通过改制发展成为混合所有制企业，但治理机制和监管体制还需要进一步完善；还有许多国有企业为转换经营机制、提高运行效率，正在积极探索混合所有制改革。当前，应对日益激烈的国际竞争和挑战，推动我国经济保持中高速增长、迈向中高端水平，需要通过深化国有企业混合所有制改革，推动完善现代企业制度，健全企业法人治理结构；提高国有资本配置和运行效率，优化国有经济布局，增强国有经济活力、控制力、影响力和抗风险能力，主动适应和引领经济发展新常态；促进国有企业转换经营机制，放大国有资本功能，实现国有资产保值增值，实现各种所有制资本取长补短、相互促进、共同发展，夯实社会主义基本经济制度的微观基础。在国有企业混合所有制改革中，要坚决防止因监管不到位、改革不彻底导致国有资产流失。基于此，混合所有制改革的基本措施为：

（1）分类推进国有企业混合所有制改革。稳妥推进主业

处于充分竞争行业和领域的商业类国有企业混合所有制改革；有效探索主业处于重要行业和关键领域的商业类国有企业混合所有制改革；引导公益类国有企业规范开展混合所有制改革。

（2）分层推进国有企业混合所有制改革。引导在子公司层面有序推进混合所有制改革；探索在集团公司层面推进混合所有制改革；鼓励地方从实际出发推进混合所有制改革。

（3）鼓励各类资本参与国有企业混合所有制改革。鼓励非公有资本参与国有企业混合所有制改革；支持集体资本参与国有企业混合所有制改革；有序吸收外资参与国有企业混合所有制改革；推广政府和社会资本合作（PPP）模式；鼓励国有资本以多种方式入股非国有企业；探索完善优先股和国家特殊管理股方式；探索实行混合所有制企业员工持股。

（4）建立健全混合所有制企业治理机制，进一步确立和落实企业市场主体地位；健全混合所有制企业法人治理结构；推行混合所有制企业职业经理人制度。

（5）建立依法合规的操作规则。严格规范操作流程和审批程序；健全国有资产定价机制；切实加强监管。

（6）营造国有企业混合所有制改革的良好环境。加强产权保护；健全多层次资本市场；完善支持国有企业混合所有制改革的政策；加快建立健全法律法规制度。

（7）组织实施。建立工作协调机制；加强混合所有制企

第二章 "十三五"时期国有经济改革的指导思想和政策措施

业党建工作;开展不同领域混合所有制改革试点示范;营造良好的舆论氛围。

从当前来看,国有企业混合所有制改革步伐明显加快,改革取得了显著成效,主要表现为:第一,不同层级,分层推进。据国务院国资委2016年数据显示,2016年央企层面的混合所有制企业占比为68.9%,较上年增长45.6%;地方国企层面的混合所有制企业占比为47%,较上年增长3%;集团层面完成混合所有制改革的国有企业数量也显著增加。2017年以来,前述指标始终保持持续稳定增长的态势。第二,重要领域,试点推进。现阶段,电信、民航、铁路、电力、军工、石油、天然气等关系国家安全和国民经济命脉领域的国有企业已在混合所有制改革中迈出了实质性步伐,2016年以来,已先后有19家央企被列为首批试点对象。第三,治理机制,协同推进。当前,部分国有企业不仅通过股份制改造或上市等途径实现了形式上的混合所有制形态,同时也着力在高管激励、经理人聘任、员工持股等方面进行市场化调整,完善了混合所有制企业的协同治理机制。如国机集团下属的中国电器院,由于企业体制落后、行业竞争激烈等原因,企业核心员工流失严重。在混改过程中,其构建了国有资本控股、民营战略投资者参股、核心员工持股的多元化股权结构,为企业留住了人才,实现了企业的风险共担与利益共享[①]。"十三五"时期国有企

---

① 马胜:《深入推进国企混改》,载于《光明日报》2017年12月19日。

业混改典型案例①如下。

（1）2016年，云南白药正式启动混改。但实际上，2016~2019年实施混改的是白药控股，而非云南白药。白药控股是云南白药集团的控股大股东，此前为云南省国资委100%股权的全资国企。混改时期，白药控股经营效益持续上升。2016年，白药控股营业收入迈上200亿元的台阶；2017年，白药控股全年实现营业收入244.99亿元，比上年增长8.85%，实现净利润28.6亿元，较上年增长了36.48%；2018年，白药控股业绩持续向好，全年营业收入达到270.17亿元，较上年增长10.28%，实现净利润34.8亿元，较上年增长21.69%。

（2）2017年6月，东航物流混改方案正式落地。根据协议内容，东航集团、联想控股、普洛斯、德邦、绿地、东航物流核心员工将分别持有东航物流45%、25%、10%、5%、5%、10%股份，标志着国家首批推进的七大领域混改试点在民航领域的落地，东航集团成为第一个完成混改试点的中央企业。

（3）截至2017年底，中国医药集团有限公司混合所有制企业数达到660家，占集团企业总数超90%。混合所有制企业的营业收入、利润、资产总额对国药集团的贡献率超过

---

① 本部分事例均来自国务院国有资产监督管理委员会官网，http://www.sasac.gov.cn/。

第二章 "十三五"时期国有经济改革的指导思想和政策措施

85%。国药集团通过混合所有制改革，完善公司治理结构，明晰公司治理主体关系和权责，建立健全股东之间相互制衡又相互协调的权利运行机制，走出了一条符合自身特点的市场化发展道路。

（4）2018年12月，中国盐业集团与内蒙古自治区盐业公司关于额吉淖尔盐场混合所有制改革框架协议签订仪式在呼和浩特市举行。中国盐业集团是盐行业唯一的央企，内蒙古自治区盐业公司是自治区直属国有独资企业，所属锡林郭勒盟额吉淖尔盐湖拥有独特资源优势。内蒙古盐业与中盐集团携手共发展，以额吉淖尔盐场为媒二者融为一体，共同服务于区域经济发展，双方通过资源、资产、资本有机结合的新机制的建立，将额吉淖尔盐场打造成为央企与地方国企深度融合、携手共进的典范。

（5）2020年5月，安徽省国资委、大众汽车集团（中国）与安徽江淮汽车集团控股有限公司三方签署了战略合资合作协议。大众中国将出资10亿欧元，获得江汽控股50%的股份，安徽省国资委持有50%的股权并仍控制江汽控股。同时，大众中国增持江淮大众汽车有限公司的股份至75%。江淮大众与一汽大众、上汽大众生产的车型能实现良好互补。

（6）2020年7月，双星集团增资扩股和股权转让相关方在青岛市级机关会议中心举行签约仪式。作为国家"双百行动"企业，青岛双星集团在集团层面实施混合所有制改革，经公开挂牌，以增资扩股同步股权转让方式成功引入启迪科技城集团、青岛西海岸新区融合控股集团、山东省鑫诚恒业集团三家战略投资者，标志着青岛市属企业集团层面混改工作取得实质性成果。混改后的双星集团将从一家国有独资企业转为国有控股混合所有制企业，建立起"国有体制、市场机制"新发展模式，放大国有资本功能，提升国有经济带动力和拉动力，为青岛市实施"15大攻势"攻坚、打造世界工业互联网之都作出更大贡献。

（7）2020年11月，上海燃气与港华燃气在上海与香港两地同步举行合资合作"云签约"仪式，上海燃气通过"混改"增资的方式，引入港华燃气作为其战略合作伙伴。增资后，港华燃气将持有上海燃气25%股权。未来双方将按照对等投资原则，推进"交叉持股、双向进入"，进一步深化战略合作，此次推进"混改"，上海燃气通过引入战略合作伙伴，带来先进的理念、灵活的机制、优质的资源、创新的人才，激发国有企业内生活力动力。

"十三五"时期，部分央企"混改"的情况如表2-2所示。

第二章 "十三五"时期国有经济改革的指导思想和政策措施

表2-2　　"十三五"时期部分央企"混改"情况

证券代码	证券简称	交易日期	公司实际控制单位	交易规模（%）
601919	中远海控	2016年1月21日	国务院国有资产监督管理委员会	7.45
601866	中远海发	2016年1月21日	国务院国有资产监督管理委员会	7.33
600444	国机通用	2016年2月1日	中国机械工业集团有限公司	8.19
002401	中海科技	2016年2月4日	国务院国有资产监督管理委员会	4.00
000059	华锦股份	2016年6月14日	中国兵器工业集团公司	15.38
600886	国投电力	2016年6月16日	国务院国有资产监督管理委员会	2.16
600150	中国船舶	2016年6月17日	中国船舶工业集团公司	3.19
601857	中国石油	2016年8月11日	中国石油天然气集团公司	0.58
600184	光电股份	2016年9月9日	中国兵器工业集团公司	9.83
600019	宝钢股份	2016年10月13日	国务院国有资产监督管理委员会	9.76
600876	洛阳玻璃	2016年10月17日	中国建筑材料集团有限公司	13.80
601718	际华集团	2016年10月28日	国务院国有资产监督管理委员会	15.30

续表

证券代码	证券简称	交易日期	公司实际控制单位	交易规模（%）
603126	中材节能	2017年3月1日	国务院国有资产监督管理委员会	9.98
600161	天坛生物	2017年4月13日	中国医药集团总公司	3.67
600236	桂冠电力	2017年4月14日	国务院国有资产监督管理委员会	8.00
000519	中兵红箭	2017年4月24日	中国兵器工业集团公司	7.13
601857	中国石油	2017年9月12日	国务院国有资产监督管理委员会	0.58
600458	时代新材	2017年11月3日	中国中车集团公司	8.22
600050	中国联通	2017年11月28日	国务院国有资产监督管理委员会	8.96
601718	际华集团	2017年12月4日	国务院国有资产监督管理委员会	15.30
000898	鞍钢股份	2017年12月13日	国务院国有资产监督管理委员会	8.98
000778	新兴铸管	2017年12月19日	国务院国有资产监督管理委员会	4.17
600893	航天动力	2017年12月21日	中国航空发动机集团有限公司	9.14
600019	宝钢股份	2018年3月23日	国务院国有资产监督管理委员会	3.19

第二章 "十三五"时期国有经济改革的指导思想和政策措施

续表

证券代码	证券简称	交易日期	公司实际控制单位	交易规模（%）
000069	华侨城A	2018年4月4日	国务院国有资产监督管理委员会	6.48
000625	长安汽车	2018年6月15日	中国兵器装备集团有限公司	21.56
000738	航发控制	2018年6月22日	中国航空发动机集团有限公司	5.33
601800	中国交建	2018年6月26日	国务院国有资产监督管理委员会	3.94
601857	中国石油	2018年6月29日	国务院国有资产监督管理委员会	1.37
600335	国机汽车	2018年7月16日	国务院国有资产监督管理委员会	10.65
601766	中国中车	2018年8月14日	国务院国有资产监督管理委员会	2.60
600131	岷江水电	2018年9月7日	国务院国有资产监督管理委员会	9.14
601186	中国铁建	2018年9月8日	国务院国有资产监督管理委员会	4.60
600435	北方导航	2018年9月14日	中国兵器工业集团有限公司	11.00
601390	中国中铁	2018年9月15日	国务院国有资产监督管理委员会	3.72
600028	中国石化	2018年9月21日	中国石油化工集团公司	2.06

续表

证券代码	证券简称	交易日期	公司实际控制单位	交易规模（%）
601669	中国电建	2018年9月27日	国务院国有资产监督管理委员会	8.17
600148	长春一东	2018年10月23日	中国兵器工业集团有限公司	23.51
000898	鞍钢股份	2018年10月24日	鞍钢集团有限公司	4.98
601117	中国化学	2018年11月1日	国务院国有资产监督管理委员会	9.08
600582	天地科技	2018年12月17日	国务院国有资产监督管理委员会	13.73
001979	招商蛇口	2019年1月7日	招商局集团有限公司	7.82
601088	中国神华	2019年1月30日	国务院国有资产监督管理委员会	3.61
601888	中国国旅	2019年2月12日	国务院国有资产监督管理委员会	2.00
300114	中航电测	2019年3月4日	中国航空工业集团有限公司	3.57
600292	远达环保	2019年3月23日	国家电力投资集团有限公司	8.58
601872	招商轮船	2019年6月5日	招商局集团有限公司	12.89

第二章 "十三五"时期国有经济改革的指导思想和政策措施

续表

证券代码	证券简称	交易日期	公司实际控制单位	交易规模（%）
000519	中兵红箭	2019年11月14日	中国兵器工业集团公司	1.94
002415	海康威视	2019年12月2日	中国电子科技集团有限公司	0.22
300455	康拓红外	2019年12月24日	中国航天科技集团有限公司	5.00
601857	中国石油	2019年12月27日	国务院国有资产监督管理委员会	1.37
000768	中航西飞	2020年4月30日	中国航空工业集团有限公司	10.96
600038	中直股份	2020年6月2日	中国航空工业集团有限公司	6.00
600435	北方导航	2020年6月18日	中国兵器工业集团有限公司	11.00
600184	光电股份	2020年6月30日	中国兵器工业集团有限公司	10.00
002232	启明信息	2020年8月6日	中国第一汽车集团有限公司	7.05
601766	中国中车	2020年11月19日	国务院国有资产监督管理委员会	0.45

资料来源：笔者根据国泰安数据库A股上市央企数据进行整理。

五、去国有企业"三供一业"的具体措施

剥离企业办社会职能和解决历史遗留问题是国有企业真正成为市场主体、公平参与市场竞争的重要条件,也是国有企业"瘦身健体"、提质增效、推进供给侧结构性改革的重要举措,是健全基本公共服务体系、创新社会治理体制的必然要求。按照党中央国务院决策部署,全面推进"三供一业"分离移交工作。一是明确目标任务,2016年开始在全国全面推进国有企业"三供一业"分离移交工作,到2018年底基本完成。二是地方各级人民政府要高度重视,加强组织领导。三是企业是分离移交工作的责任主体,要提高认识,落实工作责任。四是企业和地方有关部门要加强沟通,做好分离移交工作。同时按照《国务院关于印发加快剥离国有企业办社会职能和解决历史遗留问题工作方案的通知》要求,统筹做好剥离企业办社会职能和解决历史遗留问题工作,确保到2020年基本完成。《国务院国资委、民政部、财政部、住房城乡建设部关于国有企业办市政、社区管理等职能分离移交的指导意见》中提出具体措施如下:

(1) 加强组织领导。地方各级人民政府要高度重视,加强组织领导,认真做好国有企业办市政、社区管理等职能分离

移交工作。省级人民政府要统筹协调推动本地区中央企业、地方国有企业开展工作。地市级人民政府要认真做好具体组织实施工作，对本地区承担公共服务的国有企业进行资源优化整合，实现专业化运营管理，进一步完善公共服务体系和社区服务功能，提高管理服务能力。地方各级财政部门要将移交的国有企业办市政设施、社区服务设施的建设与管理、社区工作以及信息化建设等方面的合理经费需求纳入接收部门等相关预算。

（2）落实企业责任。国有企业集团公司要加强组织协调，做好政策宣传和思想政治工作，积极推动所属企业办市政、社区管理等职能移交工作。企业办市政、社区管理等职能移交涉及的从业人员，在尊重职工意愿的基础上，接收方继续聘用的，按照有关规定变更劳动合同，或者签订聘用合同，其他人员由移交企业负责妥善分流安置。国有企业应履行社会责任，积极支持移交后社区的管理服务工作。

（3）资产无偿划转。国有企业办市政、社区管理等职能移交涉及的资产，依据《财政部关于企业分离办社会职能有关财务管理问题的通知》的规定，实行无偿划转，由企业集团公司审核批准，报主管财政部门、同级国有资产监督管理机构备案。移交企业要做好移交资产清查、财务清理、审计评估、产权登记等工作。多元股东的企业应当经该企业董事会或股东会同意后，按照持有股权的比例核减国有权益。

（4）加强督促指导。国务院国资委、民政部、财政部、住房城乡建设部等有关部门要密切配合，加强督促指导，跟踪工作进展情况，及时协调解决国有企业办市政、社区管理等职能分离移交过程中的有关问题。民政部、住房城乡建设部等部门要指导推进社区治理，有效提升社区服务机构为移交社区居民提供管理服务的能力和水平。

以下为"十三五"时期国有企业去"三供一业"的典型案例[①]：

（1）以2017年3月31日为基准日，对中央在鄂企业、省出资企业和市州"三供一业"等历史遗留问题进行了调查摸底。全省涉及"三供一业"机构547家，涉及供水615756户，供电361713户，供热120034户，供气194925户，物业管理585295户，总户（表）数1877723户；企业所办医疗机构89家；企业所办教育机构70家；企业所办市政消防机构3家；企业所办社区管理机构115家；企业所办市政设施机构159家；企业所办退休人员管理机构388家，管理退休人员53.2万余人。

（2）2017年6月，宁夏回族自治区财政厅、国资委制定印发《宁夏回族自治区国有企业职工家属区"三供一业"分离移交财政补助资金管理办法》，明确了补助资金的分配原则、

---

① 本部分案例均来自国务院国有资产监督管理委员会官网，http://www.sasac.gov.cn/。

补助范围和补助比例。补助资金用于对包括相关设施维修维护费用、基建和改造工程项目可研费用、设计费用、旧设备设施拆除费用、施工费用、监理费等"三供一业"分离移交费用的补助。到2018年底前将基本完成全区剥离国有企业办社会职能。自2019年起,全区国有企业不得再以任何方式为"三供一业"承担费用,不得在工资福利外对职工家属区"三供一业"进行补贴。

（3）为加快推进新疆维吾尔自治区国有企业职工家属区"三供一业"分离移交工作,拟定了《自治区2017年国有企业职工家属区"三供一业"分离移交重点工作方案》,确定了"力争到2017年底完成分离移交或签订正式协议、框架协议达到70%,其中供电设施分离移交达到80%"的工作目标；确定了"坚持政策引导与企业自愿相结合,先完成移交、再维修改造,按不低于自治区基础设施的平均水平实施维修改造,以人为本、维护社会稳定"的工作原则；并从"进一步完善政策体系、推动落实重点工作、开展督导调研工作"3个方面、20款内容确定了2017年的重点工作任务及完成时限；最后从6个方面确定了保障措施。

（4）2017年8月31日,兰州市政府国资委代表兰州市政府,与国网兰州供电公司就国有企业职工家属区"三供一业"正式分离移交接收工作举行了签约仪式,这是兰州市与第一家具备分离移交条件的在兰央企签订的首份协议,标志着兰州市

"三供一业"分离移交、维修改造工作拉开帷幕,经过协商、筹备,进入到实战阶段。为按期配合完成甘肃省政府下达的2017年底前7户中央下划企业"三供一业"分离移交工作,先后与二十一冶公司、八冶集团、金川集团、机场集团等单位对接相关工作。为加快推进在兰央企"三供一业"分离移交工作,国网兰州供电公司积极践行"四个意识",识大体、顾大局,自筹资金,向兰州市移交供水、供暖维修改造所涉职工家属区26处、住户4251户、维修改造资金6150.51万元。

(5)中国石油集团公司将"三供一业"分离移交列为2017年6项重点改革之一,并纳入各企事业单位年度业绩考核指标。该公司党组领导对"三供一业"分离移交高度重视,将其列为相关省市合作议题。有关负责领导一对一听取20家重点企业工作进展情况,答疑解惑、明确政策、提出要求,并亲自带队到15家任务较重单位现场指导,与企业主要领导面对面沟通交流,统一思想,形成共识。2017年审查的91个分离移交项目,全部符合上级要求。针对物业分离移交存在诸多难题,中国石油集团公司出台了《矿区物业分离移交方案》,系统解决矿区物业交不出、接不住、难持续的问题,保证了各项业务同步、按期完成。截至2017年12月31日,中国石油集团公司所属企业矿区物业分离移交框架协议签订全面完成。

(6)2020年5月,中国铁路兰州局集团有限公司已移交职工家属区"三供一业"维修改造共涉及职工家属区146个、

第二章 "十三五"时期国有经济改革的指导思想和政策措施

住户37726户。近日,为确保铁路职工家属区"三供一业"维修改造工作顺利推进,兰州市政府国资委负责同志带领供热、供水、物业管理等单位相关负责人前往兰铁集团公司,就"三供一业"维修改造工作中遇到的问题和解决办法进行沟通协商,双方负责同志就切实落实中央关于"三供一业"维修改造的惠民政策,进一步优化施工方案,强化监管,提高群众满意度提出了具体要求。

第三章

"十三五"时期中国国有企业改革与发展[*]

"十三五"期间,中国经济进入新常态,经济增长面临下行压力,产能过剩推动供给侧结构改革,中美贸易摩擦不断加剧,以美国为首的一些国家推崇单边主义、保护主义和霸权主义,从而触发了世界经济格局的新一轮大发展、大变革、大调整,2020年爆发的全球性新冠肺炎疫情又加剧了上述进程。以习近平同志为核心的党和国家领导集体,通过正确分析和研判世界经济形势和国内经济发展核心问题,得出世界正经历"百年未有之大变局"正确判断。党的十九届五中全会指出,这种变局"不是一时一事、一域一国之变,而是世界之变、时

---

[*] 本章数据如无特殊说明均来自《中国统计年鉴(2012~2020年)》。

代之变、历史之变"。在这一背景下,任何国家、任何组织都难以独善其身,中国国有企业改革与发展也面临着巨大挑战。但是,凭借中国共产党的正确领导和社会主义制度优越性,在百年未有之大变局中,中国国有企业对中国经济转型、升级与发展发挥了"稳定器"和"压舱石"的作用。本章数据如无特殊说明,均来自统计年鉴、财政部网站和国务院国资委网站。

第一节 "十三五"时期国有企业改革目标、任务与举措[①]

一、"十三五"时期国有企业改革目标与任务

2015年8月,中共中央、国务院印发了新时期指导和推进中国国有企业改革的纲领性文件——《关于深化国有企业改革的指导意见》(以下简称《指导意见》),对未来国有企业改革提出了总要求。《指导意见》的总要求可以概括为"一二三

[①] 本节相关政策信息均来自国务院国有资产监督管理委员会网站。

四五六",即一条中国特色国有企业改革发展道路、两个毫不动摇、三个"有利于"、四项建设、五项原则、六项任务。根据这一要求,十八届五中全会审议并通过了《中共中央关于制定国民经济和社会发展第十三个五年规划的建议》(下称《建议》),明确了"十三五"时期国有企业改革的目标和五项具体的任务。

所谓一条中国特色国有企业改革发展道路,是指国有企业改革要突出中国特色,并且要把中国特色落足到国有企业改革上面来。两个毫不动摇是指毫不动摇地坚持国有经济的重要地位,毫不动摇地坚持把国有企业搞好,把国有企业做强、做优、做大。三个"有利于"是习近平总书记对国有企业的深化改革提出的三条标准,即要有利于国有资本的保值增值、有利于提高国有经济的竞争力、有利于放大国有资本功能。"十三五"规划根据上述要求提出"坚定不移把国有企业做强做优做大,培育一批具有自主创新能力和国际竞争力的国有骨干企业,增强国有经济活力、控制力、影响力、抗风险能力,更好服务于国家战略目标"的国有企业改革目标。

《指导意见》提出了国有企业深化改革的六项具体任务,分别是分类推进改革、完善现代企业制度、完善国有资产管理体制、发展混合所有制经济、强化监管防止国有资产流失、加强和改进党对国有企业的领导。这是今后国有企业深化改革重要内容。"十三五"规划根据《指导意见》和国有企业改革所

第三章 "十三五"时期中国国有企业改革与发展

处阶段，提出了五项具体任务：商业类国有企业以增强国有经济活力、放大国有资本功能、实现国有资产保值增值为主要目标，依法独立自主开展生产经营活动，实现优胜劣汰、有序进退；公益类国有企业以保障民生、服务社会、提供公共产品和服务为主要目标，引入市场机制，加强成本控制、产品服务质量、运营效率和保障能力考核；加快国有企业公司制股份制改革，完善现代企业制度、公司法人治理结构；建立国有企业职业经理人制度，完善差异化薪酬制度和创新激励；加快剥离企业办社会职能和解决历史遗留问题；着力推进农垦改革发展。

根据上述顶层设计，国务院国资委公布了"十三五"时期国企国资改革发展的工作思路和目标要求。时任国务院国资委主任张毅在2016年1月15日召开的中央企业、地方国资委负责人会议上指出，"十三五"时期，国资监管系统及中央企业应努力实现以下目标和要求：国有资本配置效率显著提高、国有经济持续稳定增长；培育一大批具有创新能力和国际竞争力的国有骨干企业；造就一大批德才兼备、善于经营、充满活力的优秀企业家；符合中国基本经济制度和社会主义市场经济发展要求的国有资产管理体制、现代企业制度更加成熟定型。张毅认为，实现"十三五"时期国企国资改革发展目标，必须做好六篇"大文章"，即通过创新驱动增强发展动力、通过结构调整提高发展质量、通过开放合作扩大发展空间、通过深化改革增强发展活力、通过提质增效提升发展水平、通过加强党建为发展提供保障。在结构调整中,需优化国有资本重点投资方向和领域,其中包括推动同业或产业链上下游中央企业在集团层面的重组整合,推动以龙头企业为依托开展行业板块专业化重组等。

二、"十三五"时期国有企业改革重要举措

(一)配套政策

围绕《关于深化国有企业改革的指导意见》,国务院、国务院办公厅、财政部、国资委等多部门先后出台了一系列配套政策,形成"1+N"的国有企业深化改革政策体系。这些配套政策包括《国务院关于国有企业发展混合所有制经济的意见》《国务院关于改革和完善国有资产管理体制的若干意见》《关于国有企业功能界定与分类的指导意见》《国有科技型企业股权和分红激励暂行办法》《关于国有企业职工家属区"三供一业"分离移交工作指导意见的通知》《企业国有资产交易监督管理办法》《关于国有控股混合所有制企业开展员工持股试点的意见》《关于建立国有企业违规经营投资责任追究制度的意见》《关于进一步完善国有企业法人治理结构

的指导意见》《国务院关于印发改革国有资本授权经营体制方案的通知》。

国务院国资委针对中央企业的改革工作也出台了一系列专项政策，包括《关于全面推进法治央企建设的意见》《国务院办公厅关于推动中央企业结构调整与重组的指导意见》《关于完善中央企业功能分类考核的实施方案》《关于做好中央科技型企业股权和分红激励工作的通知》《中央企业负责人经营业绩考核办法》《中央企业投资监督管理办法》《中央企业境外投资监督管理办法》《关于中央企业构建"不能腐"体制机制的指导意见》《中央企业主要负责人履行推进法治建设第一责任人职责规定》《关于做好中央企业国有资本经营预算费用性资金使用情况季度报告工作的通知》《关于加强中央企业境外廉洁风险防控的指导意见》《中央企业违规经营投资责任追究实施办法（试行）》《中央企业合规管理指引（试行）》《关于做好中央企业违规经营投资责任追究报告工作有关事项的通知》《中央企业工资总额管理办法》《关于做好中央企业违规经营投资责任追究工作体系建设有关事项的通知》《中央企业国有资本经营预算支出执行监督管理暂行办法》《中央企业混合所有制改革操作指引》《关于加强中央企业内部控制体系建设与监督工作的实施意见》《中央企业控股上市公司实施股权激励工作指引》。

(二)"十项改革试点"和"双百行动"

为平稳推进国有企业深化改革各项工作,国务院国资委在出台上述配套政策的同时,还组织开展了"十项改革试点"和"双百行动"。2016年2月25日,国务院国资委召开了媒体通气会,会议对"以点带面、以点串线,形成经验、复制推广"的"十项改革试点"工作进行了介绍,主要内容包括:第一,在完善原有试点基础上,扩大试点范围,落实董事会职权试点,同时指导推动各地开展这项试点。第二,在各级履行出资人职责机构直接监管的国有独资、控股的一级企业进行市场化选聘经营管理者试点。第三,从市场化选聘经营管理者试点的单位中,优先选择2~3户处于充分竞争领域的商业类企业,以及经营困难、重组改制、发展混合所有制经济等企业,推行职业经理人制度试点,同时鼓励中央企业选择部分条件成熟的二三级公司开展试点,支持各地开展这项试点工作。第四,选择处于竞争性行业或领域、公司治理机制建立健全、董事会建设和运作比较规范、已实行或正在试点职业经理人制度的中央企业,开展企业薪酬分配差异化改革试点。第五,选取几户中央企业开展国有资本投资、运营公司试点。第六,本着成熟一户推进一户的原则,不断探索更多、更有效的途径和方式,对中央企业兼并重组进行试点。第七,在电力、石油、天然气、铁路、民航、电信、军工等领域实施混合所有制改革试点。第八，在中央和地方两个层面分别选取10户混合所有制企业进行员工持股试点。第九，在中央企业围绕董事会信息披露、财务信息公开等方面开展试点，指导地方国资委选择若干重点企业试点。第十，选择几户中央企业推进所办教育机构深化改革试点，选择几座城市开展国有企业退休人员社会化管理试点。

"双百行动"发起于2018年，是国务院国有企业改革领导小组统一部署并组织开展的综合性国企改革示范行动。根据2018年3月国资委发布的《关于开展"国企改革双百行动"企业遴选工作的通知》，国务院国有企业改革领导小组办公室决定选取百家中央企业子企业和百家地方国有骨干企业，在2018～2020年实施"国企改革双百行动"，即双百行动，深入推进改革。时任国务院国资委主任肖亚庆表示，组织开展"双百行动"，不是要再搞一批单项试点，而是要以"1+N"政策体系为指导，以前期各个单项试点成果为支撑，全面拓展和应用改革政策与试点经验，进而形成从"1+N"顶层设计到"十项改革试点"再到"双百行动"梯次展开、纵深推进、全面落地的国企改革新局面，切实促进"双百企业"加快转换经营机制，放大国有资本功能，提高国有资本配置和运行效率。目前，已有超过400户央企所属企业和地方国有骨干企业入围"双百企业"名单，"双百企业"在完成国企改革重点工作任务方面的进展和成效普遍好于其他子企业，改革尖兵的引领示范作用初显。据国务院国资委2020年4月3日公布的数据显示，截至2019年末，"双百企业"累计改革任务完成率达到55.14%。在混合所有制改革方面，41.55%的央企所属"双百企业"在本级层面开展了混改，其中非国有资本持股比例超过1/3的占53.49%；62.65%的央企所属"双百企业"在子企业层面开展了混改。在完善企业法人治理结构方面，超过八成的央企所属"双百企业"在本级层面设立了董事会。在激发国有企业内生活力，完善市场化经营机制方面，央企所属"双百企业"中，在本级和子企业层面推行经理层成员任期制和契约化管理的比例分别达到45.91%和45.14%。统计显示，央企所属"双百企业"中已有19%实施了国有控股上市公司股权激励，18%实施了国有科技型企业股权和分红激励，27%实施了国有控股混合所有制企业员工持股。管理人员能上能下退出比例达到9.3%；近三年有效控制了管理人员规模，管理人员占比保持在10%以下，且近一半的企业在开展"双百行动"后进一步降低。八成以上的"双百企业"实现绩效考核100%全覆盖，整体平均浮动工资占比达到60%，经理层成员之间收入差距倍数达到1.65倍，且呈现出逐渐加大趋势；员工市场化公开招聘的比例接近95%，市场化退出率近三年均达10%以上，远高于中央企业整体平均水平，企业内生活力有效激发。国务院国资委党委委员、秘书长彭华岗

2020年12月9日在《改革样本：国企改革"双百行动"案例集》新书发布会介绍了两年来"双百行动"的进展情况，截至2019年"双百企业"全员劳动生产率达到85.3万元/人，大幅超出中央企业整体平均水平；人工成本利润率整体平均水平达到100.5%，近三年平均年增长率达5%；2019年营业收入、净资产增长率分别达到9.3%、11.4%，利润总额持续正向增长，以改革创新带动企业高质量发展。

第二节 "十三五"时期国有企业改革取得的成效

2021年2月23日，国务院国有资产监督管理委员会主任郝鹏在新闻发布会上将"十三五"期间国有企业改革取得的成就概括为"三个历史性突破""五个实质性进展"和"一个根本性加强"。"三个历史性突破"：全面完成公司制改制，从法律上厘清了政府与企业的职责边界，使企业独立市场主体地位从根本上得以确立；首次实现了国有企业的功能分类，有效解决了过去工作中存在的"一刀切"问题，实现了分类改革、分类监管、分类发展；有力解决了长期以来政企不分、社企合一等问题，使国有企业更加公平地参与市场竞争。"五个实质性进展"：坚持和加强党对国有企业的全面领导这一重大政治原则，坚持建立现代企业制度这一改革方向，推动现代公司治理取得了新进展；健全市场化经营机制取得了实质性进展；分层分类深化混合所有制改革，中央企业混合所有制企业的户数占比超过70%，民航、电信、石油等重点领域的混改试点稳步开展；国有经济布局优化和结构调整取得了实质性进展；完善国有资产监管体制取得了实质性进展。"一个根本性加强"：国有企业党的领导和党的建设得到根本性加强，为企业改革发展提供坚强保证。从实际总体效果看，"十三五"期间，国资国企发展质量明显提高。据统计，截至"十三五"期末，全国国资系统监管企业资产总额和所有者权益分别为218.3万亿元和71.9万亿元，较"十二五"末分别增长82.1%、80.3%；"十三五"时期，国资系统监管企业营业收入、利润总额年均增长分别为7.4%、10.7%。2020年，国资系统中有80家企业进入《财富》世界500强，各地涌现出一大批具有核心竞争力的骨干企业。全国国有企业"三供一业"、市政社区分离移交和教育医疗机构深化改革基本完成，退休人员社会化管理完成94.1%，厂办大集体改革职工安置完成率超过99.2%。

一、中央企业运行效率持续向好，抗风险作用不断加强

第一，中央企业规模不断增强，国有资产保值增值，经济

第三章 "十三五"时期中国国有企业改革与发展

效益稳步提高，运行效率持续改善。截至2019年底，中央企业总资产、净资产和归属母公司所有者权益分别达到47.6万亿元、22.2万亿元和13.7万亿元，较"十二五"期末分别增长了33.2%、39.9%和37%；实现营业收入和利润总额分别达到31万亿元和1.86万亿元，较"十二五"期末分别增长了36%和51.3%；中央企业全员劳动生产率达到56.3万亿元，较"十二五"期末增长了40.2%。2020年受到新冠肺炎疫情冲击，各项指标均出现大幅下滑，直到2020年6月才全面恢复，但限于前五个月的累计下滑效应，2020年上半年营业收入和利润累计完成情况同比依然呈现下降状态，直到2020年10月，营业收入的累计完成情况才实现同比正增长，而利润的累计完成情况依然呈现同比下降状态。

第二，中央企业有效发挥了"顶梁柱"和"压舱石"的作用，布局结构不断优化，创新引领作用更加突出。截至2019年末，累计与地方签署战略合作项目390多个，涉及投资超过1.5万亿元；"十三五"期间，共有80家中央企业在138个"一带一路"国家（地区），投资建设超过4700个项目，占中央企业境外投资项目近七成；"十三五"期间，国资监管企业承担了我国国防工业武器装备科研全部生产任务，提供了全国95%的原油产量、天然气供应量和上网电量，搭建了覆盖全国31个省份全部行政村及以上单位的基础电信网络，积极承担国家粮、棉、糖、盐等储备保障任务，入储棉花超过全国的90%；中央企业主业90%集中于石油石化、电力、通信、军工、机械和建筑等行业，2041户"僵尸"特困企业处置基本完成，累计化解煤炭过剩产能1.14亿吨，累计化解钢铁过剩产能1644万吨，累计完成战略新兴产业投资9505亿元，平均投资增速超过70%；研发投入达1.97万亿元，占全国研发投入26.5%，牵头承担了5个科技创新的2030个项目，拥有733个国家级研发平台，91个国家重点实验室，227名两院院士，国家科技表彰奖励占全国40%。

二、地方国有企业改革各项工作扎实推进，效果明显

第一，地方国有企业运行效率持续改善，抗风险能力逐渐增强。截至2019年末，地方国有企业实现营业收入、利润总额分别为266526.7亿元、13308.3亿元，较2015年分别上涨了45.6%、93.5%。2020年，全国国有企业发展面临多重冲击，在这种情况下，全年地方国资委监管企业实现营业收入279582.1亿元，同比增长7.5%，实现净利润9043.7亿元，同比降幅从一季度最低谷收窄至5.5%。其中，江苏、四川、湖南、贵州、广西、海南、天津等9个地方净利润实现正增长。

第二，地方各项改革工作扎实稳步推进。各地持续推进国企三年降杠杆专项工作，多数地方完成了负债率较2015年降

低近3个百分点的目标。上海、深圳、沈阳深入推进区域性综改试验,"双百行动"涌现出万华化学、上海医药、云天化股份、深投控等一批改革尖兵,66户地方科改示范企业积极推进改革方案落地,东北地区国资国企改革逐步深入。

第三,地方国资监管效能有效提升。33个地方改组组建国有资本投资、运营公司107家,国有资本投资、运营公司改革进一步深化,在优化国有资本布局结构,激发市场主体活力等方面发挥重要作用。集中统一监管有序推进。全国省级经营性国有资产集中统一监管比例超过91%,24个地方超过95%,其中上海、甘肃、青岛等地已基本实现全覆盖。

第三节 "十三五"时期全国国有及国有控股企业发展总体状况

一、"十三五"时期全国国有及其控股企业的经济效益情况

2015年,受国际经济形势、供给侧结构调整和需求不足影响,全国经济下行压力巨大,国有企业运行也表现出下行态

势，营业收入和利润指标出现"双降"情况。经过对国际国内经济发展形势的正确分析和判断，国有企业自身对发展做出了精准调整，从2016年开始，国有企业经济效益指标逐渐呈现改善局面。如表3-1所示，截至2019年末，全国国有及国有控股企业实现营业总收入625520.5亿元，较2015年增长了37.6%；实现利润总额35961.0亿元，较2015年增长了56.2%；应交税费为46096.3亿元，较2015年增长了19.4%；资产总额为233.9万亿元，较2015年增长了96.2%；总负债为149.8万亿元，较2015年增长了89.5%；资产负债率为63.9%，较2015年增长了2.4个百分点。

表3-1 2015~2019年全国国有及国有控股企业经济效益情况　　　　单位：亿元

年份	营业收入	实现利润	应交税费	资产总额	负债总额
2015	454704.1 (-5.4%)	23027.5 (-6.7%)	38598.7 (2.9%)	1192048.8 (16.4%)	790670.6 (18.5%)
2016	458978 (2.6%)	23157.8 (1.7%)	38076.1 (-0.7%)	1317174.5 (9.7%)	870377.3 (10%)
2017	522014.9 (13.6%)	28985.9 (23.5%)	42345.5 (9.5%)	1517115.4 (10%)	997157.4 (9.5%)
2018	587500.7 (14.1%)	33877.7 (13.8%)	46089.7 (12.1%)	1787482.9 (8.4%)	1156474.8 (6.3%)

第三章 "十三五"时期中国国有企业改革与发展

续表

年份	营业收入	实现利润	应交税费	资产总额	负债总额
2019	625520.5 (6.9%)	35961 (4.7%)	46096.3 (0.7%)	2339000* —	1498000* —

注：*表示根据《国务院关于2019年度国有资产管理情况的综合报告》，中国人大网，2020年10月15日数据估算。

资料来源：财政部公布各年全国国有及国有控股企业经济效益运行情况报告，括号中的数据为同比增长情况。

2020年，全球性新冠肺炎疫情暴发，中国政府果断采取了封城政策，使得疫情迅速得到控制，但由于封城所带来的经济成本十分巨大，全国各行各业都受到了不同程度的冲击，全国经济整体呈现严重衰退，国有企业也遭受着同非国有企业一样的境况，但是国有企业从管理层到一线员工，在疫情面前没有退缩，及时尽早安全有序地复工复产，使得国有企业率先从疫情中实现复苏，不仅如此，也保证了全国经济系统供应链的稳定，为其他经济成分快速复苏提供了坚实后盾。如表3-2所示，全国国有及国有控股企业营业收入、营业成本、利润总额、应交税费、净利润等指标均呈现显著下滑态势。但是，从2020年6月开始，这五项指标开始强势反弹，单月同比表现为积极的正向增长，并且实现连续五个月单月同比正增长。这一结果与国有企业有序组织复产复工直接相关。截至2020年末，全国国有及国有控股企业各项指标单月均呈现较大幅度增长，其中营业收入呈现单月同比持续增长态势，利润总额和净利润指标呈现单月同比井喷式增长态势，而后逐渐向合理区间回落。

表3-2　2020年5~12月全国国有及国有控股企业各指标同比增长情况

单位：%

时间	营业收入	营业成本	利润总额	净利润	应交税费
2020年5月	-1.40	-0.01*	-5.50	-4.37*	-0.42*
2020年6月	7.10	6.20	6.00	7.50	4.70
2020年7月	2.70	2.30	14.00	14.30	5.70
2020年8月	6.00	4.80	23.20	25.80	2.10
2020年9月	9.20	7.60	52.50	60.90	10.50
2020年10月	7	5.7	52.5	62.7	5.4
2020年11月	6.0	3.8	38.9	47.2	6.9
2020年12月	14.1	8.9	13.8	14.2	12.1

注：*表示根据2020年累计指标和2019年累计指标估计所得，公式为：指标值=（2020年当月累计-本年度上月累计）/（2019年当月累计-当年上月累计）-1。

资料来源：财政部网站关于2020年全国国有及国有控股企业各月份累计经济运行情况。

如表3-3所示，从累计情况来看，由于各项指标单月持续反弹，有效缓解了全年累计运行情况持续恶化的局面，营业成本支出一项率先实现了0.5%的增长，截至2020年末，营业收入和应交税费也实现累计正增长。利润指标受到前期下滑拖累依然处于累计负增长状态，但总体趋势呈现明显逐渐收窄态

第三章 "十三五"时期中国国有企业改革与发展

势,进入 2021 年,扣除低基因素,前两个月累计实现 10.2%的增长①,表明整个国有企业实现了完全复苏。

表 3-3　2020 年 3～12 月全国国有及国有控股企业各指标累计运行及增长情况　　单位：亿元

月份	营业收入	营业成本	利润总额	净利润	应交税费
1～3	123388.6 (-11.7%)	122546.3 (-8.9%)	3291.6 (-59.7%)		10671.4 (-13.0%)
1～4	170271.2 (-9.2%)	169238.6 (-6.2%)	4120.1 (63.0%)	2105.6 (-73.4%)	13976.0 (-9.3%)
1～5	218388.1 (-7.7%)	216126.2 (-4.9%)	6630.9 (-52.7%)	3981.6 (-61.6%)	17464.7 (-8.3%)
1～6	279537.3 (-4.9%)	274594.1 (-2.7%)	11225.3 (-38.8%)	7546.6 (-44.6%)	21630.6 (-6.0%)
1～7	330158.4 (-3.5%)	323238.8 (-1.7%)	14763.1 (-30.4%)	10316.0 (-34.7%)	25969.0 (-4.0%)
1～8	382568.6 (-2.1%)	373413.4 (-0.6%)	18169.8 (-24.2%)	13086.4 (-27.3%)	28984.9 (-3.5%)
1～9	440846.4 (-0.7%)	429352.4 (0.5%)	22833.0 (-16.0%)	16533.8 (-18.5%)	33947.3 (-2.3%)
1～10	496812.9 (0.2%)	483305.1 (1.2%)	26300.5 (-10%)	19261.1 (-11.4%)	37565.4 (-1%)

---

① 资料来源：资产管理司：《2021 年 1-2 月全国国有及国有控股企业经济运行情况》,中华人民共和国财政部官网,2021 年 3 月 29 日,http://zcgls.mof.gov.cn/qiyeyunxingdongtai/202103/t20210326.htm。

续表

月份	营业收入	营业成本	利润总额	净利润	应交税费
1~11	556124.8 (0.8%)	540211.3 (1.7%)	29863.1 (-6.1%)	22065.9 (-7.1%)	40575.1 (-1.2%)
1~12	632867.7 (2.1%)	614685.2 (2.8%)	34222.7 (-4.5%)	24761.7 (-5.6%)	46111.3 (0.2%)

资料来源：财政部关于2020年全国国有及国有控股企业各月累计经济运行情况，括号中的数据为同比增长情况。

二、"十三五"时期中央企业经济效益情况

"十三五"期间，中央企业各项经济指标总体呈现良好态势，特别是经过2015年的经济效益短暂下滑后，迅速从低谷中走出，表现出了较好的经济灵活性。如表3-4所示，截至2019年末，中央企业营业收入、实现利润、应交税金、资产总额、负债总额分别增长为358993.8亿元、22652.7亿元、32317.1亿元、870000亿元、584000亿元，较2015年分别增长了32.1%、40.27%、8.7%、35.4%、33.7%。但是各项指标与全国国有企业同期相比表现相对较弱，2015年营业收入和利润指标收窄幅度大于全国平均水平，在随后的复苏阶段，两项指标的增幅也弱于全国平均水平。这也说明，地方国有企业表现出了较好的发展韧性。

第三章 "十三五"时期中国国有企业改革与发展

表3-4　　　2015~2019年中央企业经济运行效益　　　单位：亿元

年份	营业收入	实现利润	应交税费	资产总额	负债总额
2015	271694 (-7.5%)	16148.9 (-5.6%)	29731.4 (3.1%)	642491.8 (19.9%)	436702.3 (23.8%)
2016	276783.6 (2%)	15259.1 (4.7%)	29153 (2.5%)	694788.7 (7.7%)	476526 (8.2%)
2017	308178.6 (12.5%)	17757.2 (16%)	30812.9 (5%)	751283.5 (8.2%)	511213 (7.3%)
2018	338781.8 (9.8%)	20399.1 (12.7%)	32409.3 (3.5%)	803391.7 (6.7%)	543908.6 (6.3%)
2019	358993.8 (6%)	22652.7 (8.7%)	32317.1 (-0.7%)	870000*	584000*

注：*表示根据《国务院关于2019年度国有资产管理情况的综合报告》，中国人大网，2020年10月15日数据估算。

资料来源：财政部公布各年全国国有及国有控股企业经济运行情况报告，括号中的数据为同比增长情况。

2020年，受全球性新冠肺炎疫情影响，中央企业各项指标都呈现显著下滑状态。据财政部公布的2020年全国国有及国有企业经济效益情况现实，如表3-5所示，2020年1~4月，中央企业营业收入、营业成本、利润总额、净利润和应交税费累计完成情况分别为99477.6亿元、96701.3亿元、3628.0亿元、2342.5亿元和10286.4亿元，同比分别下降9.2%、6.4%、53.1%、59.5%和8.7%。但是各指标累计完成情况呈现逐渐收窄的局面，这表明单月各指标呈现强劲复苏态势。尽管如此,截至 2020 年底,中央企业整体经济效益指标累计完成情况,除营业成本一项外,都没有恢复到 2019 年的水平。值得注意的是中央企业与地方企业相比,各项指标累计完成情况相对波动幅度较小,表明中央企业抗风险能力要好于地方国有企业。

表 3-5　　　　2020 年 3~12 月中央企业各指标
累计运行及增长情况　　　　单位:亿元

月份	营业收入	营业成本	利润总额	净利润	应交税费
1~3	73990.0 (-10.0%)	71618.1 (-7.6%)	2972.3 (-49.1%)	—	8003.2 (-11.1%)
1~4	99477.6 (-9.2%)	96701.3 (-6.4%)	3628.0 (-53.1%)	2342.5 (-59.5%)	10286.4 (-8.7%)
1~5	125827.5 (-8.6%)	121927.1 (-6.2%)	5285.4 (-44.7%)	3585.2 (-49.6%)	12788.4 (-7.5%)
1~6	158965.9 (-6.8%)	153008.5 (-4.9%)	7820.6 (-35.6%)	5509.1 (-39.4%)	15526.4 (-6.2%)
1~7	186879.7 (-5.9%)	179411.9 (-4.2%)	9808.1 (-30.3%)	7006.1 (-33.6%)	18733.6 (-4.6%)
1~8	216612.6 (-4.8%)	207284.0 (-3.5%)	12052.3 (-24.4%)	8809.7 (-26.7%)	20776.5 (-3.8%)
1~9	249472.7 (-3.9%)	238165.3 (-2.9%)	15366.1 (-14.4%)	11317.3 (-15.9%)	24509.0 (-2.5%)
1~10	279714.6 (-3.3%)	266858.5 (-2.6%)	17607.8 (-9.4%)	13076.9 (-10.1%)	26219.8 (-2.8%)

续表

月份	营业收入	营业成本	利润总额	净利润	应交税费
1~11	311788.2 (-2.7%)	297158.9 (-2.2%)	19798.7 (-5.2%)	14762.3 (-5.3%)	28745.9 (-2.1%)
1~12	353285.6 (-1.9%)	336920.8 (1.3%)	21557.3 (-5.0%)	15718.0 (-5.6%)	2088.5 (-0.8%)

资料来源：财政部公布2020年全国国有及国有控股企业各月累计经济运行情况，括号中的数据为同比增长情况。

三、"十三五"时期地方国有及国有控股企业经济效益情况

"十三五"期间，地方国有及国有控股企业发展势头强劲，特别是2016年、2017年和2018年，各项指标均有较大幅度增长。如表3-6所示，截至2019年末，地方国有及国有控股企业实现营业收入、利润、应交税费、资产总额和负债总额分别为266526.7亿元、13308.3亿元、13779.2亿元、1469000亿元和914000亿元，较2015年分别增长了45.6%、93.4%、55.4%、167.3%和1.58%，增幅均高于中央企业。但是受到日趋严峻的国际经济环境影响，2019年地方国有及国有控股企业实现利润指标增长速度严重下滑，表明地方国有及国有控股企业抗风险能力相对较弱。

表3-6　　2015~2019年地方国有及国有控股企业经济运行效益

单位：亿元

年份	营业收入	实现利润	应交税费	资产总额	负债总额
2015	183010.1 (-2.3%)	6878.6 (-9.1%)	8867.3 (2.1%)	549557 (12.7%)	353968.3 (12.5%)
2016	182194.4 (3.5%)	7898.7 (16.9%)	8923.1 (6%)	622385.8 (12%)	393851.3 (12.1%)
2017	213836.3 (15.2%)	11228.7 (37.6%)	11532.6 (23.6%)	765831.9 (11.8%)	485944.4 (11.9%)
2018	248718.9 (10.4%)	13478.6 (13.2%)	13680.4 (2.8%)	984091.2 (9.8%)	612566.2 (9.6%)
2019	266526.7 (8.2%)	13308.3 (1.5%)	13779.2 (-0.6%)	1469000 —	914000 —

资料来源：财政部公布各年全国国有及国有控股企业经济运行情况，括号中的数据为同比增长情况。

进入2020年，地方国有及国有控股也无一例外地受到新冠肺炎疫情波及，整体经济效益出现严重下滑，相对于中央企业，地方国有及国有控股企业整体经济效益下滑更为严重，如表3-7所示，2020年第一季度，各项指标累计完成情况均以超过10%的幅度萎缩。但是在随后的发展中，地方国有及国有控股企业表现出了较大弹性，到2020年8月，实现累计营业收入和累计营业成本正增长，其余各项指标累计完成情况收窄速度也快于中央企业。

第三章 "十三五"时期中国国有企业改革与发展

表3-7　　2020年3~12月地方国有及国有控股企业各指标累计运行及增长情况　　单位：亿元

月份	营业收入	营业成本	利润总额	净利润	应交税费
1~3	49398.6（-14.1%）	50928.2（-10.7%）	319.3（-86.3%）		2668.2（-18.5%）
1~4	70793.6（-9.2%）	72537.3（-5.9%）	492.1（-85.5%）	-236.9（-109.8%）	368（-10.9%）
1~5	92560.6（-6.3%）	94199.1（-3.3%）	1345.5（-69.8%）	396.4（-87.8%）	4676.3（10.5%）
1~6	120571.4（-2.4%）	121585.6（0.2%）	3404.7（-44.9%）	2037.5（-55.1%）	6104.2（-5.5%）
1~7	143278.7（-0.3%）	143826.9（1.7%）	4955.0（-30.5%）	3309.9（-37.1%）	7235.4（-2.5%）
1~8	165956.0（1.7%）	166129.4（3.4%）	6117.5（-23.8%）	4276.7（-28.4%）	8208.4（-2.7%）
1~9	191373.7（3.7%）	191187.1（5.2%）	7466.9（-19%）	5216.5（-23.5%）	9438.3（-1.7%）
1~10	217098.3（5.1%）	216446.6（6.3%）	8692.7（-11.3%）	6184.2（-14%）	11345.6（3.5%）
1~11	244336.6（5.8%）	243052.4（6.9%）	10064.4（-7.8%）	7303.6（-10.6%）	11829.2（1.3%）
1~12	279582.1（7.5%）	277764.4（8.3%）	12665.4（-3.6%）	9043.7（-5.5%）	14022.8（2.4%）

资料来源：财政部关于2020年全国国有及国有控股企业各月累计经济运行情况，括号中的数据为同比增长情况。

四、"十三五"时期规模以上国有及国有控股工业企业效益情况

如表3-8所示,2019年,规模以上工业企业中,国有及国有控股企业实现主营业收入288253亿元,同比增长3.7%,实现利润总额为16355.5亿元,比上年增长-12%。从主营业务收入利润比看,规模以上国有及国有控股工业企业为5.67%。2019年,规模以上工业企业中,国有及国有控股企业总资产449692.67亿元,同比增长4.64%,总负债252272亿元,同比增长3.39%。总资产和总负债出现双升局面,总资产上升幅度显著高于总负债上升幅度,总体资产负债率为58%,表明规模以上国有及国有控股工业企业偿债能力进一步得到提升。

表3-8　　2015~2019年全国规模以上国有及国有控股工业企业运行情况

单位:亿元

年份	主营业务收入	实现利润	总资产	总负债
2015	241668.9	11416.72	397403.65	246147.12
2016	238990.2	12324.34	417704.16	257235.38

第三章 "十三五"时期中国国有企业改革与发展

续表

年份	主营业务收入	实现利润	总资产	总负债
2017	265393	17215.49	439622.86	266097.89
2018	273760.2	18583.1	429764.8*	252272**
2019	288253	16355.5	449692.67*	260821.75**

注：*依据国家统计局发布的当年规模以上工业企业运行情况中的每百元资产主营业务收入指标计算所得。

**依据国家统计局发布的当年规模以上工业企业运行情况中的资产负债率指标和总资产测算指标计算所得。

资料来源：《中国统计年鉴（2016~2020年）》。

从企业类型看：如表3-9所示，规模以上工业企业中，国有控股企业实现利润总额16355.5亿元，比上年下降12.0%；股份制企业实现利润总额45283.9亿元，下降2.9%；外商投资及港澳台商投资企业实现利润总额15580.0亿元，下降3.6%；私营企业实现利润总额18181.9亿元，增长2.2%。国有企业利润下降幅度与其投资增长情况呈现鲜明对比，在经济下行压力较大情况下，国有企业并没有选择减少投资、收缩市场的方式保留实力，而是通过用利润换活力的方式，不断引导和激发非国有企业，增强市场信心，稳定经济秩序。

表3-9　2015~2019年各类型规模以上工业企业实现利润情况　　单位：亿元

年份	全国	国有控股	股份制	外资企业	私营企业
2015	63554	10944	42981.4	15726.1	23221.6
2016	68803.2	11751.1	47196.8	17351.9	24325.3
2017	75187.1	16651.2	52404.4	18752.9	23753.1
2018	66351.4	18583.1	46975.1	16775.5	17137
2019	61995.5	16355.5	45283.9	15580	18181.9

资料来源：国家统计局。

2020年，受新冠肺炎疫情和国际经济形势影响，规模以上国有工业企业主营业务收入和实现利润同比都呈下降趋势，从下降幅度上看，呈现明显复苏态势，资产营收率逐渐提升；相对于盈利能力，资产复制率保持相对稳定。与全国国有及国有控股企业整体经济效益相比，国有工业企业受到的影响和冲击更为显著，如表3-10所示，截至2020年底，全国国有及国有控股企业营业收入累计完成情况已经实现正增长，而规模以上国有工业企业依然处在负增长状态，但各项指标下滑程度均呈现收窄态势。

第三章 "十三五"时期中国国有企业改革与发展

表3-10　2020年规模以上国有工业企业各指标累计运行及增长情况

月份	主营业务收入（亿元）	实现利润（亿元）	营收资产率（%）	资产负债率（%）
1~2	36252.7（-11.5%）	36252.7（-32.9%）	48	57.60
1~3	57585.7（-12.2%）	2226.7（-45.5%）	50.60	57.70
1~4	78856.0（-9.7%）	3046.3（-46.0%）	51.90	57.90
1~5	100937.6（-8.1%）	4404.2（-39.3%）	53	58
1~6	125810.7（-5.9%）	6614.1（-28.5%）	54.80	58
1~7	147884.0（-4.7%）	7838.1（-23.5%）	55.20	57.50
1~8	171804.5（-3.6%）	9509.4（-178%）	55.90	57.60
1~9	198131.8（-2.7%）	11303.1（-14.3%）	57.10	57.40
1~10	221611.3（-0.2%）	12942.6（-7.5%）	57.2	57.40
1~11	14456.9（-1.5%）	14456.9（-4.9%）	57.8	57.8
1~12	276084.8（0.9%）	14860.8（-2.9%）	59.4	57.3

资料来源：国家统计局，括号中的数据为同比增长情况。

从企业类型看：如表 3-11 所示，受到新冠肺炎疫情和国际经济环境影响，2020 年 1~12 月，全国规模以上工业企业实现利润总额 64516.1 亿元，同比增长 4.1%（按可比口径计算）。其中，国有控股企业实现利润总额 14860.8 亿元，同比下降 2.9%；股份制企业实现利润总额 45445.3 亿元，增长 3.4%；外商投资及港澳台商投资企业实现利润总额 18234.1 亿元，增长 7%；私营企业实现利润总额 20261.8 亿元，下降 3.1%。从表 3-11 可以看出，2020 年一季度开始，各类型工业企业累计实现例如下滑均非常显著，国有工业企业在 3 月和 4 月呈现进一步下滑的状态，说明国有工业企业在此期间的止损能力弱于其他类型企业，这与疫情期间国有企业特殊使命政策有着直接关系。为保民生、强稳定、促发展，疫情期间，很多国有企业在充分保证安全的情况下，一直在开工生产，保障整个国民经济平稳运行，为此也付出了巨大的成本，从而导致营业成本无法得到有效控制，但对保障就业和产业链的通畅性起到了至关重要的作用，为各类型企业快速实现复苏提供了坚实的经济运行基础。

表 3-11　　2020 年各类型规模以上工业企业累计实现利润情况　　单位：亿元

月份	全国	国有	股份制	外商及港澳台	私营
1~2	4107 (-38.3%)	1465.4 (-32.9%)	3158.8 (-33.6%)	796.3 (-53.6%)	1208.3 (-36.6%)

第三章 "十三五"时期中国国有企业改革与发展

续表

月份	全国	国有	股份制	外商及港澳台	私营
1~3	7814.5 (-36.7%)	2226.7 (-45.6%)	5970.4 (-33%)	1671.5 (-46.9%)	2344.8 (-29.5%)
1~4	12597.9 (-27.4%)	3046.3 (-46%)	9249 (-26.6%)	3121.3 (-28.8%)	3920.1 (-17.2%)
1~5	18434.9 (-19.3%)	4404.2 (-39.5%)	13478.8 (-19.2%)	4659.2 (-18.4%)	5607.3 (-11.0%)
1~6	25114.9 (-12.8%)	6614.1 (-28.5%)	18247.1 (-13.7%)	6486.4 (-8.8%)	7119.8 (-8.4%)
1~7	31022.9 (-8.1%)	7838.1 (23.5%)	22090.6 (-9.0%)	8586.8 (-3.4%)	8883.4 (-5.3%)
1~8	37166.5 (-4.4%)	9509.4 (-17%)	26340.8 (-5.2%)	10384.4 (-0.4%)	10699.7 (-3.3%)
1~9	43665 (-2.4%)	11303.1 (-14.3%)	30681.1 (3.6%)	12443 (2.6%)	12748.3 (-0.5%)
1~10	50124.2 (0.7%)	12942.6 (-7.5%)	35417.4 (0.4%)	14095.5 (3.5%)	14830.8 (1.1%)
1~11	57445.0 (2.4%)	14456.9 (-4.9%)	40580.1 (2.3%)	16105.2 (4.3%)	17332.2 (1.8%)
1~12	64516.1 (4.1%)	14860.8 (-2.9%)	45445.3 (3.4%)	18234.1 (7.0%)	20261.8 (3.1%)

资料来源：国家统计局，括号中的数据为同比增长情况。

五、"十三五"时期全国国有及国有控股企业社会经济效益情况

(一)"十三五"期间,国有控股企业固定资产投资好于民间固定资产投资,经济稳定器作用凸显

如表3-12所示,2019年,全国各类型组织固定资产投资总额为551478亿元,同比增长5.4%,其中国有企业固定资产投资同比增长6.8%,民间固定资产投资增长4.7%,从增长速度上看,国有企业和民间投资的增速同时呈现放缓趋势,自经济进入新常态以来,国有企业和民间投资表现出了明显的互补增长状态,2016年,民间投资增长出现疲软情况下,国有企业固定资产投资呈现显著增长状态,而到了2018年,国有企业投资增长出现疲软的情况下,民间投资则呈现出显著增长状态,2019年国有企业投资与民间投资再次呈现互补状态。

第三章 "十三五"时期中国国有企业改革与发展

表3-12　　　2015～2019年国有控股企业和民间
固定资产投资情况

年份	全国		国有企业		民间		
	实际数值（亿元）	同比增长（%）	实际数值（亿元）	同比增长（%）	实际数值（亿元）	同比增长（%）	占比（%）
2015	551590	10	178933	10.9	534007	10.1	64.2
2016	596501	8.1	213096	18.7	365219	3.2	61.2
2017	631684	7.2	232887	10.1	381510	6	60.4
2018	635636*	5.9*	241585**	1.9	394051*	8.7*	62
2019	551478*	5.4*	240319**	6.8	311159*	4.7*	56.4
2020	518907	2.9*	229643**	5.3	289264*	1*	55.74

注：*表示统计口径调整之后的数值。
**表示根据调整后数值测算，测算公式为：当年国有固定资产投资数＝当年全国固定资产增长实际数－当年民间固定资产投资实际数。
资料来源：国家统计局网站。

2018年以来，受到国际经济环境影响，各类企业发展短期内受到制约，固定资产投资增长速度趋缓，呈现缓慢下降趋势。如表3-13所示，2019年末，全国累计固定资产投资同比增长为5.4%，较2018年同比下降0.5个百分点；从各月累计固定资产投资情况看，仅有前三个月同比增长速度较高，其余呈现平缓下滑趋势。其中，民间企业固定资产投资下滑速度较快。2019年全年累计固定资产投资总额同比2018年仅增长4个百分点，而2018年同期同比2017年增长8.7%，增长速度下降4个百分点；并且2019年全年各月累计固定资产投资增长速度同比均呈现下降态势。在国际国内经济紧张局势不断加剧的情况下，国有企业扮演了经济稳定期的角色，充分发挥了国有企业与民营企业优势互补的作用。2018年底，国有控股企业全年累计固定资产投资同比仅增长1.9%，但是到2019年底，全年累计固定资产投资同比增长6.8%，并且在全年各月份累计固定资产投资同比均保持高于民进累计投资的增长速度，有效地缓解了因民进投资不足所引起的经济发展下行压力。

自中美贸易摩擦以来，一些外资企业开始撤出中国市场，受此影响，2019年，外资企业各月累计固定资产投资增长速度大体呈现下降趋势，如表3-14所示，到2019年末，外资企业累计固定资产投资总额出现负增长，增长率-1%。相对于外资企业，港澳台资企业比较看好国内经济环境，2019年港澳台资企业固定资产投资同比2018年全年呈现负增长，但是于2019年初时同比转为正向增长，并且在随后的各月累计固定资产投资同比均呈现增长态势。

表3-13　2019年国有控股企业和民间固定资产投资增长情况

单位：%

指标	2018年1月~12月	2019年1月~2月	2019年1月~3月	2019年1月~4月	2019年1月~5月	2019年1月~6月	2019年1月~7月	2019年1月~8月	2019年1月~9月	2019年1月~10月	2019年1月~11月	2019年1月~12月
固定资产投资（不含农户）	5.9	6.1	6.3	6.1	5.6	5.8	5.7	5.5	5.4	5.2	5.2	5.4
其中：国有控股	1.9	5.5	6.7	7.8	7.2	6.9	7.1	7.1	7.3	7.4	6.9	6.8
其中：民间投资	8.7	7.5	6.4	5.5	5.3	5.7	5.4	4.9	4.7	4.4	4.5	4.7

资料来源：国家统计局。

表3-14　2019年港澳台资及外资企业固定资产投资增长情况

单位：%

指标	2018年1月~12月	2019年1月~2月	2019年1月~3月	2019年1月~4月	2019年1月~5月	2019年1月~6月	2019年1月~7月	2019年1月~8月	2019年1月~9月	2019年1月~10月	2019年1月~11月	2019年1月~12月
港澳台投资企业固定资产投资	-12	0	2.8	0.7	2	1.1	1.9	1.7	2.4	2.3	2.5	7.5
外商投资企业固定资产投资	6.1	3.4	8.7	4.6	2.8	1.2	3.6	2.5	1.8	2	-0.6	-1

资料来源：国家统计局。

第三章 "十三五"时期中国国有企业改革与发展

如表 3 – 15 所示，受新冠肺炎疫情影响，2020 年 1~2 月，固定资产投资出现大幅度下滑，下滑 24.5%，在这一时期，各类型企业的固定资产投资也都呈现出不同程度的下滑，但是外资下降幅度较小，表明外资对中国经济发展依然保持良好信心。随着中国治理新冠肺炎疫情的成效凸显，全社会固定资产投资逐渐开始恢复，其中国有控股企业、港澳台商投资企业和外商投资企业固定资产投资恢复较快，特别是外商投资企业，并没有因为国际复杂的经济环境而撤出中国市场，反而是不断增加投资。这一方面表明了中国应对新冠肺炎疫情得到了国际社会的普遍认可，另一方面也表明国有及国有控股企业作为经济稳定器不仅发挥了弥补民间投资不足的作用，同时起到了引导社会资本投资的作用。相对于民间整体投资情况，新冠肺炎疫情期间国有企业固定资产投资累计完成情况一直高于民间投资，2020 年 8 月，国有及国有控股企业固定资产投资累计完成情况率先实现正增长，在此带动下，民间投资于 2020 年 10 月也实现累计正增长，从具体增长速度看，明显要弱于国有及国有控股企业。

表3-15 2020年不同类型企业固定资产投资增长情况 单位：%

月份	固定资产投资（不含农户）	其中：国有控股	其中：民间投资	内资企业固定资产投资	港澳台商投资企业固定资产投资	外商投资企业固定资产投资
1~2	-24.5	-23.1	-26.4	-24.8	-23.4	-16
1~3	-16.1	-12.8	-18.8	-16.3	-13	-9
1~4	-10.3	-6.9	-13.3	-10.6	-6.6	-1.3
1~5	-6.3	-1.9	-9.6	-6.5	-4.4	-0.2
1~6	-3.1	2.1	-7.3	-3.4	0.6	3.9
1~7	-1.6	-3.8	-5.7	-1.8	1.5	3.5
1~8	-0.3	3.2	-2.8	-0.5	4.5	3.8
1~9	0.8	4	-1.5	0.7	4.9	5.3
1~10	1.8	4.9	0.7	1.5	4.2	11.2
1~11	2.6	5.6	0.2	2.3	4.5	11.2
1~12	2.9	5.3	1	2.8	4.2	10.6

资料来源：国家统计局。

（二）"十三五"时期，规模以上国有工业企业增加值增速呈现"倒V"字形

如图3-1所示，2019年，全国规模以上工业企业增加值增长5.7，同比2018年下降0.5个百分点。在经济增长进入新常态的大环境下，全国规模以上工业企业增加值增速总体上呈

现放缓趋势。"十三五"期间，国家宏观经济政策不断释放经济增长新动能，从2016年开始，规模以上工业企业增加值增长速度呈现恢复迹象，但是受2018年中美贸易摩擦的影响，2018年和2019年全国规模以上工业企业增加值增长速度再次呈现阶段性下降态势。为有效化解国际经济形势带来的经济下行压力，国家果断提出"六稳六保"政策，在该政策的指导下，全国整体经济下行速度得到有效遏制，2017~2019年仅下降0.9个百分点。

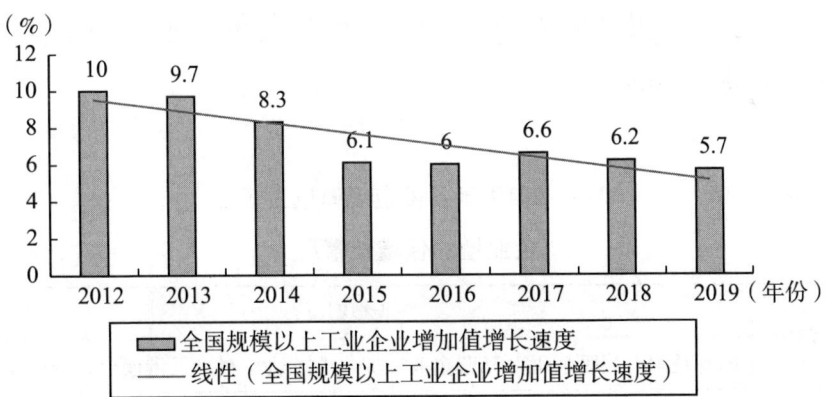

图3-1 2012~2019年全国规模以上工业企业增加值增长速度情况
资料来源：国家统计局。

从企业类型看：国有及国有控股企业总体呈现先抑后扬的趋势，2013~2015年，规模以上国有及国有控股企业增加值增长速度由 8.3%[①]下降至 1.4%，下降 6.9 个百分点（见表 3-16），与此同时其他类型规模以上工业企业增加值增长速度也呈现同步下降的趋势。但是，从 2016 年开始，规模以上国有及国有控股企业增加值开始呈现加速增长态势，与此同时，其他类型规模以上工业企业增加值增速开始呈现稳中有升态势，但是受到中美贸易摩擦影响，外商企业增加值增长速度于 2019 年再次大幅回落。总体而言，在新常态趋势下，各类型企业增加值增长速度都呈现不同程度的下滑状态，但是在应对复杂国际经济环境时，国有及国有控股企业在稳定经济发展方面扮演了非常重要的角色，充分发挥了经济稳定器的功能。

表 3-16 2015~2019 年各类型规模以上工业企业增加值增长情况 单位：%

年份	企业类型			
	国有及国有控股企业	私营企业	股份制企业	外商及港澳台投资企业
2015	1.4	8.6	7.3	3.7
2016	2	7.5	6.9	4.5
2017	6.5	5.9	6.6	6.9

[①] 2013 年国有及国有控股企业增加值增长速度数据来自国家统计局网站。

第三章 "十三五"时期中国国有企业改革与发展

续表

年份	企业类型			
	国有及国有控股企业	私营企业	股份制企业	外商及港澳台投资企业
2018	6.2	6.2	6.6	4.8
2019	4.8	7.7	6.8	2.0
2020	2.2	3.7	3.0	2.4

资料来源：国家统计局。

如表3-17所示，2020年上半年，规模以上工业企业增加值受新冠肺炎疫情影响呈现下滑趋势，但下滑幅度逐渐减弱，由于国家宏观经济政策调整，使得各类型企业于2020年3月开始呈现缓慢增长态势，但由于前期下滑幅度较大，直到2020年8月，整体增加值才得到根本性扭转，到2020年第三季度，规模以上工业企业累计增加值实现1.2%的增长水平，全国各类型企业累计增加值也都恢复为正向增长。据国家统计局网站公布数据显示，2020年前三季度，国有控股工业企业增加值累计同比增长0.9%；股份制工业企业累计增长1.5%，外商及港澳台商投资工业企业累计增长0.3%；私营工业企业累计增长2.1%[①]。

---

① 资料来源：《2020年9月份规模以上工业增加值增长6.9%》，国家统计局，2020年10月19日，http://www.stats.gov.cn/tjsj/zxfb/202010/t20201019_1794597.html。

表3-17　2020年规模以上工业企业增加值增长情况　　单位：%

月份	全国累计	当月				
		全国	国有及国有控股	股份制	外商及港澳台	私营
1~2	-13.50	—	—	—	—	—
1~3	-8.40	1.10	—	—	—	—
1~4	-4.90	3.90	0.50	4.00	3.90	7.00
1~5	-2.80	4.40	2.10	4.80	3.40	7.10
1~6	-1.30	4.80	—	—	—	—
1~7	-0.40	4.80	4.10	4.20	7.60	4.20
1~8	0.40	5.60	5.20	5.80	5.30	5.70
1~9	1.20	6.90	—	—	—	—
1~10	1.8	6.9	5.4	6.9	7.0	8.2
1~11	2.3	7	5.9	6.8	8.3	6.8
1~12	2.8	7.3	6.4	7.0	8.5	7.6

资料来源：国家统计局。

（三）"十三五"时期，国有企业进出口总额呈现"V"字形增长态势，民营企业进出口比重持续上升

2020年，在新冠肺炎疫情的肆虐下，全球经济深受影响，各主要经济体均出现了严重的衰退。中国得益于对疫情大规模蔓延的控制、强有力的宏观政策措施与生产消费的快速恢复，整体经济呈现强势复苏，成为全球屈指可数保持经

第三章 "十三五"时期中国国有企业改革与发展

济正增长的经济体之一。中国的对外贸易也因国外疫情蔓延所导致的企业停工带来的供给缺口以及防疫物资需求的大幅增长而出现"V"形反转,不仅好于预期,而且刷新了历史纪录。如表3-18所示,截至2020年,全国各类型企业进出口总额累计达49783.3亿美元,比2015年增长了25.9%,相比2019年,增幅达8%。

表3-18　　　2015~2019年中国外贸进出口情况　　单位:亿美元

年份	进出口总额
2015	39530.6
2016	36855.6
2017	41071.4
2018	46224.2
2019	45778.9
2020	49783.3*

注:*表示根据海关总署公布2020年中国外贸进出口总额数据和2020年12月31日人民币兑美元汇率测算。

资料来源:海关总署。

从企业类型看:如表3-19所示,2015~2019年,国有企业进出口总额呈现持续增长态势,由2015年的4.03万亿元增长至2019年的5.32万亿元;民营企业和外资企业进出口总额增长情况较为平稳,分别由2015年的9.1万亿元、11.34万亿元增长至2019年的13.84万亿元、12.57万亿元。但与外资企业相比，民营企业进出口总额增长速度较快，特别值得一提的是，到2019年末，民营企业进出口总额第一次超过了外资企业，成为第一大进出口经济体。

表3-19　　　　2015~2020年各类型对外贸易各类企业出口情况　　　单位：万亿元

年份	国有企业	民营企业		外资企业
		进出口	出口	
2015	4.03* (-12.1%)	9.1 (-0.2%**)	6.4 (3.1%**)	11.34* (-6.5%**)
2016	3.8 (-5.6%**)	9.28	6.35	11.1 (-2.1%**)
2017	4.54*	10.7	7.13	12.45*
2018	5.3 (16.8%**)	12.1	7.87	12.99 (4.3%**)
2019	5.32	13.84	8.9	12.57
2020	4.61	14.98	11.1	12.44

注：*表示2015年国有企业、外资企业进出口总额根据2016年商务部公布进出口增长比例计算所得；2017年国有企业、外资企业进出口总额根据2018年商务部公布进出口增长比例计算所得。

**表示括号中为本年比上一年增长率。

资料来源：海关总署。

如表3-20所示，受新冠肺炎疫情影响，2020年前三季度进出口总额23.12亿元，仅增长0.7%，但是由于跨境电商、

第三章 "十三五"时期中国国有企业改革与发展

市场采购等新业态新模式进入快车道，营商环境不断改善，市场主体活力加快释放，2020年1~8月，有进出口实绩企业共47.8万家，同比增长6.2%。如果说国有企业是国内经济发展的稳定器，那么，民营企业则是对外贸易的稳定器。2020年，在整体对外贸易形式不景气的情况下，民营企业进出口总额从第一季度累计2.78万亿元增加到第三季度累计10.66万亿元，其中前三季度累计实现出口总额为7.02亿元，同比增长10%，带动整体出口增长5.1个百分点①。

表3-20　　　　2020年各类型对外贸易出口企业实际增长情况　　　单位：万亿元

项目	国有企业	民营企业		外资企业
		进出口	出口	
前一季度	1.16	2.78	1.71	2.6
前二季度	2.22	6.42	4.14	5.55
前三季度	3.46	10.66	7.02	8.91
全年	4.6	11.1	8.8	12.44

---

① 《商务部外贸司负责人谈2020年1-9月我国对外贸易运行情况》，中华人民共和国商务部，2020年10月14日，http://www.mofcom.gov.cn/article/news/202010/20201003007675.shtml。

第四章

"十三五"时期中国国有经济的产业布局与结构演变

推进国有经济布局优化和结构调整,是坚持和完善社会主义基本经济制度、加快建设现代化经济体系、深化供给侧结构性改革和深化国有企业改革的基本要求和重要前提。党的十九大报告指出"加快完善社会主义市场经济体制"的重要举措之一就是"加快国有经济布局优化、结构调整、战略性重组",十九届四中全会审议通过的《中共中央关于坚持和完善中国特色社会主义制度推进国家治理体系和治理能力现代化若

第四章 "十三五"时期中国国有经济的产业布局与结构演变

干重大问题的决定》重申"坚持和完善社会主义基本经济制度,推动经济高质量发展"要"推进国有经济布局优化和结构调整,发展混合所有制经济,增强国有经济竞争力、创新力、控制力、影响力、抗风险能力,做强做优做大国有资本",十九届五中全会审议通过的《中共中央关于制定国民经济和社会发展第十四个五年规划和二〇三五年远景目标的建议》则再次强调"全面深化改革,构建高水平社会主义市场经济体制"要"加快国有经济布局优化和结构调整,发挥国有经济战略支撑作用"。党的十九大以来,国有资本不断向关系国家安全、国民经济命脉和国计民生的重要行业和关键领域集中。当前,正值深化国有企业改革的关键时期,如何加快推进国有经济布局优化和结构调整,对于构建高水平社会主义市场经济体制、推动经济高质量发展具有举足轻重的作用。因此,认识和了解现阶段中国国有经济的产业布局状况和结构演变特征至关重要,本报告将从国有经济的规模、贡献等多个方面,详细分析国有经济在三次产业、国民经济各领域以及工业各部门的分布和发展情况,以期揭示中国国有经济的产业布局状况及结构演变特征。

第一节 "十三五"时期国有企业在国民经济中的总体分布情况

一、国有企业户数在国民经济中的总体分布情况

截至 2019 年底,全国国有企业户数达到 21.68 万户,较"十三五"初期的 2016 年增加 4.28 万户;国有企业户数占整个国民经济全部法人单位数的比重不足 1%,仅为 0.86%,较 2016 年下降 0.10 个百分点。从三次产业看,截至 2019 年底,按三次产业划分的国有企业户数分别为 0.73 万户、6.37 万户和 14.59 万户,分别较"十三五"初期的 2016 年增加 0.04 万户、0.93 万户和 3.32 万户;在三次产业中的比重分别为 0.44%、1.26% 和 0.79%,较 2016 年分别下降 0.11 个百分点、0.12 个百分点和 0.08 个百分点;第一产业和第三产业国有企业户数的比重已不足 1% 且自 2016 年以来总体上看是下降的,第二产业国有企业户数的比重也刚刚位于 1% 以上而不足 1.5%。图 4-1 给出了 2016~2019 年国有企业户数在整个

第四章 "十三五"时期中国国有经济的产业布局与结构演变

国民经济和三次产业中的分布比重及变化情况。①

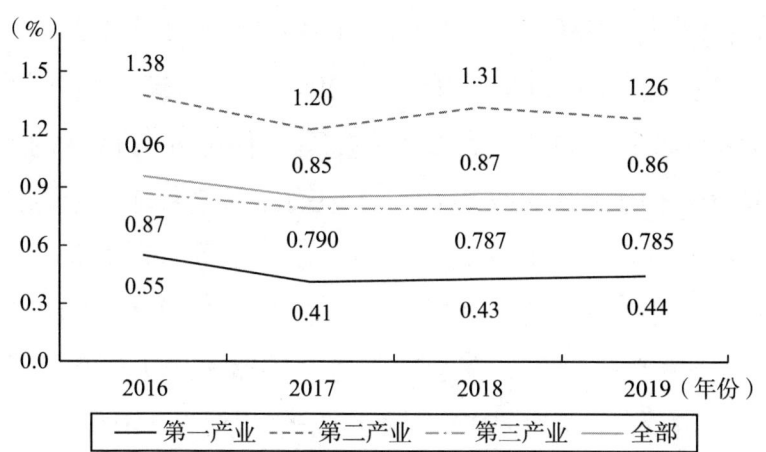

图 4-1 国有企业户数在整个国民经济及三次产业中的比重及变化情况

---

① 国有企业户数在三次产业中的比重是利用三次产业中全部国有企业户数比上按三次产业划分的法人单位数计算所得,所使用的数据来源历年的《中国财政年鉴》和《中国统计年鉴》,全章同。需要说明的是,按照《国民经济行业分类》关于三次产业的分类,"农、林、牧、渔业"门类中的"农、林、牧、渔专业及辅助性活动""采矿业"门类中的"开采专业及辅助性活动""制造业"门类中的"金属制品、机械和设备修理业"3个大类行业应划分至第三产业,但由于《中国财政年鉴》未给出各大类行业国有企业的相关详细数据,本报告在进行相关计算时,将"林、牧、渔专业及辅助性活动"计入了第一产业,将"开采专业及辅助性活动"和"金属制品、机械和设备修理业"计入了第二产业,故本报告所计算的第一产业和第二产业比重会比实际情况略高,而第三产业比重会比实际情况略低。另外,《中国统计年鉴》所公布的2018年"农、林、牧、渔业"的法人单位数与2017年和2019年的数据具有明显的数量级上的差异,本报告在计算相关比重时所使用的数据是利用相关数据修正得到。

在国民经济各细分领域，国有企业户数的分布比重也几乎都是在本来就很小的情况下呈下降趋势。2016~2019年，国有企业户数在农林牧渔业的比重由0.47%下降至0.39%，在工业的比重由1.34%下降至1.30%，在建筑业的比重由1.47%下降至1.11%，在批发、零售、住宿和餐饮业的比重由0.48%下降至0.36%，在交通运输、仓储和邮政业的比重由4.22%下降至3.15%，在房地产业的比重由3.24%下降至3.05%，在信息传输、软件和信息技术服务业的比重由0.46%下降至0.35%，在社会服务业的比重由1.32%下降至1.14%，在科学研究和技术服务业的比重由1.07%下降至0.86%，在水利、环境和公共设施管理业的比重由1.47%下降至1.41%，在教育、卫生、文化、体育和娱乐业的比重由0.67%上升至0.83%，在公共管理、社会保障和社会组织的比重由0.17%上升至0.31%。表4-1给出了2016~2019年国有企业户数在国民经济各领域中的比重情况。

表4-1 国有企业户数在国民经济各领域中比重情况　　　单位：%

领域	2016年	2017年	2018年	2019年
农、林、牧、渔业	0.47	0.36	0.38	0.39
工业	1.34	1.19	1.34	1.30
建筑业	1.47	1.21	1.21	1.11
批发、零售、住宿和餐饮业	0.48	0.40	0.38	0.36

第四章 "十三五"时期中国国有经济的产业布局与结构演变

续表

领域	2016 年	2017 年	2018 年	2019 年
交通运输、仓储和邮政业	4.22	3.46	3.35	3.15
房地产业	3.24	3.11	3.01	3.05
信息传输、软件和信息技术服务业	0.46	0.38	0.35	0.35
社会服务业	1.32	1.20	1.23	1.14
科学研究和技术服务业	1.07	0.95	0.85	0.86
水利、环境和公共设施管理业	1.47	1.39	1.49	1.41
教育、卫生、文化、体育和娱乐业	0.67	0.64	0.58	0.83
公共管理、社会保障和社会组织	0.17	0.23	0.27	0.31

从国有企业户数在国民经济各领域的分布看，截至2019年底，国有企业户数比重保持在1%以上的有交通运输、仓储和邮政业（3.15%），房地产业（3.05%），水利、环境和公共设施管理业（1.41%），工业（1.30%），社会服务业（1.14%）和建筑业（1.11%）6个领域，其他领域国有企业户数比重则均低于1%，其中公共管理、社会保障和社会组织（0.31%），信息传输、软件和信息技术服务业（0.35%），批发、零售、住宿和餐饮业（0.36%），农、林、牧、渔业（0.39%）等领域甚至不足0.5%。

二、国有企业从业人数在国民经济中的总体分布情况

截至 2019 年底,全国国有企业共有从业人员 3531.2 万人,较"十三五"初期的 2016 年减少 80 万人;国有企业从业人员人数占整个国民经济全部就业人员人数的比重不足 5%,仅为 4.56%,较 2016 年下降 0.09 个百分点。从三次产业看,截至 2019 年底,按三次产业划分的国有企业从业人员人数分别为 143.7 万人、1814.8 万人和 1572.6 万人,第一产业和第二产业较"十三五"初期的 2016 年减少 102.4 万人和 123.9 万人,第三产业增加 146.0 万人;在三次产业中的比重分别为 0.74%、8.52% 和 4.28%,第一产业和第二产业较 2016 年下降 0.40 个百分点和 0.15 个百分点,第三产业上升 0.05 个百分点;第一产业国有企业从业人员人数比重已连年下降至不足 1%,第三产业国有企业从业人员人数比重尽管总体上呈上升态势但也不足 5%,第二产业国有企业从业人员人数比重虽高于第一产业和第三产业但不足 10% 且呈下降趋势。图 4-2 给出了 2016~2019 年国有企业从业人员人数在整个国民经济和三次产业中的分布比重及变化情况。

第四章 "十三五"时期中国国有经济的产业布局与结构演变

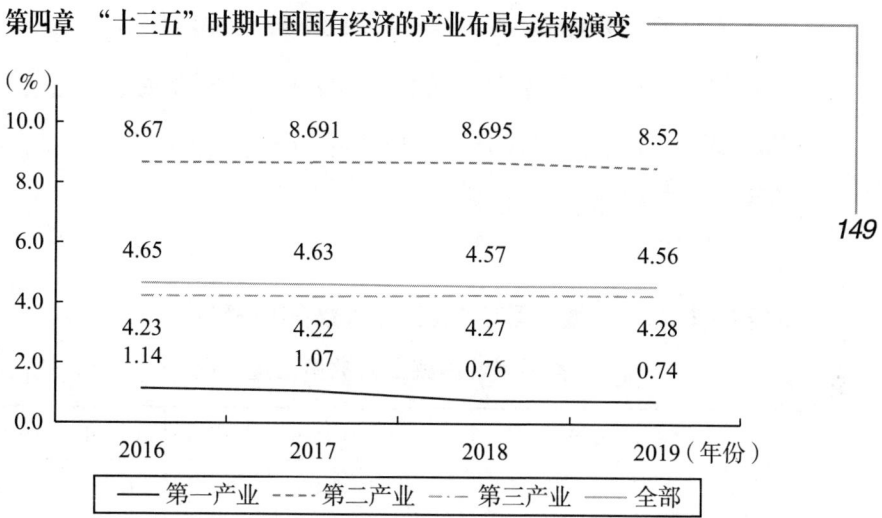

图4-2 国有企业从业人数在整个国民经济及三次产业中的
比重及变化情况

截至2019年底,在国民经济各领域城镇就业人数中,城镇国有单位就业人数占该领域全部城镇就业人数比重较高的是教育(76.20%),卫生和社会工作(75.44%)2个领域,均达到了70%以上;水利、环境和公共设施管理业城镇国有单位就业人数占该领域全部城镇就业人数比重也超过了35%,达到35.47%;文化、体育和娱乐业(13.17%),交通运输、仓储和邮政业(9.09%),科学研究和技术服务业(9.08%)3个领域城镇国有单位就业人数占各自领域全部城镇就业人数比重在10%左右,其他领域城镇国有单位就业人数占各自领域全部城镇就业人数比重均在5%以下,其中批发和零售业(0.37%),制造业(0.56%),居民服务、修理和其他服务业

(0.67%)，住宿和餐饮业（0.78%）4个领域的比重不足1%。表4-2给出了2016~2019年国有企业从业人员人数在国民经济各领域中的比重情况。

表4-2　　城镇国有单位从业人数在国民经济各领域城镇就业人数中比重情况　　单位：%

领域	2016年	2017年	2018年	2019年
制造业	2.06	1.64	1.02	0.56
建筑业	4.97	4.18	2.91	2.28
批发和零售业	0.85	0.71	0.57	0.37
交通运输、仓储和邮政业	27.86	26.03	18.71	9.09
住宿和餐饮业	1.81	1.43	1.07	0.78
信息传输、软件和信息技术服务业	3.62	2.65	2.19	1.55
房地产业	3.89	3.04	2.13	1.58
租赁和商务服务业	5.13	4.46	3.72	3.16
科学研究和技术服务业	16.95	14.58	11.96	9.08
水利、环境和公共设施管理业	62.78	60.06	43.69	35.47
居民服务、修理和其他服务业	1.55	1.179	1.176	0.67
教育	90.10	88.75	86.40	76.20
卫生和社会工作	80.74	79.59	78.65	75.44
文化、体育和娱乐业	23.29	19.44	16.07	13.17

从变化趋势上看，2016~2019年，表4-2中所有领域城

镇国有单位就业人数占该领域全部城镇就业人数的比重均呈逐年下降的发展态势，其中下降幅度最大的是水利、环境和公共设施管理业，下降了27.31个百分点，交通运输、仓储和邮政业，教育，文化、体育和娱乐业3个领域的下降幅度也都超过了10个百分点，分别达到18.77个百分点、13.90个百分点和10.12个百分点。

第二节 "十三五"时期国有经济在国民经济各领域中的布局及结构演变情况

本部分将从企业户数、从业人员人数、资产总额、营业收入、利润总额、上缴税金总额6个方面深入分析国有经济在三次产业及国民经济各领域中的布局和结构演变情况。

一、三次产业及国民经济各领域国有企业户数情况

图4-3给出了2016~2019年三次产业国有企业户数的变化情况。由图可知，第一产业国有企业户数在经历2017年的

下降后于2018年和2019年持续反弹,第二产业和第三产业国有企业户数在2016~2019年呈逐年递增态势。此外,从图中不难看到,第一产业国有企业户数远远低于第二产业和第三产业,而且差距不断增大;第二产业国有企业户数始终小于第三产业,且二者之间的差距也在不断拉大,截至2019年,第三产业国有企业户数达到第二产业的2.29倍。

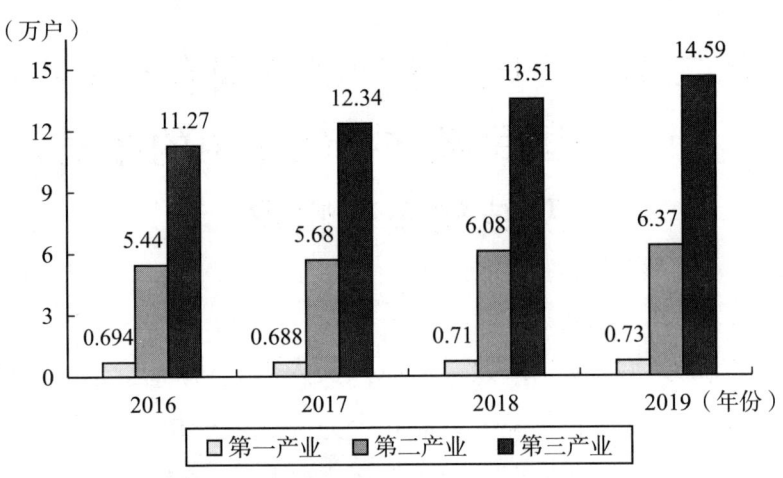

图4-3 三次产业国有企业户数及变化情况

从三次产业国有企业户数的结构来看(见图4-4),第一产业国有企业户数占全部国有企业户数比重较小,2016年以来均不超过5%,且由2016年的3.99%逐年下降至2019年的3.36%;第二产业国有企业户数占全部国有企业户数比重也呈逐年下降之势,由2016年的31.26%逐年下降至2019年的

第四章 "十三五"时期中国国有经济的产业布局与结构演变

29.36%，下降了1.90个百分点；第三产业国有企业户数占全部国有企业户数比重呈逐年上升发展态势，由2016年的64.75%上升至2019年的67.28%，上升了2.53个百分点。此外，从图中可清晰看到，自2016年以来，第二产业国有企业户数占全部国有企业户数比重始终低于35%（2018年以来甚至低于30%），而第三产业国有企业户数占全部国有企业户数比重始终高于60%（2017年以来甚至高于65%），且二者之间的差距逐年加大。

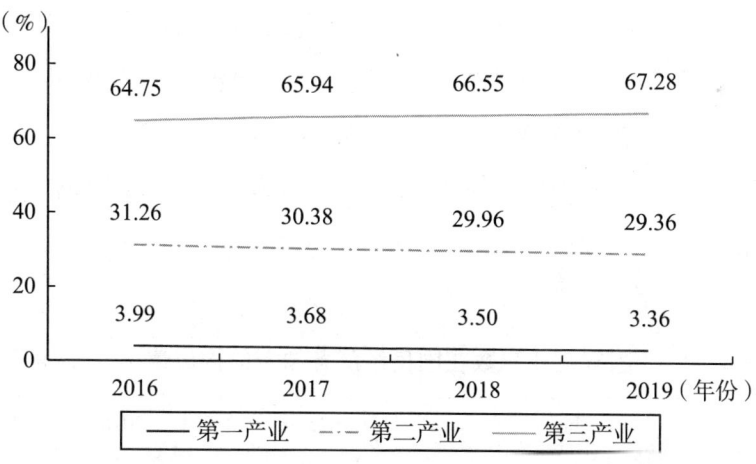

图4-4 按三次产业划分的国有企业户数比重及变化情况

从国民经济各领域看，截至2019年底，工业领域（21.90%）国有企业户数占全部国有企业户数比重超过了20%，社会服务业（17.57%），批发和零售、餐饮业

（12.51%），房地产业（11.42%）3 个领域国有企业户数占全部国有企业户数比重超过了 10%，这 4 个领域国有企业户数占全部国有企业户数比重达到了 63.40%；交通运输仓储业（8.24%），建筑业（7.46%），科学研究和技术服务业（5.55%）3 个领域国有企业户数占全部国有企业户数比重也超过了 5%，如上 7 个领域国有企业户数占全部国有企业户数比重接近 85%（达到 84.65%）；其余 7 个领域国有企业户数占全部国有企业户数比重约为 15%，其中邮电通信业（0.90%）的比重不足 1%，地质勘查及水利业（1.12%），信息技术服务业（1.70%），卫生体育福利业（1.93%）的比重不足 2%，机关社团及其他（2.30%），农林牧渔业（3.36%），教育文化广播业（4.04%）的比重也均未超过 5%。表 4-3 给出了国有企业户数在国民经济各领域的构成情况。

表 4-3　国有企业户数在国民经济各领域的构成情况　　单位：%

领域	2016 年	2017 年	2018 年	2019 年
农林牧渔业	3.99	3.68	3.50	3.36
工业	24.90	23.61	22.71	21.90
建筑业	6.36	6.78	7.25	7.46
地质勘查及水利业	1.03	1.09	1.09	1.12
交通运输仓储业	9.89	9.10	8.59	8.24

第四章 "十三五"时期中国国有经济的产业布局与结构演变

续表

领域	2016年	2017年	2018年	2019年
邮电通信业	0.87	0.90	0.92	0.90
批发和零售、餐饮业	14.76	14.22	13.07	12.51
房地产业	9.93	10.69	11.03	11.42
信息技术服务业	1.34	1.48	1.61	1.70
社会服务业	16.12	17.11	18.50	17.57
卫生体育福利业	0.51	0.51	0.49	1.93
教育文化广播业	3.76	3.65	3.78	4.04
科学研究和技术服务业	5.02	5.24	5.33	5.55
机关社团及其他	1.53	1.95	2.14	2.30
合计	100	100	100	100

从变化趋势上看,2016~2019年,工业领域国有企业户数占全部国有企业户数比重由24.90%逐年下降至21.90%,下降了3.00个百分点;批发和零售、餐饮业国有企业户数占全部国有企业户数比重由14.76%逐年下降至12.51%,下降了2.24个百分点;交通运输仓储业国有企业户数占全部国有企业户数比重由9.89%逐年下降至8.24%,下降了1.65个百分点;农林牧渔业国有企业户数占全部国有企业户数比重由3.99%逐年下降至3.36%,下降了0.63个百分点。其余领域国有企业户数占全部国有企业户数比重则总体上呈上升趋势,其中房地产业的上升幅度最大,由9.93%上升至

11.42%，升幅达 1.49 个百分点；社会服务业、卫生体育福利业、建筑业的上升幅度也超过了 1 个百分点，分别由 16.12%、0.51% 和 6.36% 上升至 17.57%、1.93% 和 7.46%，升幅分别为 1.45 个百分点、1.42 个百分点和 1.10 个百分点；邮电通信业、地质勘查及水利业国有企业户数占全部国有企业户数比重上升幅度不大（均未超过 0.1 个百分点），教育文化广播业、信息技术服务业的升幅未超过 0.5 个百分点，科学研究和技术服务业、机关社团及其他的升幅未超过 1 个百分点。

二、三次产业及国民经济各领域国有企业从业人数情况

图 4-5 给出了 2016~2019 年三次产业国有企业从业人员人数的变化情况。由图可知，第一产业和第二产业国有企业从业人员人数在 2016~2019 年呈逐年递减之势，而第三产业国有企业从业人员人数则呈逐年递增之势。从图中也不难发现，第一产业国有企业从业人员人数远远少于第二产业和第三产业，第三产业国有企业从业人员人数也始终少于第二产业，但随着第二产业国有企业职工人数的持续减少和第三产业国有企业职工人数的持续增加，二者的差距越来越小，截至 2019 年，

第四章 "十三五"时期中国国有经济的产业布局与结构演变

二者的差距为 242.2 万人,而这一数值在 2016 年则是 512.1 万人。

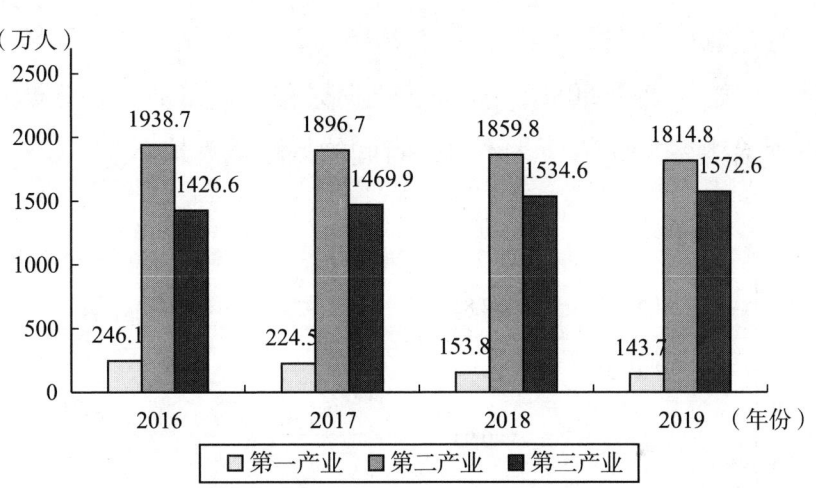

图 4-5 三次产业国有企业从业人员人数及变化情况

从三次产业国有企业从业人员人数的结构来看(见图 4-6),第一产业国有企业从业人员人数占全部国有企业从业人员人数比重较小,2016 年以来均不超过 10%,甚至自 2018 年以来不足 5%,而且从变化趋势上看是连年下降的,由 2016 年的 6.81% 下降至 2019 年的 4.07%,下降了 2.74 个百分点;第二产业国有企业从业人员人数占全部国有企业从业人员人数比重在 2016~2019 年也呈连年下降的发展态势,由 2016 年的 53.68% 连年下降至 2019 年的 51.39%,下降了 2.29 个百分点;第三产业国有企业从业人员人数占全部国有企业从业人员人数比重在 2016~2019 年则呈连年上升之势，由 2016 年的 39.50% 连年上升至 44.54%，上升了 5.03 个百分点。此外，从图中也可清晰看到，第二产业国有企业从业人员人数占全部国有企业从业人员人数比重在 2016~2019 年虽呈逐年下降之势但仍始终高于 50%，而第三产业国有企业从业人员人数比重则始终在 50% 以下，不过二者间的差距越来越小。

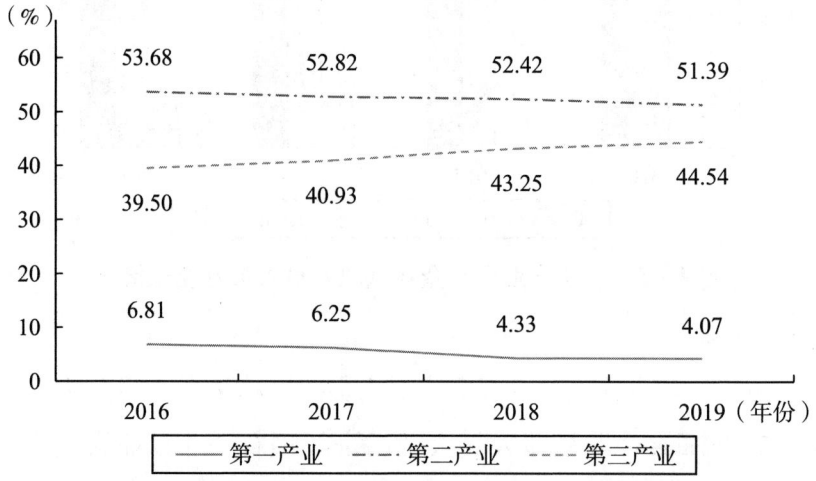

图 4-6　按三次产业划分的国有企业从业人员人数比重及变化情况

从国民经济各领域看，截至 2019 年底，工业领域（43.48%）国有企业从业人员人数占全部国有企业从业人员人数比重最高，超过了 40%，交通运输仓储业（14.47%）国有企业从业人员人数占全部国有企业从业人员人数比重也接近 15%，这 2 个领域国有企业从业人员人数占全部国有企业从业人员人数比重达到57.95%；建筑业（7.91%），社会服务业（7.79%），批发和零售、餐饮业（5.77%），邮电通信业（5.14%）4个领域国有企业从业人员人数占全部国有企业从业人员人数比重也超过了5%，如上6个领域国有企业从业人员人数占全部国有企业从业人员人数比重达到84.56%；其余8个领域国有企业从业人员人数占全部国有企业从业人员人数比重约为15%，其中地质勘查及水利业（0.49%），卫生体育福利业（0.82%），信息技术服务业（0.91%）的比重不足1%，教育文化广播业（1.60%），机关社团及其他（1.78%），科学研究和技术服务业（2.67%），房地产业（3.09%），农林牧渔业（4.07%）的比重不足5%。表4-4给出了国有企业从业人员人数在国民经济各领域的构成情况。

表4-4　　国有企业从业人员人数在国民经济各领域的构成情况

单位：%

领域	2016年	2017年	2018年	2019年
农林牧渔业	6.81	6.25	4.33	4.07
工业	46.19	45.25	44.70	43.48
建筑业	7.49	7.56	7.71	7.91
地质勘查及水利业	0.43	0.43	0.46	0.49
交通运输仓储业	13.70	13.91	14.34	14.47
邮电通信业	5.17	5.17	5.27	5.14

续表

领域	2016年	2017年	2018年	2019年
批发和零售、餐饮业	5.91	5.96	5.85	5.77
房地产业	2.36	2.67	2.93	3.09
信息技术服务业	0.71	0.77	0.82	0.91
社会服务业	6.19	6.63	7.91	7.79
卫生体育福利业	0.35	0.39	0.39	0.82
教育文化广播业	1.22	1.23	1.29	1.60
科学研究和技术服务业	2.16	2.36	2.46	2.67
机关社团及其他	1.30	1.41	1.52	1.78
合计	100	100	100	100

从变化趋势上看，2016～2019年，农林牧渔业国有企业从业人员人数占全部国有企业从业人员人数比重由6.81%逐年下降至4.07%，下降2.74个百分点；工业领域国有企业从业人员人数占全部国有企业从业人员人数比重由46.19%逐年下降至43.48%，下降2.71个百分点；批发和零售、餐饮业国有企业从业人员人数占全部国有企业从业人员人数比重总体上呈下降趋势，由5.91%下降至5.77%，下降0.14个百分点；邮电通信业国有企业从业人员人数占全部国有企业从业人员人数比重总体上看呈稳中有降之势，由5.17%下降至5.14%。其余领域国有企业从业人员人数占全部国有企业从业人员人数比重总体上呈上升趋势，其中社会服务业的上升幅度最大，由

6.19%逐年上升至7.79%,升幅为1.60个百分点;交通运输仓储业、房地产业、科学研究和技术服务业的上升幅度也超过了0.5个百分点,分别由13.70%、2.36%和2.16%逐年上升至14.47%、3.09%和2.67%,升幅分别为0.77个百分点、0.73个百分点和0.51个百分点;其他领域国有企业从业人员人数占全部国有企业从业人员人数比重上升幅度均未超过0.5个百分点,其中机关社团及其他由1.30%逐年上升至1.78%(上升0.48个百分点)、卫生体育福利业由0.35%上升至0.82%(上升0.47个百分点)、建筑业由7.49%逐年上升至7.91%(上升0.42个百分点)、教育文化广播业由1.22%逐年上升至1.60%(上升0.38个百分点)、信息技术服务业由0.71%逐年上升至0.91%(上升0.20个百分点)、地质勘查及水利业由0.43%上升至0.49%(上升0.06个百分点)。

三、三次产业及国民经济各领域国有企业资产总额情况

图4-7给出了2016~2019年三次产业国有企业资产总额的变化情况。由图可知,三次产业国有企业资产总额在2016~2019年均呈持续增长态势,分别从2016年的1.70万亿元、82.47万亿元和147.50万亿元逐年增长至2019年的

2.73万亿元、113.58万亿元和233.35万亿元,分别增长了1.03万亿元、31.11万亿元和85.85万亿元,年均分别增长17.58%、11.28%和16.54%。此外,从图中也可清晰看到,第一产业国有企业资产总额远远低于第二产业和第三产业,而且差距逐年拉大;第二产业国有企业资产总额始终小于第三产业,且由于第三产业国有企业资产总额的增速始终大于第二产业,二者之间的差距也不断增大,截至2019年,第三产业国有企业资产总额达到第二产业的2.05倍。

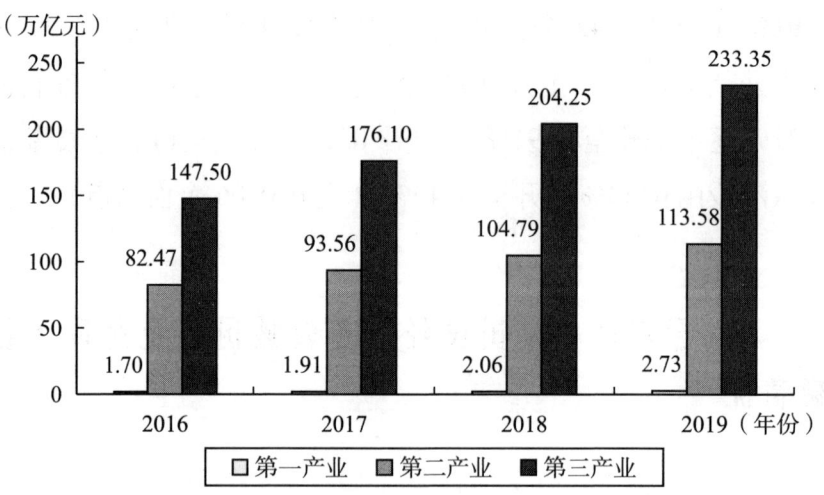

图4-7 三次产业国有企业资产总额及变化情况

从三次产业国有企业资产总额的配置结构来看(见图4-8),第一产业国有企业资产总额占全部国有企业资产总额比重非常小,不足1%,在2016~2018年呈逐年下降之势,但于2019

第四章 "十三五"时期中国国有经济的产业布局与结构演变

年出现反弹,甚至超过了2016年;第二产业国有企业资产总额占全部国有企业资产总额比重在2016~2019年呈逐年下降的发展趋势,由35.60%下降至32.48%,下降了3.12个百分点;第三产业国有企业资产总额占全部国有企业资产总额比重在2016~2019年则呈逐年上升的发展态势,由63.67%上升至66.74%,上升了3.07个百分点。从图中也可清晰看到,自2017年以来,第二产业国有企业资产总额占全部国有企业资产总额比重便开始低于35%,而第三产业国有企业资产总额占全部国有企业资产总额比重自2016年以来始终高于60%(2018年以来甚至高于65%),且二者之间的差距逐年拉大。

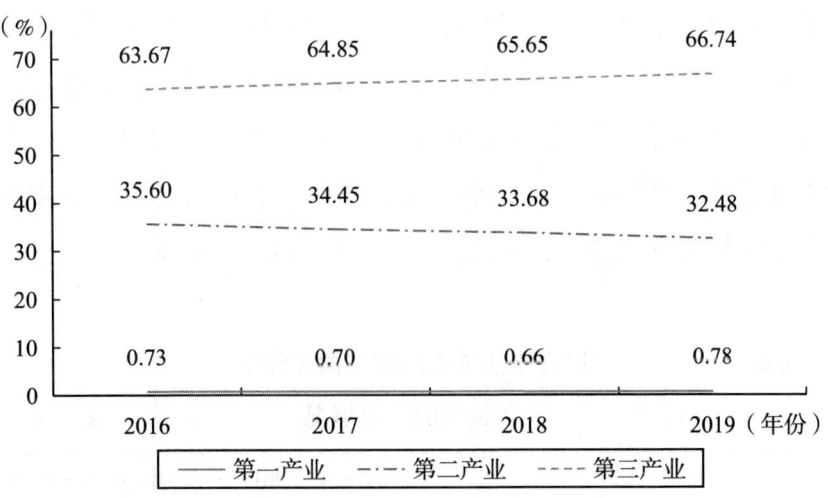

图4-8 按三次产业划分的国有企业资产总额比重及变化情况

从国民经济各领域看，截至 2019 年底，工业领域（22.99%）国有企业资产总额占全部国有企业资产总额比重最高，超过了 20%，社会服务业（19.67%）国有企业资产总额占全部国有企业资产总额比重接近 20%，交通运输仓储业（12.88%），房地产业（12.31%），机关社团及其他（11.32%）3 个领域国有企业资产总额占全部国有企业资产总额比重超过了 10%，建筑业（9.49%）国有企业资产总额占全部国有企业资产总额比重接近 10%，如上 6 个领域国有企业资产总额占全部国有企业资产总额比重达到 88.66%；其余 8 个领域国有企业资产总额占全部国有企业资产总额比重仅为 11.34%，其中卫生体育福利业（0.23%），信息技术服务业（0.28%），地质勘查及水利业（0.69%），农林牧渔业（0.78%），科学研究和技术服务业（0.85%）的比重不足 1%，教育文化广播业（1.80%），邮电通信业（2.17%），批发和零售、餐饮业（4.53%）的比重不足 5%。表 4-5 给出了国有企业资产总额在国民经济各领域的配置情况。

表 4-5　　国有企业资产总额在国民经济各领域的配置情况　　单位：%

领域	2016 年	2017 年	2018 年	2019 年
农林牧渔业	0.73	0.70	0.66	0.78
工业	28.27	26.27	24.46	22.99

第四章 "十三五"时期中国国有经济的产业布局与结构演变

续表

领域	2016年	2017年	2018年	2019年
建筑业	7.32	8.19	9.22	9.49
地质勘查及水利业	0.52	0.60	0.63	0.69
交通运输仓储业	14.30	13.62	13.25	12.88
邮电通信业	2.91	2.59	2.33	2.17
批发和零售、餐饮业	5.52	5.45	5.01	4.53
房地产业	9.78	10.60	11.43	12.31
信息技术服务业	0.25	0.26	0.26	0.28
社会服务业	17.26	18.45	19.92	19.67
卫生体育福利业	0.16	0.12	0.09	0.23
教育文化广播业	0.50	0.44	0.46	1.80
科学研究和技术服务业	0.86	0.88	0.88	0.85
机关社团及其他	11.60	11.83	11.39	11.32
合计	100	100	100	100

从变化趋势上看，2016～2019年，工业领域国有企业资产总额占全部国有企业资产总额比重下降幅度最大，由28.27%逐年下降至22.99%，降幅达5.28个百分点；交通运输仓储业国有企业资产总额占全部国有企业资产总额比重由14.30%逐年下降至12.88%，下降1.42个百分点；批发和零

售、餐饮业国有企业资产总额占全部国有企业资产总额比重由5.52%逐年下降至4.53%,下降0.99个百分点;邮电通信业国有企业资产总额占全部国有企业资产总额比重由2.91%逐年下降至2.17%,下降0.74个百分点;机关社团及其他、科学研究和技术服务业2个领域国有企业资产总额占全部国有企业资产总额比重总体上也呈下降趋势,分别由11.60%和0.86%下降至11.32%和0.85%,分别下降了0.28个百分点和0.01个百分点。其余领域国有企业资产总额占全部国有企业资产总额比重总体上呈上升趋势,其中房地产业的上升幅度最大,由9.78%逐年上升至12.31%,上升幅度达2.53个百分点;社会服务业、建筑业2个领域的升幅也超过了2个百分点,分别由17.26%和7.32%逐年上升至19.67%和9.49%;教育文化广播业国有企业资产总额占全部国有企业资产总额比重由0.50%上升至1.80%,上升1.30个百分点;地质勘查及水利业国有企业资产总额占全部国有企业资产总额比重由0.52%逐年上升至0.69%,上升0.17个百分点;卫生体育福利业、农林牧渔业、信息技术服务业3个领域国有企业资产总额占全部国有企业资产总额比重上升幅度均未超过0.1个百分点,分别由0.16%、0.73%和0.25%上升至0.23%、0.78%和0.28%。

第四章 "十三五"时期中国国有经济的产业布局与结构演变

四、三次产业及国民经济各领域国有企业营业收入情况

图4-9给出了2016~2019年三次产业国有企业营业收入的变化情况。由图可知,三次产业国有企业营业收入在2016~2019年均呈持续增长态势,分别从2016年的0.37万亿元、30.66万亿元和31.96万亿元逐年增长至2019年的0.51万亿元、41.93万亿元和45.11万亿元,分别增长了0.14万亿元、11.27万亿元和13.15万亿元,年均分别增长10.80%、11.04%和12.23%。从图中也不难看到,第一产业

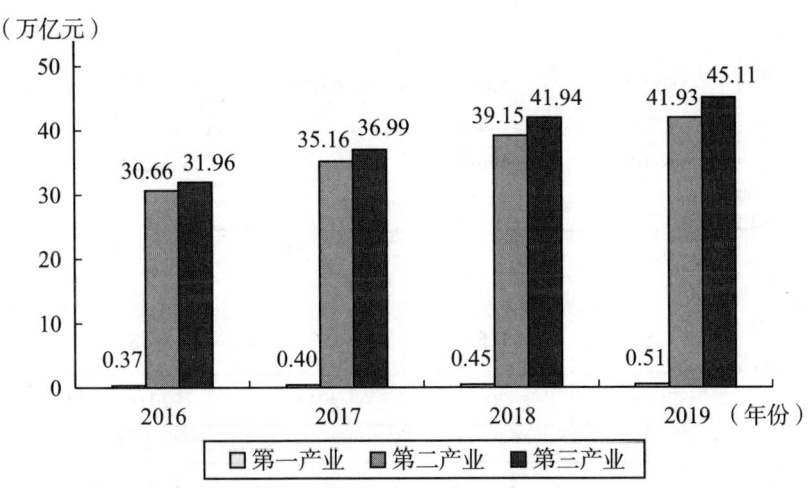

图4-9 三次产业国有企业营业收入及变化情况

国有企业营业收入远远低于第二产业和第三产业,而且差距呈逐年增大之势;自2016年开始,第三产业国有企业营业收入便超过了第二产业,且由于第三产业国有企业营业收入增速始终大于第二产业,二者之间的差距也不断增大。

从三次产业国有企业营业收入的结构来看(见图4-10),第一产业国有企业营业收入占全部国有企业营业收入比重非常小,2016年以来均不足1%,在2016~2018年呈逐年下降之势,但于2019年有所反弹;第二产业国有企业营业收入占全部国有企业营业收入比重在2016~2019年呈逐年下降之势,由48.68%逐年下降至47.90%,下降了0.78个百分点;第三产业国有企业营业收入占全部国有企业营业收入比重在2016~2019年则呈逐年上升之势,由50.73%逐年上升至51.53%,

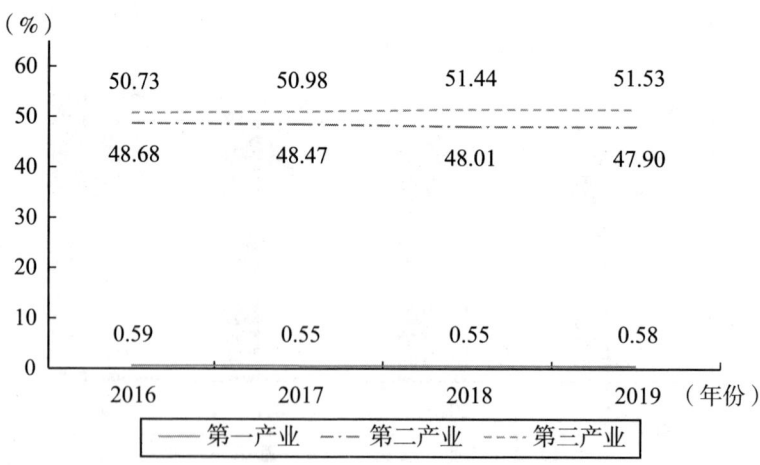

图4-10 按三次产业划分的国有企业营业收入比重及变化情况

第四章 "十三五"时期中国国有经济的产业布局与结构演变

上升了0.80个百分点。此外，从图中也可清晰看到，自2016年以来，第三产业国有企业营业收入占全部国有企业营业收入比重便开始超越第二产业且达到50%以上，虽然二者差距不大，但却呈逐渐拉大之势。

从国民经济各领域看，2019年，工业领域（37.01%）、批发和零售、餐饮业（31.62%）国有企业营业收入占全部国有企业营业收入比重均超过了30%，建筑业（10.89%）国有企业营业收入占全部国有企业营业收入比重超过了10%，交通运输仓储业（6.01%）国有企业营业收入占全部国有企业营业收入比重也超过了5%，这4个领域国有企业营业收入占全部国有企业营业收入比重达到85.53%；其余10个领域国有企业营业收入占全部国有企业营业收入比重约为15%，其中卫生体育福利业（0.14%）、地质勘查及水利业（0.15%）、信息技术服务业（0.44%）、教育文化广播业（0.57%）、农林牧渔业（0.58%）的比重不足1%，科学研究和技术服务业（1.36%）、机关社团及其他（2.15%）、邮电通信业（2.41%）、社会服务业（3.16%）、房地产业（3.49%）的比重不足5%。表4-6给出了国有企业营业收入在国民经济各领域的构成情况。

表4-6 国有企业营业收入在国民经济各领域的构成情况

单位：%

领域	2016年	2017年	2018年	2019年
农林牧渔业	0.59	0.55	0.55	0.58
工业	37.98	38.30	37.93	37.01
建筑业	10.69	10.17	10.09	10.89
地质勘查及水利业	0.14	0.12	0.13	0.15
交通运输仓储业	6.11	6.05	6.13	6.01
邮电通信业	3.04	2.59	2.53	2.41
批发和零售、餐饮业	31.58	32.40	32.50	31.62
房地产业	3.32	3.26	3.28	3.49
信息技术服务业	0.34	0.35	0.37	0.44
社会服务业	2.61	2.65	2.83	3.16
卫生体育福利业	0.12	0.10	0.09	0.14
教育文化广播业	0.43	0.39	0.39	0.57
科学研究和技术服务业	1.22	1.21	1.24	1.36
机关社团及其他	1.81	1.87	1.95	2.15
合计	100	100	100	100

从变化趋势上看，2016~2019年，工业领域国有企业营业收入占全部国有企业营业收入比重下降幅度最大，在经历2017年的反弹后，于2018年和2019年呈逐年下降趋势，2019年相较于2016年的下降幅度达0.97个百分点，相较于2017

年则下降了 1.29 个百分点；邮电通信业国有企业营业收入占全部国有企业营业收入比重由 3.04% 逐年下降至 2.41%，下降 0.63 个百分点；交通运输仓储业、农林牧渔业 2 个领域国有企业营业收入占全部国有企业营业收入比重也呈下降趋势，分别由 6.11% 和 0.59% 下降至 6.01% 和 0.58%，分别下降 0.10 个百分点和 0.01 个百分点。其余领域国有企业营业收入占全部国有企业营业收入比重总体上呈上升趋势，其中社会服务业的上升幅度最大，由 2.61% 逐年上升至 3.16%，上升幅度达 0.55 个百分点；机关社团及其他、建筑业 2 个领域的上升幅度也超过 0.20 个百分点，分别由 1.81% 和 10.69% 上升至 2.15% 和 10.89%；房地产业、科学研究和技术服务业、教育文化广播业、信息技术服务业 4 个领域的上升幅度未超过 0.2 个百分点，分别由 3.32%、1.22%、0.43% 和 0.34% 上升至 3.49%、1.36%、0.57% 和 0.44%；批发和零售、餐饮业，卫生体育福利业，地质勘查及水利业 3 个领域的比重相对平稳，上升幅度未超过 0.1 个百分点，分别由 31.58%、0.12% 和 0.14% 上升至 31.62%、0.14% 和 0.15%。

五、三次产业及国民经济各领域国有企业利润总额情况

图 4-11 给出了 2016~2019 年三次产业国有企业利润总

额的变化情况。由图可知,第一产业国有企业利润总额在经历 2017 年的一个大幅回落(较 2016 年下降 72.23%)之后,于 2018 年和 2019 年实现了持续增长,由 2017 年的 33.6 亿元增长至 2019 年的 129.4 亿元,增长 285.12%;第二产业国有企业利润总额在 2016~2018 年实现连续增长(由 1.80 万亿元逐年增长至 2.70 万亿元,增长 50.48%)后于 2019 年有所回落,较 2018 年减少了 0.05 万亿元,下降 1.85%;第三产业国有企业利润总额在 2016~2019 年呈持续增长之势,由 2016 年的 2.84 万亿元逐年增长至 2019 年的 3.94 万亿元,增长了 1.10 万亿元,年均增长 11.61%。由图中也可看到,第一产业国有

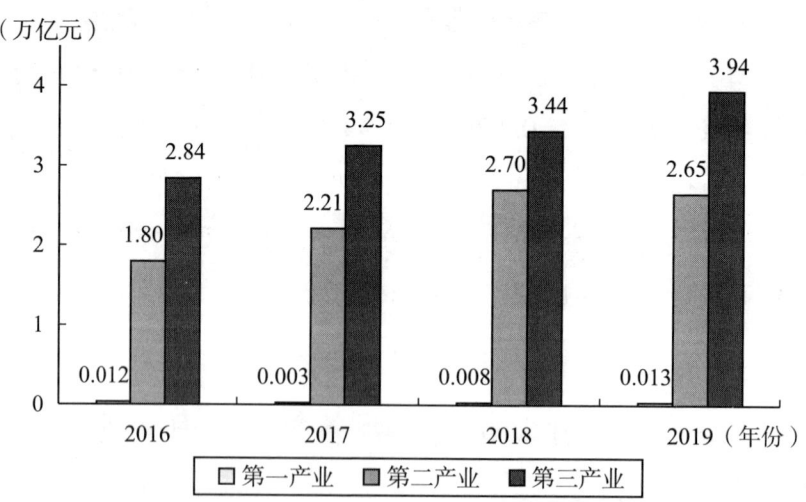

图 4-11 三次产业国有企业利润总额及变化情况

第四章 "十三五"时期中国国有经济的产业布局与结构演变

企业利润总额远远低于第二产业和第三产业,第二产业利润总额始终低于第三产业,二者间的差距在经历了2018年的一个收窄后于2019年再次拉大。

从三次产业国有企业利润总额的结构来看(见图4-12),第一产业国有企业利润总额占全部国有企业利润总额比重非常小,2016年以来均不足0.3%,甚至在2017年不足0.1%,从变化趋势上看,在经历2017年的大幅回落之后,于2018年和2019年有所回升;第二产业国有企业利润总额占全部国有企业利润总额比重在2016~2018年呈持续上升之势,由38.65%逐年上升至43.97%,但在2019年却出现了一个大幅回落,相

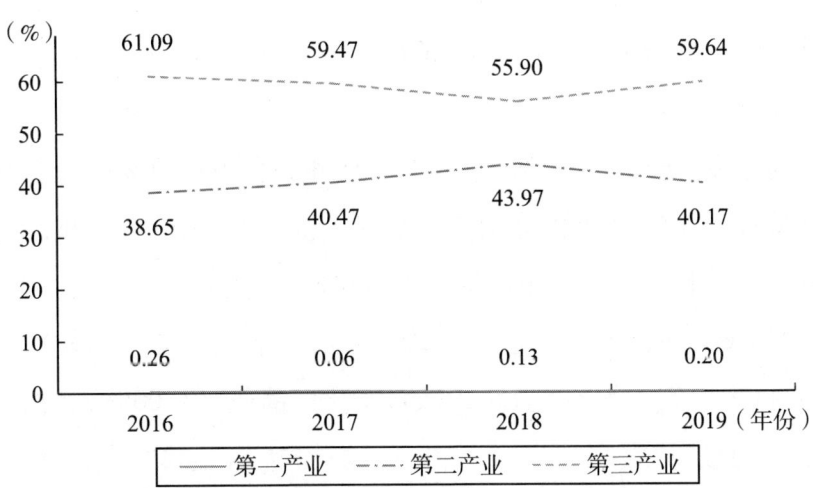

图4-12 按三次产业划分的国有企业利润总额比重及变化情况

较于 2018 年下降了 3.80 个百分点；第三产业国有企业利润总额占全部国有企业利润总额比重在 2016～2018 年呈持续下降的发展态势，由 61.09% 逐年下降至 55.90%，下降了 5.19 个百分点，但在 2019 年却出现了强势反弹，较 2018 年上升了 3.74 个百分点。从图中也可清晰看到，2016～2019 年，第三产业国有企业利润总额占全部国有企业利润总额比重始终高于第二产业，但在 2016～2018 年，二者间的差距有不断缩小之势，不过在 2019 年，二者间的差距再次增大。

从国民经济各领域看，2019 年，工业领域（34.67%）国有企业利润总额占全部国有企业利润总额比重最高，超过了 30%，批发和零售、餐饮业（13.39%），社会服务业（10.97%），房地产业（10.26%）国有企业利润总额占全部国有企业利润总额比重也超过了 10%，这 4 个领域国有企业利润总额占全部国有企业利润总额比重达到 69.29%；其余 10 个领域国有企业利润总额占全部国有企业利润总额比重约为 30%，其中卫生体育福利业（0.06%），地质勘查及水利业（0.14%），农林牧渔业（0.20%），信息技术服务业（0.44%）的比重不足 1%，教育文化广播业（1.00%），科学研究和技术服务业（1.55%）的比重不足 2%，建筑业（5.50%），交通运输仓储业（6.34%），邮电通信业（6.98%），机关社团及其他（8.52%）的比重虽超过 5% 但也不足 10%。表 4-7 给出了国有企业利润总额在国民经济各领域的构成情况。

表 4-7 国有企业利润总额在国民经济各领域的构成情况 单位：%

领域	2016 年	2017 年	2018 年	2019 年
农林牧渔业	0.26	0.06	0.13	0.20
工业	32.84	34.71	39.16	34.67
建筑业	5.81	5.76	4.81	5.50
地质勘查及水利业	0.11	0.05	0.14	0.14
交通运输仓储业	6.35	5.60	5.88	6.34
邮电通信业	8.72	12.05	8.96	6.98
批发和零售、餐饮业	14.84	12.37	12.19	13.39
房地产业	9.92	9.20	9.82	10.26
信息技术服务业	0.43	0.42	0.51	0.44
社会服务业	10.24	9.29	8.88	10.97
卫生体育福利业	0.02	0.13	0.04	0.06
教育文化广播业	0.87	0.65	0.64	1.00
科学研究和技术服务业	1.65	1.57	1.44	1.55
机关社团及其他	7.95	8.14	7.41	8.52
合计	100	100	100	100

从变化趋势上看，2016~2019 年，邮电通信业国有企业利润总额占全部国有企业利润总额比重下降幅度最大，由

8.72%下降至6.98%，降幅达1.74个百分点，而且如果考虑2017年大幅反弹的情况，2019年的这一比重相较于2017年则是下降了5.07个百分点；批发和零售、餐饮业国有企业利润总额占全部国有企业利润总额比重由14.84%下降至13.39%，下降1.45个百分点，其中在2016~2018年表现为持续下降，2019年则呈现出反弹；建筑业、科学研究和技术服务业国有企业利润总额占全部国有企业利润总额比重在2016~2019年的变化趋势与批发和零售、餐饮业相似，从总体上看，分别由5.81%和1.65%下降至5.50%和1.55%，且在2016~2018年表现为持续下降，而2019年则有所反弹；农林牧渔业、交通运输仓储业国有企业利润总额占全部国有企业利润总额比重在2016~2019年总体上也呈下降趋势，分别由0.26%和6.35%下降至0.20%和6.34%，但这2个领域均表现为在2017年经历一个大幅回落后于2018年和2019年实现连续回升。其余领域国有企业利润总额占全部国有企业利润总额比重总体上呈上升趋势，其中工业领域的上升幅度最大，由2016年的32.84%上升至2019年的34.67%，上升了1.83个百分点，而且对于工业领域来讲，这一上升幅度还是在2019年出现一个大幅回落后的结果（2019年相较于2018年下降了4.49个百分点）；社会服务业、机关社团及其他2个领域的上升幅度超过了0.5个百分点，分别由10.24%和7.95%上升至10.97%和8.52%；房地产业、教育文化广播业2个领域的上升幅度超过了 0.1 个百分点，分别由 9.92% 和 0.87% 上升至 10.26% 和 1.00%；信息技术服务业、地质勘查及水利业、卫生体育福利业的上升幅度未超过 0.1 个百分点，分别由 0.43%、0.11% 和 0.02% 上升至 0.44%、0.14% 和 0.06%。

六、三次产业及国民经济各领域国有企业上缴税金总额情况

图 4-13 给出了 2016~2019 年三次产业国有企业上缴税金总额的变化情况。由图可知，第一产业国有企业上缴税金总额在 2016~2018 年呈持续下降之势，由 2016 年的 120 亿元逐年下降至 2018 年的 108 亿元，2019 年有所回升，达到 109.9 亿元，但仍较 2016 年少 10.1 亿元；第二产业和第三产业国有企业上缴税金总额在 2016~2019 年呈持续增长态势，分别由 2.64 万亿元和 1.41 万亿元逐年增加至 3.05 万亿元和 1.81 万亿元，分别增长了 0.41 万亿元和 0.40 万亿元，年均分别增长 4.98% 和 8.72%。此外，从图中也可清晰看到，第一产业国有企业上缴税金总额远远低于第二产业和第三产业，且差距有不断拉大之势；第二产业国有企业上缴税金总额始终高于第三产业，且二者的差距在 2016~2018 年呈不断增大之势，但在 2019 年二者间的差距有所收窄。

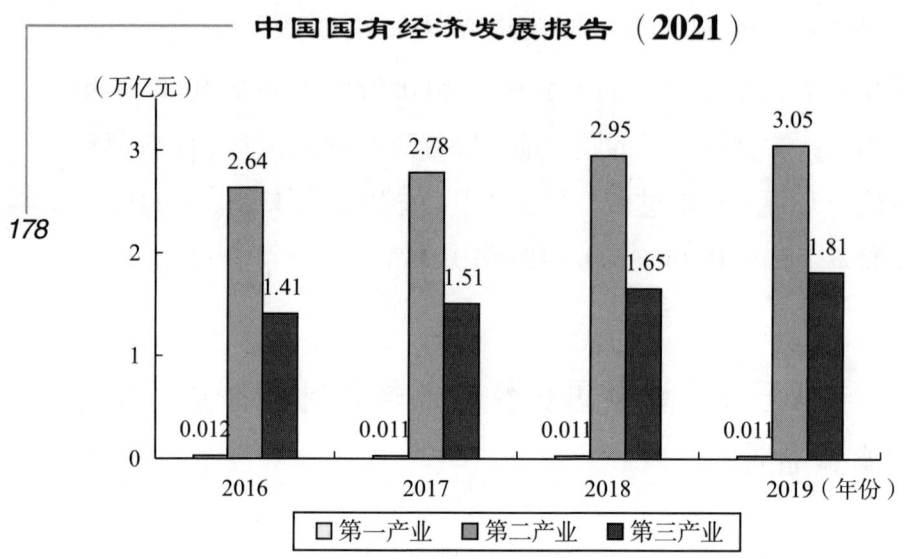

图 4-13 三次产业国有企业上缴税金总额及变化情况

从三次产业国有企业上缴税金总额的结构来看（见图 4-14），第一产业国有企业上缴税金总额占全部国有企业上缴税金总额比重非常小，2016 年仅为 0.30%，而 2017 年以来甚至不足 0.30%，且呈持续下降的发展态势；第二产业国有企业上缴税金总额占全部国有企业上缴税金总额比重始终保持在 60% 以上，但呈逐年下降之势，由 2016 年的 64.93% 逐年下降至 2019 年的 62.57%，下降 2.36 个百分点；第三产业国有企业上缴税金总额占全部国有企业上缴税金总额比重则呈逐年上升的发展态势，由 2016 年的 34.77% 逐年上升至 2019 年的 37.21%，上升 2.44 个百分点，且自 2017 年以来始终位于 35% 以上。从图中也可清晰地看到，2016~2019 年，第二产业国有企业上缴税金总额占全部国有企业上缴税金总额比重

第四章 "十三五"时期中国国有经济的产业布局与结构演变

始终高于第三产业,但二者间的差距呈不断递减之势。

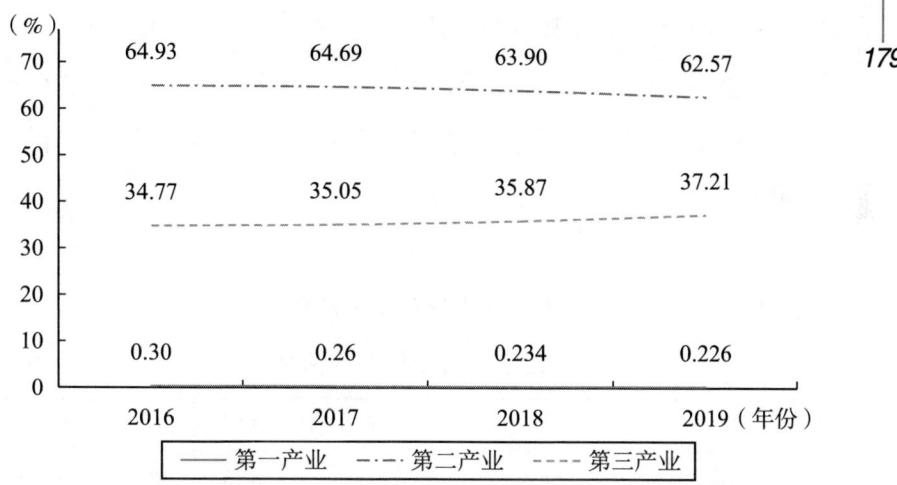

图4-14 按三次产业划分的国有企业上缴税金总额比重及变化情况

从国民经济各领域看,2019年,工业领域(57.74%)国有企业上缴税金总额占全部国有企业上缴税金总额比重最高,接近60%,批发和零售、餐饮业(12.11%),房地产业(9.86%)2个领域国有企业上缴税金总额占全部国有企业上缴税金总额比重在10%左右,如上3个领域国有企业上缴税金总额占全部国有企业上缴税金总额比重接近80%,达79.71%;其余11个领域国有企业上缴税金总额占全部国有企业上缴税金总额比重约为20%,且均未超过5%,其中卫生体育福利业(0.09%),地质勘查及水利业(0.14%),农林牧渔业(0.23%),信息技术服务业(0.42%),教育文化广播业（0.48%）的比重不足1%（甚至不足0.5%），科学研究和技术服务业（1.00%），邮电通信业（1.40%）的比重不足2%，社会服务业（3.18%），交通运输仓储业（3.93%），机关社团及其他（4.59%），建筑业（4.83%）的比重不足5%。表4-8给出了国有企业上缴税金总额在国民经济各行业的构成情况。

表4-8　　国有企业上缴税金总额在国民经济各行业的构成情况　　单位：%

行业	2016年	2017年	2018年	2019年
农林牧渔业	0.30	0.26	0.23	0.23
工业	59.13	59.86	58.88	57.74
建筑业	5.80	4.83	5.01	4.83
地质勘查及水利业	0.10	0.12	0.12	0.14
交通运输仓储业	3.70	3.87	3.91	3.93
邮电通信业	2.47	1.90	1.58	1.40
批发和零售、餐饮业	12.84	12.92	12.36	12.11
房地产业	7.31	7.84	8.84	9.86
信息技术服务业	0.34	0.35	0.36	0.42
社会服务业	3.00	3.08	3.28	3.18
卫生体育福利业	0.04	0.04	0.03	0.09
教育文化广播业	0.39	0.32	0.32	0.48

第四章 "十三五"时期中国国有经济的产业布局与结构演变

续表

行业	2016年	2017年	2018年	2019年
科学研究和技术服务业	0.96	0.99	1.00	1.00
机关社团及其他	3.62	3.62	4.06	4.59
合计	100	100	100	100

从变化趋势上看，2016～2019年，工业领域国有企业上缴税金总额占全部国有企业上缴税金总额比重下降幅度最大，由2016年的59.13%经过2017年的一个回升后持续下降至2019年的57.74%，下降了1.39个百分点；邮电通信业、建筑业国有企业上缴税金总额占全部国有企业上缴税金总额比重的下降幅度在1%左右，分别由2016年的2.47%和5.80%下降至2019年的1.40%和4.83%；批发和零售、餐饮业国有企业上缴税金总额占全部国有企业上缴税金总额比重由2016年的12.84%下降至2019年的12.11%，下降0.73个百分点；农林牧渔业国有企业上缴税金总额占全部国有企业上缴税金总额比重由2016年的0.30%逐年下降至2019年的0.23%，下降0.07个百分点。其余领域国有企业上缴税金总额占全部国有企业上缴税金总额比重总体上呈上升趋势，其中房地产业的上升幅度最大，由2016年的7.31%逐年上升至2019年的9.86%，上升了2.55个百分点；机关社团及其他、交通运输仓储业、社会服务业3个领域的比重分别由2016年的3.62%、

3.70%和3.00%上升至2019年的4.59%、3.93%和3.18%,分别上升0.97个百分点、0.23个百分点和0.18个百分点;教育文化广播业、信息技术服务业、卫生体育福利业、科学研究和技术服务业、地质勘查及水利业5个领域的上升幅度均未超过0.1个百分点,分别由2016年的0.39%、0.34%、0.04%、0.96%和0.10%上升至2019年的0.48%、0.42%、0.09%、1.00%和0.14%。

第三节 "十三五"时期国有经济在工业领域的布局及结构演变

本章第二节从企业户数、从业人员人数、资产总额、营业收入、利润总额、上缴税金总额6个方面详细分析了国有经济在三次产业及各细分领域中的增长变化与结构演变情况,本部分将利用规模以上国有控股工业企业、私营工业企业、外商投资和港澳台商投资工业企业的相关数据进一步分析国有经济在工业各行业中的布局与结构演变情况。

第四章 "十三五"时期中国国有经济的产业布局与结构演变

一、国有经济在工业领域中的总体布局情况

(一) 企业户数

截至2019年底,规模以上国有控股工业企业共有2.07万户,较"十三五"初期的2016年增加0.17万户,布局于除"其他采矿业"外其他全部40个工业大类行业之中。从比重上看,2019年,规模以上国有控股工业企业户数占规模以上全部工业企业户数的比重为5.47%(较2016年提高0.45个百分点),远低于私营工业企业的64.49%,也低于外商投资和港澳台商投资工业企业的11.54%。

表4-9给出了2016年和2019年工业各行业规模以上国有控股、私营、外商投资和港澳台商投资三种不同经济类型工业企业户数占该行业规模以上全部工业企业户数的比重情况。

表4-9 工业各行业不同经济类型企业户数比重   单位：%

行业	2016年			2019年		
	国有控股	私营	外商和港澳台	国有控股	私营	外商和港澳台
煤炭开采和洗选业	17.27	51.91	0.79	22.43	51.54	0.73
石油和天然气开采业	61.03	5.88	8.82	64.71	8.40	11.76
黑色金属矿采选业	6.87	64.16	1.44	9.80	67.15	1.03
有色金属矿采选业	15.17	46.10	2.36	20.65	46.18	3.33
非金属矿采选业	5.42	63.59	1.65	7.06	70.38	1.42
开采专业及辅助性活动	23.21	25.60	5.36	14.90	47.84	2.75
其他采矿业		61.54			60.00	
农副食品加工业	2.62	62.15	6.56	3.14	67.25	6.18
食品制造业	3.45	53.74	12.74	3.98	60.29	13.29
酒、饮料和精制茶制造业	4.15	54.28	10.96	4.88	60.65	10.73
烟草制品业	78.91	3.91	2.34	82.24	6.54	
纺织业	0.94	68.92	11.95	0.83	77.59	9.87
纺织服装、服饰业	1.06	57.77	21.00	1.51	68.22	16.90
皮革、毛皮、羽毛及其制品和制鞋业	0.34	59.67	19.71	0.35	73.90	14.52
木材加工和木、竹、藤、棕、草制品业	1.04	73.32	4.33	0.79	84.03	2.92
家具制造业	0.26	63.44	13.71	0.34	76.10	9.98
造纸和纸制品业	1.46	59.81	13.03	1.54	69.59	11.63
印刷和记录媒介复制业	5.09	58.07	10.99	4.90	67.51	9.36

第四章 "十三五"时期中国国有经济的产业布局与结构演变

续表

行业	2016年			2019年		
	国有控股	私营	外商和港澳台	国有控股	私营	外商和港澳台
文教、工美、体育和娱乐用品制造业	0.94	56.29	22.31	0.76	67.16	18.05
石油、煤炭及其他燃料加工业	11.78	49.73	8.53	11.81	56.43	6.80
化学原料和化学制品制造业	4.77	54.42	13.12	5.35	59.74	12.77
医药制造业	5.72	43.87	10.99	6.30	49.65	9.83
化学纤维制造业	2.36	69.23	14.01	2.55	76.09	10.36
橡胶和塑料制品业	1.42	58.10	16.25	1.27	68.50	14.69
非金属矿物制品业	4.43	59.62	5.68	4.87	69.87	4.31
黑色金属冶炼和压延加工业	4.46	64.76	6.83	5.24	70.17	6.69
有色金属冶炼和压延加工业	7.09	57.24	8.73	7.38	65.58	6.94
金属制品业	2.26	61.62	12.66	2.25	71.91	10.13
通用设备制造业	3.05	59.57	14.29	3.09	67.25	13.57
专用设备制造业	4.02	56.56	13.66	3.90	63.87	12.98
汽车制造业	5.26	50.56	20.55	5.08	57.08	20.10
铁路、船舶、航空航天和其他运输设备制造业	10.55	53.14	12.33	11.82	59.71	11.39
电气机械和器材制造业	2.56	55.44	15.57	2.40	65.94	12.83
计算机、通信和其他电子设备制造业	4.07	42.66	31.57	3.85	53.04	23.48

续表

行业	2016年			2019年		
	国有控股	私营	外商和港澳台	国有控股	私营	外商和港澳台
仪器仪表制造业	5.44	47.48	20.98	4.82	57.34	16.46
其他制造业	3.55	55.90	19.48	3.21	63.75	18.27
废弃资源综合利用业	3.60	54.68	7.46	5.09	65.97	5.19
金属制品、机械和设备修理业	22.91	35.58	17.79	26.72	39.87	15.95
电力、热力生产和供应业	58.45	15.40	7.77	52.00	21.10	7.80
燃气生产和供应业	27.78	21.72	24.45	27.89	25.47	21.03
水的生产和供应业	59.12	11.29	10.72	60.16	13.75	9.70

2019年，规模以上国有控股工业企业户数占该行业规模以上全部工业企业户数比重在50%以上的仅有烟草制品业（82.24%），石油和天然气开采业（64.71%），水的生产和供应业（60.16%），电力、热力生产和供应业（52.00%）4个行业；尽管燃气生产和供应业（27.89%）规模以上国有控股工业企业户数占该行业规模以上全部工业企业户数的比重低于50%，但国有控股工业企业仍居三种经济类型企业之首。从变化趋势上看，烟草制品业，石油和天然气开采业，水的生产和供应业3个行业国有控股工业企业户数的比重相较于2016年呈上升趋势，分别上升了3.33个百分点、3.68个百分点和

1.04个百分点，电力、热力生产和供应业国有控股工业企业户数的比重相较于2016年则呈下降趋势，下降了6.45个百分点；燃气生产和供应业国有控股工业企业户数比重相较于2016年有所上升，上升了0.11个百分点。

2019年，国有控股工业企业户数比重在三种经济类型企业中占据次要优势地位的行业有金属制品、机械和设备修理业（26.72%），煤炭开采和洗选业（22.43%），有色金属矿采选业（20.65%），开采专业及辅助性活动（14.90%），铁路、船舶、航空航天和其他运输设备制造业（11.82%），石油加工、炼焦和核燃料加工业（11.81%），黑色金属矿采选业（9.80%），有色金属冶炼和压延加工业（7.38%），非金属矿采选业（7.06%），非金属矿物制品业（4.87%）10个行业。从变化趋势上看，除开采专业及辅助性活动的国有控股工业企业户数比重较2016年下降8.31个百分点外，其余9个行业均呈上升趋势，其中有色金属矿采选业、煤炭开采和洗选业这2个行业的上升幅度超过了5个百分点，分别达到5.48个百分点和5.16个百分点。

其余26个行业国有控股工业企业户数比重在2019年均为三种经济类型企业中最小的，其中家具制造业（0.34%），皮革、毛皮、羽毛及其制品和制鞋业（0.35%），文教、工美、体育和娱乐用品制造业（0.76%），木材加工和木、竹、藤、棕、草制品业（0.79%），纺织业（0.83%）5个行业国有控股工业企业户数比重不足1%，橡胶和塑料制品业（1.27%），纺织服装、服饰业（1.51%），造纸和纸制品业（1.54%）3个行业国有控股工业企业户数的比重不足2%，金属制品业（2.25%）等12个行业国有控股工业企业户数比重不足5%，汽车制造业（5.08%），废弃资源综合利用业（5.09%），黑色金属冶炼和压延加工业（5.24%），化学原料和化学制品制造业（5.35%），医药制造业（6.3%）5个行业国有控股工业企业户数的比重不足10%。从变化趋势上看，废弃资源综合利用业等13个行业国有控股工业企业户数比重相较于2016年呈上升态势，其中上升幅度最大的废弃资源综合利用业的升幅达1.49个百分点；仪器仪表制造业等12个行业国有控股工业企业户数比重相较于2016年呈下降趋势，其中下降幅度最大的仪器仪表制造业的降幅为0.62个百分点。

表4-10给出了2019年不同经济类型企业户数比重占据优势地位的行业情况。由表可知，2019年，国有控股工业企业户数比重占据优势地位行业有5个，私营工业企业户数比重占据优势地位行业有36个，外商投资和港澳台商投资工业企业户数比重在工业各个行业都不占优势地位。

第四章 "十三五"时期中国国有经济的产业布局与结构演变

表4-10 2019年不同经济类型企业户数比重占据优势地位的行业

类型	优势地位	行业
国有控股	绝对优势（4）	烟草制品业，石油和天然气开采业，水的生产和供应业，电力、热力生产和供应业
	相对优势（1）	燃气生产和供应业
私营	绝对优势（32）	木材加工和木、竹、藤、棕、草制品业，纺织业，家具制造业，化学纤维制造业，皮革、毛皮、羽毛及其制品和制鞋业，金属制品业，非金属矿采选业，黑色金属冶炼和压延加工业，非金属矿物制品业，造纸和纸制品业，橡胶和塑料制品业，纺织服装、服饰业，印刷和记录媒介复制业，农副食品加工业，通用设备制造业，文教、工美、体育和娱乐用品制造业，黑色金属矿采选业，废弃资源综合利用业，电气机械和器材制造业，有色金属冶炼和压延加工业，专用设备制造业，其他制造业，酒、饮料和精制茶制造业，食品制造业，其他采矿业，化学原料和化学制品制造业，铁路、船舶、航空航天和其他运输设备制造业，仪器仪表制造业，汽车制造业，石油、煤炭及其他燃料加工业，计算机、通信和其他电子设备制造业，煤炭开采和洗选业
	相对优势（4）	医药制造业，开采专业及辅助性活动，有色金属矿采选业，金属制品、机械和设备修理业
外商和港澳台	绝对优势（0）	无
	相对优势（0）	无

从规模以上国有控股工业企业户数在工业各行业内部构成上看，截至2019年底，电力、热力生产和供应业（22.64%），非金属矿物制品业（8.50%），水的生产和供应业（7.04%），

化学原料和化学制品制造业（5.59%），煤炭开采和洗选业（4.61%），汽车制造业（3.80%），通用设备制造业（3.70%），专用设备制造业（3.60%），计算机、通信和其他电子设备制造业（3.49%），农副食品加工业（3.24%）10个行业国有控股工业企业户数占全部国有控股工业企业户数的合计比重达到66.22%，其余30个行业的合计比重为33.78%，其中家具制造业（0.11%），皮革、毛皮、羽毛及其制品和制鞋业（0.14%），开采专业及辅助性活动（0.18%），化学纤维制造业（0.23%），其他制造业（0.26%）等15个行业国有控股工业企业户数占全部国有控股工业企业户数的比重未超过1%。图4-15给出了2019年国有控股工业企业户数在工业各行业的构成情况。

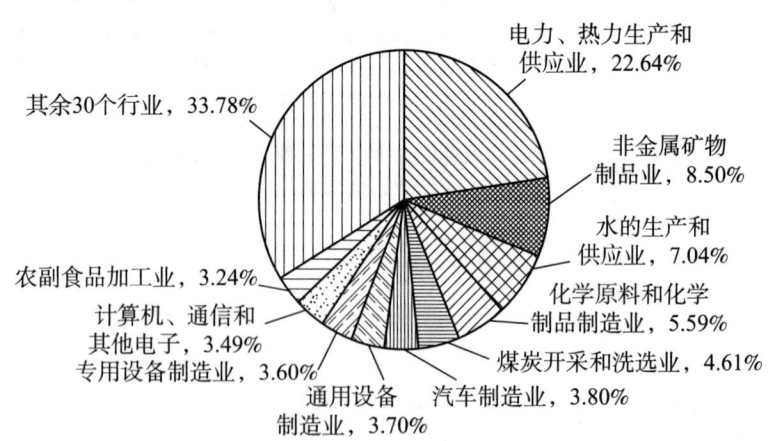

图4-15 2019年国有控股工业企业户数在工业各行业的构成情况

（二）从业人员人数

截至 2019 年底，规模以上国有控股工业企业共有从业人员 1418.44 万人，较"十三五"初期的 2016 年减少 277.49 万人。从比重上看，2019 年，规模以上国有控股工业企业从业人员人数占规模以上全部工业企业从业人员人数的比重为 17.89%（较 2016 年下降 0.01 个百分点），低于私营工业企业的 40.93% 与外商投资和港澳台商投资工业企业的 22.05%。

表 4-11 给出了 2016 年和 2019 年工业各行业规模以上国有控股、私营、外商投资和港澳台商投资三种不同经济类型工业企业从业人员人数占该行业规模以上全部工业企业从业人员人数的比重情况。

表 4-11　　　　工业各行业不同经济类型企业从业人员人数比重　　　　单位：%

行业	2016 年			2019 年		
	国有控股	私营	外商和港澳台	国有控股	私营	外商和港澳台
煤炭开采和洗选业	74.11	12.55	0.90	74.00	12.84	2.36
石油和天然气开采业	97.11	0.37	1.09	97.09	0.15	2.48
黑色金属矿采选业	30.48	43.70	2.38	38.35	37.31	2.68

续表

行业	2016 年			2019 年		
	国有控股	私营	外商和港澳台	国有控股	私营	外商和港澳台
有色金属矿采选业	39.96	30.10	2.27	47.96	25.10	3.58
非金属矿采选业	14.72	47.76	2.33	18.40	56.54	2.06
开采专业及辅助性活动	90.30	2.43	0.89	85.78	6.11	1.35
其他采矿业		60.00			38.46	
农副食品加工业	4.48	51.36	12.67	5.12	53.67	13.15
食品制造业	6.32	39.38	22.62	7.23	44.13	23.77
酒、饮料和精制茶制造业	15.44	33.15	20.63	20.62	33.89	18.87
烟草制品业	96.88	0.42	0.98	96.60	0.80	
纺织业	3.49	52.85	16.92	2.67	65.13	15.34
纺织服装、服饰业	2.07	43.75	32.65	2.70	53.15	28.86
皮革、毛皮、羽毛及其制品和制鞋业	0.74	39.11	41.20	0.78	53.01	33.76
木材加工和木、竹、藤、棕、草制品业	2.66	67.36	7.87	2.17	76.32	5.64
家具制造业	0.52	49.98	25.04	0.64	64.34	18.73
造纸和纸制品业	5.33	44.43	21.37	4.14	57.49	19.25
印刷和记录媒介复制业	9.00	43.38	22.47	8.84	51.84	21.16
文教、工美、体育和娱乐用品制造业	0.93	39.96	40.23	0.97	47.01	37.32

第四章 "十三五"时期中国国有经济的产业布局与结构演变

续表

行业	2016 年			2019 年		
	国有控股	私营	外商和港澳台	国有控股	私营	外商和港澳台
石油、煤炭及其他燃料加工业	49.04	22.42	8.65	47.60	26.75	7.42
化学原料和化学制品制造业	17.47	39.63	14.46	18.95	42.67	14.05
医药制造业	12.74	26.50	17.02	12.29	30.66	18.90
化学纤维制造业	13.42	39.07	20.96	15.18	43.72	15.78
橡胶和塑料制品业	3.83	43.87	28.29	3.86	49.60	30.05
非金属矿物制品业	8.55	51.06	10.52	9.07	58.38	8.74
黑色金属冶炼和压延加工业	32.61	36.34	8.21	33.55	39.69	6.38
有色金属冶炼和压延加工业	26.54	34.07	10.79	30.02	36.55	9.08
金属制品业	6.13	49.20	21.11	6.92	56.22	18.27
通用设备制造业	11.84	41.73	22.42	10.21	47.42	23.84
专用设备制造业	13.89	41.94	18.65	11.16	45.98	20.59
汽车制造业	25.24	26.99	34.04	21.77	33.16	33.79
铁路、船舶、航空航天和其他运输设备制造业	37.77	29.83	15.39	44.82	30.09	13.44
电气机械和器材制造业	6.27	35.21	28.02	5.41	43.98	27.06
计算机、通信和其他电子设备制造业	8.40	17.27	57.37	7.84	22.37	48.02
仪器仪表制造业	9.10	32.87	33.84	9.78	39.30	26.14
其他制造业	15.59	39.94	28.40	18.58	42.95	27.12

续表

行业	2016年			2019年		
	国有控股	私营	外商和港澳台	国有控股	私营	外商和港澳台
废弃资源综合利用业	4.98	46.88	8.97	7.75	54.74	6.79
金属制品、机械和设备修理业	52.05	20.66	31.28	54.09	19.81	24.69
电力、热力生产和供应业	88.21	3.37	3.58	86.19	5.12	3.84
燃气生产和供应业	46.67	9.56	35.86	45.96	12.41	33.22
水的生产和供应业	81.22	4.38	9.19	81.06	5.24	8.94

2019年，规模以上国有控股工业企业从业人员人数占该行业规模以上全部工业企业从业人员人数比重在50%以上的有石油和天然气开采业（97.09%），烟草制品业（96.60%），电力、热力生产和供应业（86.19%），开采专业及辅助性活动（85.78%），水的生产和供应业（81.06%），煤炭开采和洗选业（74.00%），金属制品、机械和设备修理业（54.09%）7个行业；尽管有色金属矿采选业（47.96%），石油、煤炭及其他燃料加工业（47.60%），燃气生产和供应业（45.96%），铁路、船舶、航空航天和其他运输设备制造业（44.82%），黑色金属矿采选业（38.35%）5个行业规模以上国有控股工业企业从业人员人数占该行业规模以上全部工业企业从业人员人数比重低于50%，但国有控股工业企业仍居三

种经济类型企业之首。从变化趋势上看，石油和天然气开采业，烟草制品业，电力、热力生产和供应业，开采专业及辅助性活动，水的生产和供应业，煤炭开采和洗选业6个行业国有控股工业企业从业人员人数的比重相较于2016年呈下降趋势，分别下降了0.02个百分点、0.28个百分点、2.02个百分点、4.52个百分点、0.16个百分点和0.11个百分点，金属制品、机械和设备修理业国有控股工业企业从业人员人数比重相较于2016年呈上升态势，上升了2.04个百分点；有色金属矿采选业，铁路、船舶、航空航天和其他运输设备制造业，黑色金属矿采选业3个行业国有控股工业企业从业人员人数比重相较于2016年呈上升趋势，分别上升了8.00个百分点、7.05个百分点和7.87个百分点，石油、煤炭及其他燃料加工业，燃气生产和供应业2个行业国有控股工业企业从业人员人数的比重相较于2016年呈下降态势，分别下降了1.44个百分点和0.71个百分点。

2019年，国有控股工业企业从业人员人数比重在三种经济类型企业中占据次要优势地位的行业有黑色金属冶炼和压延加工业（33.55%），有色金属冶炼和压延加工业（30.02%），酒、饮料和精制茶制造业（20.62%），化学原料和化学制品制造业（18.95%），非金属矿采选业（18.40%），非金属矿物制品业（9.07%），废弃资源综合利用业（7.75%）7个行业。从变化趋势上看，这7个行业国有控股工业企业从业人员人数比重相较于 2016 年均呈上升之势，分别上升了 0.94 个百分点、3.48 个百分点、5.18 个百分点、1.48 个百分点、3.68 个百分点、0.52 个百分点和 2.77 个百分点。

其余 22 个行业国有控股工业企业从业人员人数比重在 2019 年均为三种经济类型企业中最小的，其中家具制造业（0.64%），皮革、毛皮、羽毛及其制品和制鞋业（0.78%），文教、工美、体育和娱乐用品制造业（0.97%）3 个行业国有控股工业企业从业人员人数的比重不足 1%，木材加工和木、竹、藤、棕、草制品业（2.17%），纺织业（2.67%），纺织服装、服饰业（2.70%），橡胶和塑料制品业（3.86%），造纸和纸制品业（4.14%）5 个行业国有控股工业企业从业人员人数比重不足 5%，农副食品加工业（5.12%），电气机械和器材制造业（5.41%），金属制品业（6.92%），食品制造业（7.23%），计算机、通信和其他电子设备制造业（7.84%），印刷和记录媒介复制业（8.84%），仪器仪表制造业（9.78%）7 个行业国有控股工业企业从业人员人数比重不足 10%，通用设备制造业（10.21%），专用设备制造业（11.16%），医药制造业（12.29%），化学纤维制造业（15.18%），其他制造业（18.58%），汽车制造业（21.77%）6 个行业国有控股工业企业从业人员人数的比重在 10% 以上，其中汽车制造业国有控股工业企业从业人员人数比重尽管超过了 20%，但仍低于外商投资和港澳台商投资企业的 33.79% 和

第四章 "十三五"时期中国国有经济的产业布局与结构演变

私营工业企业的33.16%。从变化趋势上看,其他制造业等11个行业国有控股工业企业从业人员人数比重相较于2016年呈上升趋势,其中上升幅度最大的其他制造业的升幅达2.99个百分点;汽车制造业等10个行业国有控股工业企业从业人员人数比重相较于2016年呈下降态势,其中下降幅度最大的汽车制造业的降幅达3.47个百分点。

表4-12给出了2019年不同经济类型企业从业人员人数比重占据优势地位的行业情况。由表可知,2019年,国有控股工业企业从业人员人数比重占据优势地位行业的有12个,私营工业企业从业人员人数比重占据优势地位行业的有27个,外商投资和港澳台商投资工业企业从业人员人数比重占据优势地位行业的有2个。

表4-12　2019年不同经济类型企业从业人员人数比重占据优势地位的行业

类型	优势地位	行业
国有控股	绝对优势(7)	石油和天然气开采业,烟草制品业,电力、热力生产和供应业,开采专业及辅助性活动,水的生产和供应业,煤炭开采和洗选业,金属制品、机械和设备修理业
	相对优势(5)	有色金属矿采选业,石油、煤炭及其他燃料加工业,燃气生产和供应业,铁路、船舶、航空航天和其他运输设备制造业,黑色金属矿采选业

续表

类型	优势地位	行业
私营	绝对优势（12）	木材加工和木、竹、藤、棕、草制品业，纺织业，家具制造业，非金属矿物制品业，造纸和纸制品业，非金属矿采选业，金属制品业，废弃资源综合利用业，农副食品加工业，纺织服装、服饰业，皮革、毛皮、羽毛及其制品和制鞋业，印刷和记录媒介复制业
私营	相对优势（15）	橡胶和塑料制品业，通用设备制造业，文教、工美、体育和娱乐用品制造业，专用设备制造业，食品制造业，电气机械和器材制造业，化学纤维制造业，其他制造业，化学原料和化学制品制造业，黑色金属冶炼和压延加工业，仪器仪表制造业，其他采矿业，有色金属冶炼和压延加工业，酒、饮料和精制茶制造业，医药制造业
外商和港澳台	绝对优势（0）	无
外商和港澳台	相对优势（2）	计算机、通信和其他电子设备制造业，汽车制造业

从规模以上国有控股工业企业从业人员人数在工业各行业内部构成上看，截至2019年底，电力、热力生产和供应业（16.21%），煤炭开采和洗选业（14.85%），汽车制造业（6.92%），黑色金属冶炼和压延加工业（5.32%），计算机、通信和其他电子设备制造业（4.88%），化学原料和化学制品制造业（4.71%），铁路、船舶、航空航天和其他运输设备制造业（4.60%），石油和天然气开采业（4.17%），有色金属冶炼和压延加工业（3.57%），非金属矿物制品业（2.91%）

第四章 "十三五"时期中国国有经济的产业布局与结构演变

10个行业国有控股工业企业从业人员人数占全部国有控股工业企业从业人员人数的合计比重达到68.15%,其余30个行业的合计比重为31.85%,其中家具制造业(0.05%),废弃资源综合利用业(0.10%),皮革、毛皮、羽毛及其制品和制鞋业(0.12%),文教、工美、体育和娱乐用品制造业(0.12%),木材加工和木、竹、藤、棕、草制品业(0.14%)等18个行业国有控股工业企业从业人员人数占全部国有控股工业企业从业人员人数的比重未超过1%。图4-16给出了2019年国有控股工业企业从业人员人数在工业各行业的构成情况。

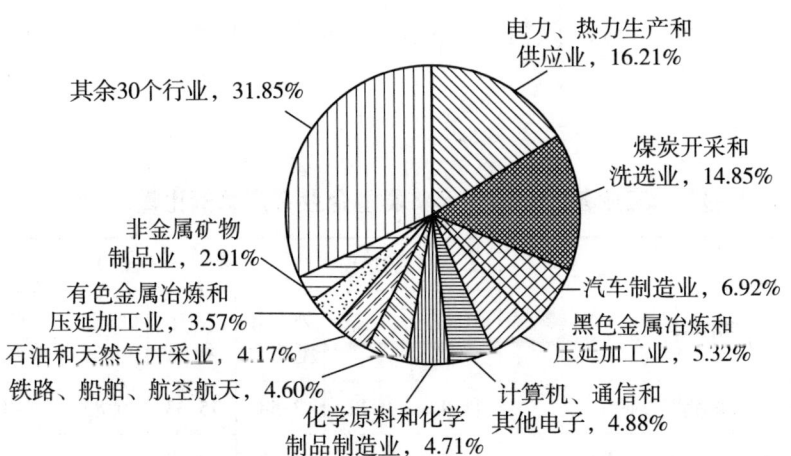

图4-16 2019年国有控股工业企业从业人员人数在工业各行业的构成情况

(三) 资产总额

截至 2019 年底,规模以上国有控股工业企业资产总额达到 46.97 万亿元,较"十三五"初期的 2016 年增加 5.20 万亿元。从比重上看,2019 年,规模以上国有控股工业企业资产总额占规模以上全部工业企业资产总额的比重为 38.95%(较 2016 年上升 0.48 个百分点),高于私营工业企业的 23.45% 与外商投资和港澳台商投资工业企业的 18.97%。

表 4-13 给出了 2016 年和 2019 年工业各行业规模以上国有控股、私营、外商投资和港澳台商投资三种不同经济类型工业企业资产总额占该行业规模以上全部工业企业资产总额的比重情况。

表 4-13　工业各行业不同经济类型企业资产总额比重　单位:%

行业	2016 年			2019 年		
	国有控股	私营	外商和港澳台	国有控股	私营	外商和港澳台
煤炭开采和洗选业	74.93	9.12	2.58	75.33	9.85	5.18
石油和天然气开采业	94.50	0.11	4.17	89.45	0.14	10.23
黑色金属矿采选业	52.83	30.38	2.94	66.87	19.33	1.85

第四章 "十三五"时期中国国有经济的产业布局与结构演变

续表

行业	2016 年			2019 年		
	国有控股	私营	外商和港澳台	国有控股	私营	外商和港澳台
有色金属矿采选业	49.36	21.20	3.54	54.60	14.85	6.49
非金属矿采选业	28.58	39.21	4.26	37.78	38.59	2.36
开采专业及辅助性活动	86.11	2.49	5.25	84.44	4.73	4.85
其他采矿业		51.66			41.29	
农副食品加工业	7.59	42.01	16.67	7.09	42.76	18.76
食品制造业	7.35	27.85	30.29	8.72	29.54	29.80
酒、饮料和精制茶制造业	26.64	20.66	23.43	37.80	19.14	16.95
烟草制品业	99.17	0.20	0.19	99.37	0.25	
纺织业	5.05	46.89	18.10	5.54	53.49	19.34
纺织服装、服饰业	2.00	39.31	28.17	3.07	44.51	29.42
皮革、毛皮、羽毛及其制品和制鞋业	1.02	38.12	34.95	1.56	49.36	32.67
木材加工和木、竹、藤、棕、草制品业	4.26	59.16	9.85	6.45	62.85	8.22
家具制造业	2.26	47.08	24.94	2.85	58.43	22.27
造纸和纸制品业	12.37	23.84	38.19	7.06	26.38	36.75
印刷和记录媒介复制业	12.45	38.47	21.34	13.67	42.47	21.74
文教、工美、体育和娱乐用品制造业	3.55	43.77	28.48	3.22	47.03	27.32

续表

行业	2016 年			2019 年		
	国有控股	私营	外商和港澳台	国有控股	私营	外商和港澳台
石油、煤炭及其他燃料加工业	50.75	21.24	10.43	47.54	26.96	8.51
化学原料和化学制品制造业	28.22	24.93	21.70	29.79	25.42	21.60
医药制造业	15.61	19.44	20.88	15.60	21.87	20.63
化学纤维制造业	12.91	30.66	26.89	15.73	33.22	17.62
橡胶和塑料制品业	6.07	41.69	26.95	7.46	44.45	26.85
非金属矿物制品业	18.23	38.79	12.46	18.89	44.34	10.97
黑色金属冶炼和压延加工业	53.07	20.77	8.77	47.31	26.40	6.75
有色金属冶炼和压延加工业	35.77	22.33	14.30	39.94	23.70	11.87
金属制品业	10.99	45.90	18.57	15.42	46.32	17.75
通用设备制造业	21.46	29.87	25.71	20.09	32.99	26.96
专用设备制造业	24.23	32.35	19.03	20.17	33.56	18.07
汽车制造业	46.67	14.44	39.54	44.08	15.08	40.32
铁路、船舶、航空航天和其他运输设备制造业	54.58	17.35	15.66	63.50	14.63	13.89
电气机械和器材制造业	13.77	27.24	21.86	11.17	34.67	19.82
计算机、通信和其他电子设备制造业	17.06	12.91	49.38	16.48	16.12	40.73
仪器仪表制造业	16.00	28.35	24.01	18.05	28.92	20.24
其他制造业	41.73	25.03	18.95	47.58	23.88	20.76
废弃资源综合利用业	9.47	44.01	10.95	10.71	48.45	7.21

第四章 "十三五"时期中国国有经济的产业布局与结构演变

续表

行业	2016年			2019年		
	国有控股	私营	外商和港澳台	国有控股	私营	外商和港澳台
金属制品、机械和设备修理业	76.92	5.84	48.23	66.27	7.60	25.14
电力、热力生产和供应业	88.20	2.81	5.45	84.84	4.86	6.13
燃气生产和供应业	51.91	6.30	34.24	51.27	9.04	31.38
水的生产和供应业	81.98	2.78	13.30	81.76	3.19	11.13

2019年，规模以上国有控股工业企业资产总额占该行业规模以上全部工业企业资产总额的比重在50%以上的有烟草制品业（99.37%）、石油和天然气开采业（89.45%）、电力、热力生产和供应业（84.84%）、开采专业及辅助性活动（84.44%）、水的生产和供应业（81.76%）、煤炭开采和洗选业（75.33%）、黑色金属矿采选业（66.87%）、金属制品、机械和设备修理业（66.27%）、铁路、船舶、航空航天和其他运输设备制造业（63.50%）、有色金属矿采选业（54.60%）、燃气生产和供应业（51.27%）11个行业；规模以上国有控股工业企业资产总额占该行业规模以上全部工业企业资产总额的比重在50%以下但仍能占据相对优势地位的行业有其他制造业（47.58%）、石油、煤炭及其他燃料加工业（47.54%）、黑色金属冶炼和压延加工业（47.31%）、汽车制

造业（44.08%），有色金属冶炼和压延加工业（39.94%），酒、饮料和精制茶制造业（37.80%），化学原料和化学制品制造业（29.79%）7个行业。从变化趋势上看，烟草制品业，煤炭开采和洗选业，黑色金属矿采选业，铁路、船舶、航空航天和其他运输设备制造业，有色金属矿采选业5个行业国有控股工业企业资产总额的比重相较于2016年呈上升态势，分别上升了0.20个百分点、0.40个百分点、14.04个百分点、8.92个百分点、5.24个百分点；石油和天然气开采业，电力、热力生产和供应业，开采专业及辅助性活动，水的生产和供应业，金属制品、机械和设备修理业，燃气生产和供应业6个行业国有控股工业企业资产总额的比重相较于2016年呈下降趋势，分别下降了5.05个百分点、3.36个百分点、1.67个百分点、0.22个百分点、10.65个百分点、0.64个百分点；其他制造业，有色金属冶炼和压延加工业，酒、饮料和精制茶制造业，化学原料和化学制品制造业国有控股工业企业资产总额比重相较于2016年呈上升趋势，分别上升了5.85个百分点、4.17个百分点、11.16个百分点、1.57个百分点，石油、煤炭及其他燃料加工业，黑色金属冶炼和压延加工业，汽车制造业国有控股工业企业资产总额的比重相较于2016年呈下降态势，分别下降了3.21个百分点、5.76个百分点、2.59个百分点。

2019年，国有控股工业企业资产总额比重在三种经济类型企业中占据次要优势地位的行业有非金属矿采选业

(37.78%)、专用设备制造业（20.17%）、非金属矿物制品业（18.89%）、计算机、通信和其他电子设备制造业（16.48%）、废弃资源综合利用业（10.71%）5 个行业。从变化趋势上看，非金属矿采选业、非金属矿物制品业、废弃资源综合利用业 3 个行业国有控股工业企业资产总额的比重相较于 2016 年呈上升趋势，分别上升了 9.20 个百分点、0.66 个百分点、1.24 个百分点，专用设备制造业，计算机、通信和其他电子设备制造业 2 个行业国有控股工业企业资产总额比重相较于 2016 年呈下降态势，分别下降了 4.06 个百分点和 0.58 个百分点。

其余 18 个行业国有控股工业企业资产总额比重在 2019 年均为三种经济类型企业中最小的，其中皮革、毛皮、羽毛及其制品和制鞋业（1.56%），家具制造业（2.85%），纺织服装、服饰业（3.07%），文教、工美、体育和娱乐用品制造业（3.22%）4 个行业国有控股工业企业资产总额的比重不足5%，纺织业（5.54%），木材加工和木、竹、藤、棕、草制品业（6.45%），造纸和纸制品业（7.06%），农副食品加工业（7.09%），橡胶和塑料制品业（7.46%），食品制造业（8.72%）6 个行业国有控股工业企业资产总额的比重不足10%，电气机械和器材制造业（11.17%），印刷和记录媒介复制业（13.67%），金属制品业（15.42%），医药制造业（15.60%），化学纤维制造业（15.73%），仪器仪表制造业

（18.05%），通用设备制造业（20.09%）7个行业国有控股工业企业资产总额的比重在10%以上。从变化趋势上看，金属制品业等11个行业国有控股工业企业资产总额比重相较于2016年呈上升趋势，其中上升幅度最大的金属制品业的升幅达4.43个百分点；造纸和纸制品业等6个行业国有控股工业企业资产总额比重相较于2016年呈下降态势，其中下降幅度最大的造纸和纸制品业的降幅达5.31个百分点。

表4-14给出了2019年不同经济类型企业资产总额比重占据优势地位的行业情况。由表可知，2019年，国有控股工业企业资产总额比重占据优势地位行业的有18个，私营工业企业资产总额比重占据优势地位行业的有20个，外商投资和港澳台商投资工业企业资产总额比重占据优势地位行业的有3个。

表4-14　　　2019年不同经济类型企业资产总额
比重占据优势地位的行业

类型	优势地位	行业
国有控股	绝对优势（11）	烟草制品业，石油和天然气开采业，电力、热力生产和供应业，开采专业及辅助性活动，水的生产和供应业，煤炭开采和洗选业，黑色金属矿采选业，金属制品、机械和设备修理业，铁路、船舶、航空航天和其他运输设备制造业，有色金属矿采选业，燃气生产和供应业
	相对优势（7）	其他制造业，石油、煤炭及其他燃料加工业，黑色金属冶炼和压延加工业，汽车制造业，有色金属冶炼和压延加工业，酒、饮料和精制茶制造业，化学原料和化学制品制造业

第四章 "十三五"时期中国国有经济的产业布局与结构演变

续表

类型	优势地位	行业
私营	绝对优势（3）	木材加工和木、竹、藤、棕、草制品业，家具制造业，纺织业
	相对优势（17）	皮革、毛皮、羽毛及其制品和制鞋业，废弃资源综合利用业，文教、工美、体育和娱乐用品制造业，金属制品业，纺织服装、服饰业，橡胶和塑料制品业，非金属矿物制品业，农副食品加工业，印刷和记录媒介复制业，其他采矿业，非金属矿采选业，电气机械和器材制造业，专用设备制造业，化学纤维制造业，通用设备制造业，仪器仪表制造业，医药制造业
外商和港澳台	绝对优势（0）	无
	相对优势（3）	计算机、通信和其他电子设备制造业，造纸和纸制品业，食品制造业

从规模以上国有控股工业企业资产总额在工业各行业内部构成上看，截至2019年底，电力、热力生产和供应业（30.10%），煤炭开采和洗选业（8.44%），汽车制造业（7.58%），黑色金属冶炼和压延加工业（6.62%），化学原料和化学制品制造业（4.64%），石油和天然气开采业（4.30%），计算机、通信和其他电子设备制造业（3.96%），有色金属冶炼和压延加工业（3.59%），石油、煤炭及其他燃料加工业（3.55%），铁路、船舶、航空航天和其他运输设备制造业（3.21%）10个行业国有控股工业企业资产总额占全部国有控股工业企业资产总额的合计比重达到76.00%，其余

30个行业的合计比重为24.00%,其中皮革、毛皮、羽毛及其制品和制鞋业(0.02%),家具制造业(0.04%),文教、工美、体育和娱乐用品制造业(0.06%),木材加工和木、竹、藤、棕、草制品业(0.07%),废弃资源综合利用业(0.077%)等20个行业国有控股工业企业资产总额占全部国有控股工业企业资产总额的比重未超过1%。图4-17给出了2019年国有控股工业企业资产总额在工业各行业的构成情况。

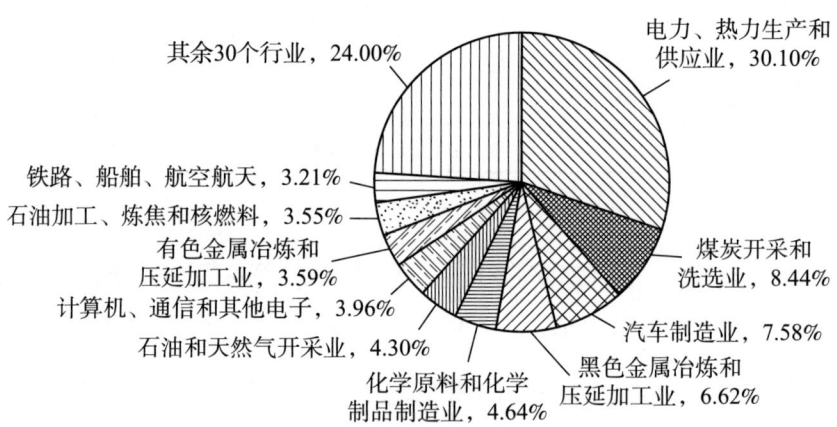

图4-17 2019年国有控股工业企业资产总额在工业各行业的构成情况

(四)营业收入

2019年,规模以上国有控股工业企业实现营业收入28.77万亿元,较"十三五"初期的2016年增加4.87万亿元。从比

第四章 "十三五"时期中国国有经济的产业布局与结构演变

重上看,2019年,规模以上国有控股工业企业营业收入占规模以上全部工业企业营业收入的比重为26.95%（较2016年上升6.33个百分点）,低于私营工业企业的33.83%,但高于外商投资和港澳台商投资工业企业的21.96%。

表4-15给出了2016年和2019年工业各行业规模以上国有控股、私营、外商投资和港澳台商投资三种不同经济类型工业企业营业收入占该行业规模以上全部工业企业营业收入的比重情况。

表4-15 工业各行业不同经济类型企业营业收入比重 单位:%

行业	2016年			2019年		
	国有控股	私营	外商和港澳台	国有控股	私营	外商和港澳台
煤炭开采和洗选业	58.84	20.58	2.00	61.41	20.89	4.06
石油和天然气开采业	81.22	0.39	6.42	82.22	0.10	17.47
黑色金属矿采选业	16.25	53.39	4.45	35.66	42.30	2.13
有色金属矿采选业	35.02	31.68	1.40	42.64	27.22	4.61
非金属矿采选业	10.41	58.46	2.01	12.21	62.75	2.18
开采专业及辅助性活动	83.16	3.32	7.11	87.06	4.56	3.53
其他采矿业		67.73		18.40		
农副食品加工业	5.40	49.27	14.49	6.72	49.64	16.34
食品制造业	4.92	35.33	24.91	6.72	38.00	29.27
酒、饮料和精制茶制造业	14.54	32.99	21.74	25.76	31.54	20.24

续表

行业	2016 年			2019 年		
	国有控股	私营	外商和港澳台	国有控股	私营	外商和港澳台
烟草制品业	99.27	0.15	0.08	99.66	0.09	
纺织业	2.14	54.21	13.83	2.83	63.05	16.46
纺织服装、服饰业	0.79	46.88	26.34	1.34	53.62	26.56
皮革、毛皮、羽毛及其制品和制鞋业	0.77	45.46	31.80	0.70	56.69	31.31
木材加工和木、竹、藤、棕、草制品业	1.37	69.28	6.86	1.91	78.57	4.65
家具制造业	1.33	54.59	21.03	1.91	64.47	18.90
造纸和纸制品业	4.89	40.40	24.91	4.42	44.66	29.84
印刷和记录媒介复制业	6.00	51.74	15.87	8.80	55.89	16.19
文教、工美、体育和娱乐用品制造业	3.42	47.58	27.95	4.71	51.51	26.70
石油、煤炭及其他燃料加工业	54.25	17.63	10.17	56.61	23.84	8.67
化学原料和化学制品制造业	14.95	38.27	21.01	21.28	33.01	23.59
医药制造业	8.68	28.89	19.56	11.13	28.23	22.77
化学纤维制造业	10.02	41.59	23.75	12.59	44.00	16.52
橡胶和塑料制品业	2.75	51.87	20.13	4.69	52.99	24.85
非金属矿物制品业	7.85	52.94	8.55	12.47	56.10	8.22
黑色金属冶炼和压延加工业	27.03	37.75	10.55	35.48	37.00	7.96
有色金属冶炼和压延加工业	30.44	30.95	11.30	36.52	32.08	11.52

第四章 "十三五"时期中国国有经济的产业布局与结构演变

续表

行业	2016年			2019年		
	国有控股	私营	外商和港澳台	国有控股	私营	外商和港澳台
金属制品业	5.03	57.21	15.54	8.94	56.76	14.83
通用设备制造业	9.70	45.05	22.60	12.74	41.36	30.29
专用设备制造业	10.82	47.62	16.50	14.08	43.25	20.87
汽车制造业	40.30	17.71	45.37	43.74	15.46	47.97
铁路、船舶、航空航天和其他运输设备制造业	38.50	31.41	14.89	51.26	25.33	14.35
电气机械和器材制造业	7.84	36.01	23.29	7.54	40.72	22.71
计算机、通信和其他电子设备制造业	8.69	16.46	56.86	8.75	19.62	47.96
仪器仪表制造业	9.40	40.20	27.51	11.97	34.70	28.51
其他制造业	13.53	48.05	20.88	26.35	40.16	20.88
废弃资源综合利用业	4.47	47.18	9.56	7.76	59.86	4.91
金属制品、机械和设备修理业	48.50	14.02	49.06	54.01	12.04	40.86
电力、热力生产和供应业	92.05	1.80	4.81	89.81	2.94	5.24
燃气生产和供应业	46.41	10.09	34.59	52.57	9.41	30.27
水的生产和供应业	68.26	7.64	15.74	71.86	7.81	15.06

2019年，规模以上国有控股工业企业营业收入占该行业规模以上全部工业企业营业收入的比重在50%以上的有烟草制品业（99.66%），电力、热力生产和供应业（89.81%），

开采专业及辅助性活动（87.06%）、石油和天然气开采业（82.22%）、水的生产和供应业（71.86%）、煤炭开采和洗选业（61.41%）、石油、煤炭及其他燃料加工业（56.61%）、金属制品、机械和设备修理业（54.01%）、燃气生产和供应业（52.57%）、铁路、船舶、航空航天和其他运输设备制造业（51.26%）10个行业；尽管有色金属矿采选业（42.64%）、有色金属冶炼和压延加工业（36.52%）2个行业规模以上国有控股工业企业营业收入的比重低于50%，但国有控股工业企业仍居三种经济类型企业之首。从变化趋势上看，除电力、热力生产和供应业国有控股工业企业营业收入的比重较2016年下降2.24个百分点外，其余11个行业均呈上升趋势，其中铁路、船舶、航空航天和其他运输设备制造业，有色金属矿采选业，燃气生产和供应业，有色金属冶炼和压延加工业，金属制品、机械和设备修理业5个行业的上升幅度超过了5个百分点，分别达到12.76个百分点、7.62个百分点、6.16个百分点、6.08个百分点、5.51个百分点。

2019年，国有控股工业企业营业收入的比重在三种经济类型企业中占据次要优势地位的行业有汽车制造业（43.74%）、黑色金属矿采选业（35.66%）、黑色金属冶炼和压延加工业（35.48%）、其他制造业（26.35%）、酒、饮料和精制茶制造业（25.76%）、非金属矿物制品业（12.47%）、非金属矿采选业（12.21%）、废弃资源综合利用业（7.76%）8个行业。从变化

第四章 "十三五"时期中国国有经济的产业布局与结构演变

趋势上看,这8个行业国有控股工业企业营业收入的比重相较于2016年均呈上升之势,分别上升了3.44个百分点、19.41个百分点、8.45个百分点、12.82个百分点、11.22个百分点、4.62个百分点、1.80个百分点、3.29个百分点。

其余21个行业国有控股工业企业营业收入的比重在2019年均为三种经济类型企业中最小的,其中皮革、毛皮、羽毛及其制品和制鞋业(0.70%)国有控股工业企业营业收入的比重不足1%,纺织服装、服饰业(1.34%),家具制造业(1.91%),木材加工和木、竹、藤、棕、草制品业(1.91%)3个行业国有控股工业企业营业收入的比重不足2%,纺织业(2.83%),造纸和纸制品业(4.42%),橡胶和塑料制品业(4.69%),文教、工美、体育和娱乐用品制造业(4.71%)4个行业国有控股工业企业营业收入的比重不足5%,食品制造业(6.72%),农副食品加工业(6.72%),电气机械和器材制造业(7.54%),计算机、通信和其他电子设备制造业(8.75%),印刷和记录媒介复制业(8.80%),金属制品业(8.94%)6个行业国有控股工业企业营业收入的比重不足10%,医药制造业(11.13%),仪器仪表制造业(11.97%),化学纤维制造业(12.59%),通用设备制造业(12.74%),专用设备制造业(14.08%),化学原料和化学制品制造业(21.28%)6个行业国有控股工业企业营业收入的比重超过10%,其中化学原料和化学制品制造业的比重虽超过了20%,

但仍低于私营工业企业的33.01%及外商投资和港澳台投资工业企业的23.59%。从变化趋势上看,化学原料和化学制品制造业等17个行业国有控股工业企业营业收入的比重相较于2016年呈上升态势,其中上升幅度最大的化学原料和化学制品制造业的升幅达6.33个百分点;造纸和纸制品业,电气机械和器材制造业,皮革、毛皮、羽毛及其制品和制鞋业3个行业国有控股工业企业营业收入的比重相较于2016年呈下降趋势,分别下降了0.47个百分点、0.30个百分点和0.07个百分点。

表4-16给出了2019年不同经济类型企业营业收入的比重占据优势地位的行业情况。由表可知,2019年,国有控股工业企业营业收入的比重占据优势地位行业的有12个,私营工业企业营业收入的比重占据优势地位行业的有27个,外商投资和港澳台商投资工业企业营业收入的比重占据优势地位行业的有2个。

表4-16　2019年不同经济类型企业营业收入的比重占据优势地位的行业

类型	优势地位	行业
国有控股	绝对优势(10)	烟草制品业,电力、热力生产和供应业,开采专业及辅助性活动,石油和天然气开采业,水的生产和供应业,煤炭开采和洗选业,石油、煤炭及其他燃料加工业、金属制品、机械和设备修理业,燃气生产和供应业,铁路、船舶、航空航天和其他运输设备制造业
	相对优势(2)	有色金属矿采选业,有色金属冶炼和压延加工业

第四章 "十三五"时期中国国有经济的产业布局与结构演变

续表

类型	优势地位	行业
私营	绝对优势（12）	木材加工和木、竹、藤、棕、草制品业，家具制造业，纺织业，非金属矿采选业，废弃资源综合利用业，金属制品业，皮革、毛皮、羽毛及其制品和制鞋业，非金属矿物制品业，印刷和记录媒介复制业，纺织服装、服饰业，橡胶和塑料制品业，文教、工美、体育和娱乐用品制造业
私营	相对优势（15）	农副食品加工业，造纸和纸制品业，化学纤维制造业，专用设备制造业，黑色金属矿采选业，通用设备制造业，电气机械和器材制造业，其他制造业，食品制造业，黑色金属冶炼和压延加工业，仪器仪表制造业，化学原料和化学制品制造业，酒、饮料和精制茶制造业，医药制造业，其他采矿业
外商和港澳台	绝对优势（0）	无
外商和港澳台	相对优势（2）	汽车制造业，计算机、通信和其他电子设备制造业

从规模以上国有控股工业企业营业收入在工业各行业内部构成上看，2019年，电力、热力生产和供应业（21.26%），汽车制造业（12.23%），石油、煤炭及其他燃料加工业（9.56%），黑色金属冶炼和压延加工业（8.68%），有色金属冶炼和压延加工业（6.85%），化学原料和化学制品制造业（4.90%），煤炭开采和洗选业（4.69%），烟草制品业（3.86%），计算机、通信和其他电子设备制造业（3.40%），铁路、船舶、航空航天和其他运输设备制造业（2.63%）10

个行业国有控股工业企业营业收入占全部国有控股工业企业营业收入的合计比重达到78.06%，其余30个行业的合计比重为21.94%，其中皮革、毛皮、羽毛及其制品和制鞋业（0.03%），家具制造业（0.05%），木材加工和木、竹、藤、棕、草制品业（0.06%），纺织服装、服饰业（0.07%），废弃资源综合利用业（0.14%）等21个行业国有控股工业企业营业收入占全部国有控股工业企业营业收入的比重未超过1%。图4-18给出了2019年国有控股工业企业营业收入在工业各行业的构成情况。

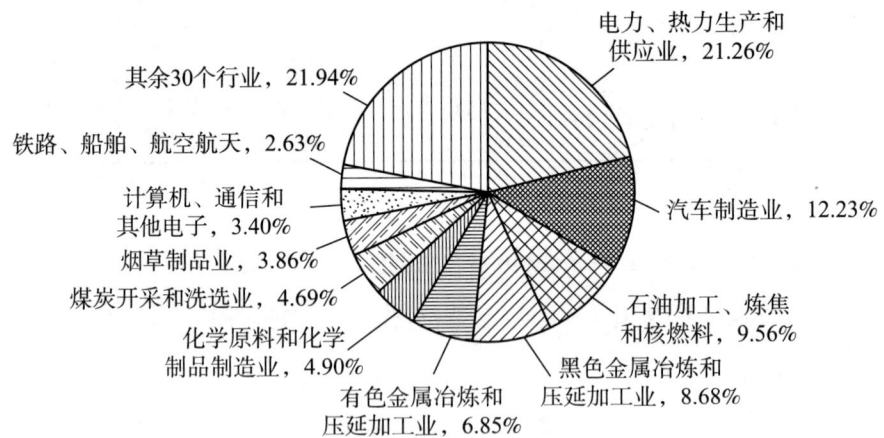

图4-18　2019年国有控股工业企业营业收入在工业各行业的构成情况

第四章 "十三五"时期中国国有经济的产业布局与结构演变

（五）利润总额

2019年，规模以上国有控股工业企业实现利润总额1.61万亿元，较"十三五"初期的2016年增加0.38万亿元。从比重上看，2019年，规模以上国有控股工业企业利润总额占规模以上全部工业企业利润总额的比重为24.42%（较2016年上升7.28个百分点），低于私营工业企业的31.38%，也低于外商投资和港澳台商投资工业企业的25.05%。

表4-17给出了2016年和2019年工业各行业规模以上国有控股、私营、外商投资和港澳台商投资三种不同经济类型工业企业利润总额占该行业规模以上全部工业企业利润总额的比重情况。

表4-17　工业各行业不同经济类型企业利润总额比重　　单位：%

行业	2016年			2019年		
	国有控股	私营	外商和港澳台	国有控股	私营	外商和港澳台
煤炭开采和洗选业	35.22	28.47	5.68	67.48	12.27	7.85
石油和天然气开采业	—	—	—	47.50	0.02	52.60
黑色金属矿采选业	—	70.39	5.51	11.04	58.32	5.34
有色金属矿采选业	27.23	29.64	1.66	54.82	13.27	5.55

续表

行业	2016年			2019年		
	国有控股	私营	外商和港澳台	国有控股	私营	外商和港澳台
非金属矿采选业	10.55	56.93	1.96	18.21	58.94	3.04
开采专业及辅助性活动	—	—	—	—	58.65	107.23
其他采矿业		65.16			71.60	
农副食品加工业	2.67	51.74	13.47	2.44	54.54	14.86
食品制造业	4.40	28.06	27.40	4.05	30.34	34.54
酒、饮料和精制茶制造业	25.68	26.14	18.88	52.02	17.69	11.80
烟草制品业	98.23	0.53	0.14	99.69	0.08	—
纺织业	1.14	57.08	15.21	1.24	60.25	19.66
纺织服装、服饰业	0.77	46.72	24.49	0.51	52.29	24.31
皮革、毛皮、羽毛及其制品和制鞋业	0.56	44.24	33.32	0.52	51.74	37.83
木材加工和木、竹、藤、棕、草制品业	0.67	70.50	6.10	—	78.01	4.83
家具制造业	3.50	55.00	19.31	5.42	62.41	21.02
造纸和纸制品业	4.08	38.49	31.11	3.24	36.37	41.62
印刷和记录媒介复制业	7.41	47.57	19.39	12.55	45.99	19.44
文教、工美、体育和娱乐用品制造业	3.32	51.39	23.13	3.68	53.31	23.11
石油、煤炭及其他燃料加工业	61.34	12.77	18.26	46.33	25.15	21.15

第四章 "十三五"时期中国国有经济的产业布局与结构演变

续表

行业	2016年			2019年		
	国有控股	私营	外商和港澳台	国有控股	私营	外商和港澳台
化学原料和化学制品制造业	4.89	41.88	26.22	4.01	38.04	32.16
医药制造业	10.61	20.87	24.31	12.14	21.32	25.71
化学纤维制造业	13.58	36.99	30.23	16.90	43.97	21.76
橡胶和塑料制品业	1.24	52.22	19.75	1.68	47.18	27.65
非金属矿物制品业	7.79	51.57	10.08	21.69	42.82	12.31
黑色金属冶炼和压延加工业	—	60.12	14.39	27.74	40.07	8.67
有色金属冶炼和压延加工业	6.79	41.27	12.92	19.47	45.28	11.98
金属制品业	2.89	58.73	15.23	4.03	59.70	16.07
通用设备制造业	5.32	44.16	28.48	8.87	37.53	36.17
专用设备制造业	—	50.86	20.00	3.31	44.63	24.38
汽车制造业	46.97	13.61	51.24	47.38	14.04	57.42
铁路、船舶、航空航天和其他运输设备制造业	26.70	34.50	24.05	39.24	28.85	21.41
电气机械和器材制造业	8.50	33.91	22.32	4.71	40.75	24.84
计算机、通信和其他电子设备制造业	10.09	19.06	48.45	6.75	19.71	32.31
仪器仪表制造业	7.50	37.15	27.26	8.60	33.01	30.24
其他制造业	19.54	42.96	20.64	26.60	34.98	22.94
废弃资源综合利用业	1.07	51.38	12.37	4.06	58.65	11.37

续表

行业	2016年			2019年		
	国有控股	私营	外商和港澳台	国有控股	私营	外商和港澳台
金属制品、机械和设备修理业	—	49.23	——	30.25	16.62	56.57
电力、热力生产和供应业	84.65	2.90	13.02	76.77	6.46	12.99
燃气生产和供应业	44.03	5.43	47.52	36.58	9.93	46.54
水的生产和供应业	52.69	5.82	30.64	52.75	9.31	29.16

注：表中"—"表示相应经济类型企业在该行业出现亏损，"——"表示该行业规模以上全部工业企业出现亏损而相应经济类型企业未出现亏损。

2019年，规模以上国有控股工业企业利润总额占该行业规模以上全部工业企业利润总额比重在50%以上的有烟草制品业（99.69%），电力、热力生产和供应业（76.77%），煤炭开采和洗选业（67.48%），有色金属矿采选业（54.82%），水的生产和供应业（52.75%），酒、饮料和精制茶制造业（52.02%）6个行业；尽管石油、煤炭及其他燃料加工业（46.33%），铁路、船舶、航空航天和其他运输设备制造业（39.24%）2个行业规模以上国有控股工业企业利润总额占该行业规模以上全部工业企业利润总额的比重低于50%，但国有控股工业企业仍居三种经济类型企业之首。从变化趋势上看，烟草制品业，煤炭开采和洗选业，有色金属矿采选业，水的生产和供应业，酒、饮料和精制茶制造业5个行业国有控股

第四章 "十三五"时期中国国有经济的产业布局与结构演变

工业企业利润总额比重相较于 2016 年呈上升态势，分别上升了 1.46 个百分点、32.26 个百分点、27.59 个百分点、0.06 个百分点、26.34 个百分点，电力、热力生产和供应业国有控股工业企业利润总额的比重则相较于 2016 年下降了 7.88 个百分点；石油、煤炭及其他燃料加工业国有控股工业企业利润总额的比重相较于 2016 年下降了 15.01 个百分点，铁路、船舶、航空航天和其他运输设备制造业国有控股工业企业利润总额的比重相较于 2016 年上升了 12.54 个百分点。

2019 年，国有控股工业企业利润总额的比重在三种经济类型企业中占据次要优势地位的行业有石油和天然气开采业（47.50%），汽车制造业（47.38%），燃气生产和供应业（36.58%），金属制品、机械和设备修理业（30.25%），黑色金属冶炼和压延加工业（27.74%），其他制造业（26.60%），非金属矿物制品业（21.69%），有色金属冶炼和压延加工业（19.47%），非金属矿采选业（18.21%），黑色金属矿采选业（11.04%）10 个行业。从变化趋势上看，石油和天然气开采业，金属制品、机械和设备修理业，黑色金属冶炼和压延加工业，黑色金属矿采选业 4 个行业国有控股工业企业由 2016 年的亏损转为盈利；汽车制造业，其他制造业，非金属矿物制品业，有色金属冶炼和压延加工业，非金属矿采选业 5 个行业国有控股工业企业利润总额的比重相较于 2016 年呈上升之势，分别上升了 0.41 个百分点、7.06 个百分点、13.90 个百分点、12.68个百分点、7.66个百分点；燃气生产和供应业国有控股工业企业利润总额的比重相较于2016年则下降了7.45个百分点。

其余23个行业国有控股工业企业利润总额的比重在2019年均为三种经济类型企业中最小的，其中开采专业及辅助性活动和木材加工和木、竹、藤、棕、草制品业2个行业国有控股工业企业处于亏损状态，纺织服装、服饰业（0.51%），皮革、毛皮、羽毛及其制品和制鞋业（0.52%）2个行业国有控股工业企业利润总额的比重不足1%，纺织业（1.24%），橡胶和塑料制品业（1.68%）2个行业国有控股工业企业利润总额的比重不足2%，农副食品加工业（2.44%），造纸和纸制品业（3.24%），专用设备制造业（3.31%），文教、工美、体育和娱乐用品制造业（3.68%），化学原料和化学制品制造业（4.01%），金属制品业（4.03%），食品制造业（4.05%），废弃资源综合利用业（4.06%），电气机械和器材制造业（4.71%）9个行业国有控股工业企业利润总额比重不足5%，家具制造业（5.42%），计算机、通信和其他电子设备制造业（6.75%），仪器仪表制造业（8.60%），通用设备制造业（8.87%）4个行业国有控股工业企业利润总额的比重不足10%，医药制造业（12.14%），印刷和记录媒介复制业（12.55%），化学纤维制造业（16.90%）3个行业国有控股工业企业利润总额的比重在10%以上。从变化趋势上看，开采

第四章 "十三五"时期中国国有经济的产业布局与结构演变

专业及辅助性活动国有控股工业企业的亏损额有所下降，木材加工和木、竹、藤、棕、草制品业国有控股工业企业由盈利转为亏损，专用设备制造业国有控股工业企业实现扭亏为盈；印刷和记录媒介复制业等11个行业国有控股工业企业利润总额的比重相较于2016年呈上升趋势，其中上升幅度最大的印刷和记录媒介复制业的升幅达5.14个百分点；电气机械和器材制造业等8个行业国有控股工业企业利润总额的比重相较于2016年呈下降态势，其中下降幅度最大的电气机械和器材制造业的降幅达3.79个百分点。

表4-18给出了2019年不同经济类型企业利润总额的比重占据优势地位的行业情况。由表可知，2019年，国有控股工业企业利润总额比重占据优势地位的行业有8个，私营工业企业利润总额比重占据优势地位的行业有24个，外商投资和港澳台商投资工业企业利润总额比重占据优势地位的行业有9个。

表4-18　2019年不同经济类型企业利润总额的比重占据优势地位的行业

类型	优势地位	行业
国有控股	绝对优势（6）	烟草制品业，电力、热力生产和供应业，煤炭开采和洗选业，有色金属矿采选业，水的生产和供应业，酒、饮料和精制茶制造业
	相对优势（2）	石油、煤炭及其他燃料加工业，铁路、船舶、航空航天和其他运输设备制造业

续表

类型	优势地位	行业
私营	绝对优势（12）	木材加工和木、竹、藤、棕、草制品业，其他采矿业，家具制造业，纺织业，金属制品业，非金属矿采选业，废弃资源综合利用业，黑色金属矿采选业，农副食品加工业，文教、工美、体育和娱乐用品制造业，纺织服装、服饰业，皮革、毛皮、羽毛及其制品和制鞋业
私营	相对优势（12）	橡胶和塑料制品业，印刷和记录媒介复制业，有色金属冶炼和压延加工业，专用设备制造业，化学纤维制造业，非金属矿物制品业，电气机械和器材制造业，黑色金属冶炼和压延加工业，化学原料和化学制品制造业，通用设备制造业，其他制造业，仪器仪表制造业
外商和港澳台	绝对优势（4）	开采专业及辅助性活动，汽车制造业，金属制品、机械和设备修理业，石油和天然气开采业
外商和港澳台	相对优势（5）	燃气生产和供应业，造纸和纸制品业，食品制造业，计算机、通信和其他电子设备制造业，医药制造业

从规模以上国有控股工业企业利润总额在工业各行业内部构成上看，2019年，电力、热力生产和供应业（19.57%），汽车制造业（15.04%），煤炭开采和洗选业（11.92%），酒、饮料和精制茶制造业（7.40%），非金属矿物制品业（6.60%），烟草制品业（5.79%），黑色金属冶炼和压延加工业（4.92%），石油和天然气开采业（4.82%），石油、煤炭及其他燃料加工业（3.62%），医药制造业（2.41%）10个行

第四章 "十三五"时期中国国有经济的产业布局与结构演变

业国有控股工业企业利润总额占全部国有控股工业企业利润总额的合计比重达到 82.09%，其余 30 个行业的合计比重为 17.91%，其中开采专业及辅助性活动和木材加工和木、竹、藤、棕、草制品业 2 个行业国有控股工业企业处于亏损状态，皮革、毛皮、羽毛及其制品和制鞋业（0.03%），纺织服装、服饰业（0.03%），废弃资源综合利用业（0.07%），纺织业（0.09%），造纸和纸制品业（0.15%）等 20 个行业国有控股工业企业利润总额占全部国有控股工业企业利润总额的比重未超过 1%。图 4-19 给出了 2019 年国有控股工业企业利润总额在工业各行业的构成情况。

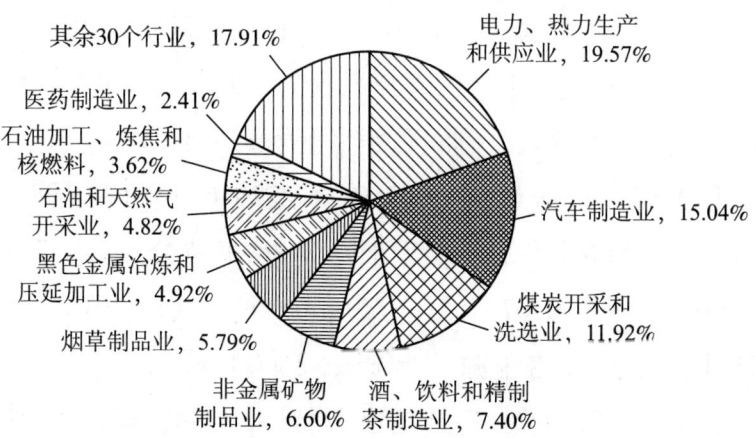

图 4-19　2019 年国有控股工业企业利润总额在工业各行业的构成情况

二、国有经济在能源工业领域布局情况

能源工业共包括煤炭开采和洗选业,石油和天然气开采业,石油、煤炭及其他燃料加工业,电力、热力生产和供应业,燃气生产和供应业 5 个工业行业。截至 2019 年底,规模以上国有控股能源工业企业共有 0.66 万户(较 2016 年增加 0.07 万户)、从业人员 553.30 万人(较 2016 年减少 120.06 万人)、资产总额 22.42 万亿元(较 2016 年增加 2.89 万亿元),2019 年度实现营业收入 11.43 万亿元(较 2016 年增加 2.37 万亿元)、利润总额 0.67 万亿元(较 2016 年增加 0.21 万亿元),占规模以上全部能源工业企业户数、从业人员人数、资产总额、营业收入、利润总额比重分别为 37.28%(较 2016 年上升 0.37 个百分点)、76.21%(较 2016 年下降 0.98 个百分点)、77.51%(较 2016 年下降 2.96 个百分点)、72.88%(较 2016 年上升 0.07 个百分点)、63.50%(较 2016 年下降 0.21 个百分点)。在能源工业领域,国有控股工业企业无论是在从业人员、资产总额还是在营业收入、利润总额方面相较于私营工业企业以及外商投资和港澳台商投资工业企业均占绝对优势地位,企业户数比重虽不足 50%,但在三种经济类型企业中也具有相对优势。表 4-19 给出了不同经济类型能源工业

企业占规模以上全部能源工业企业比重。

表4-19 不同经济类型能源工业企业占规模以上全部能源工业企业比重　　单位：%

类型	年份	企业户数	从业人数	资产总额	营业收入	利润总额
国有控股	2016	36.91	77.19	80.47	72.81	63.71
	2017	36.60	77.53	80.05	73.75	67.76
	2018	35.88	77.03	79.34	75.68	70.74
	2019	37.28	76.21	77.51	72.88	63.50
私营	2016	31.62	9.43	6.11	9.90	10.12
	2017	31.44	9.01	6.49	9.74	8.50
	2018	32.04	9.42	6.74	9.36	7.45
	2019	32.90	10.47	8.26	12.16	9.49
外商和港澳台	2016	7.23	3.74	6.24	7.33	18.10
	2017	7.79	3.95	6.31	7.50	14.57
	2018	7.76	4.15	6.22	7.66	14.00
	2019	7.74	4.88	7.65	8.32	20.87

从细分行业看（见表4-9、表4-11、表4-13、表4-15和表4-17），2019年，煤炭开采和洗选业国有控股工业企业从业人员人数、资产总额、营业收入、利润总额在三种经济类型企业中处于绝对优势地位，企业户数处于次要优势地位（低于私营工业企业）；石油和天然气开采业国有控股工业企业户

数、从业人员人数、资产总额、营业收入在三种经济类型企业中处于绝对优势地位，利润总额处于次要优势地位（低于外商投资和港澳台商投资工业企业）；石油、煤炭及其他燃料加工业国有控股工业企业营业收入在三种经济类型企业中处于绝对优势地位，从业人员人数、资产总额、利润总额处于相对优势地位，企业户数处于次要优势地位（低于私营工业企业）；电力、热力生产和供应业国有控股工业企业户数、从业人员人数、资产总额、营业收入、利润总额在三种经济类型企业中均处于绝对优势地位；燃气生产和供应业国有控股工业企业资产总额、营业收入在三种经济类型企业中处于绝对优势地位，企业户数、从业人员人数处于相对优势地位，利润总额处于次要优势地位（低于外商投资和港澳台商投资工业企业）。

从能源工业在国有控股工业的内部构成上看，2019年，能源工业国有控股工业企业户数、从业人员人数、资产总额、营业收入、利润总额占全部国有控股工业企业户数、从业人员人数、资产总额、营业收入、利润总额比重分别为31.89%、39.01%、47.74%、39.73%、41.45%，与2016年相比，企业户数、资产总额、营业收入、利润总额比重呈上升趋势，分别上升1.15个百分点、0.98个百分点、1.83个百分点、4.71个百分点，从业人员人数比重则下降了0.69个百分点。图4-20给出了2016~2019年能源工业国有控股工业企业相关指标占全部国有控股工业企业的比重及变化情况。

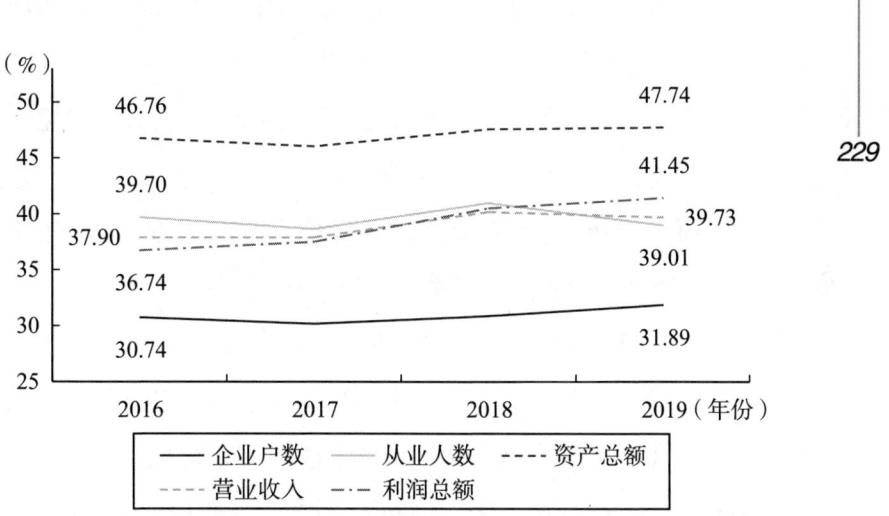

图4-20 能源工业国有控股工业企业相关指标占全部国有控股工业企业比重

三、国有经济在装备制造业领域布局情况

装备制造业共包括金属制品业，通用设备制造业，专用设备制造业，汽车制造业，铁路、船舶、航空航天和其他运输设备制造业，电气机械和器材制造业，计算机、通信和其他电子设备制造业，仪器仪表制造业8个工业行业。截至2019年底，规模以上国有控股装备制造业工业企业共有0.50万户（较2016年增加0.04万户）、从业人员370.66万人（较2016年减少66.36万人）、资产总额10.09万亿元（较2016年增加

1.12万亿元），2019年实现营业收入7.09万亿元（较2016年增加0.46万亿元）、利润总额0.37万亿元（较2016年减少0.10万亿元），占规模以上全部装备制造业工业企业户数、从业人员人数、资产总额、营业收入、利润总额比重分别为3.61%（较2016年下降0.11个百分点）、11.66%（较2016年下降1.05个百分点）、24.39%（较2016年下降1.22个百分点）、18.37%（较2016年上升2.17个百分点）、16.39%（较2016年上升1.02个百分点）。2019年，在装备制造业领域，国有控股工业企业在所有指标上相较于私营工业企业以及外商投资和港澳台商投资工业企业均处于绝对劣势地位。表4-20给出了不同经济类型装备制造业企业占规模以上全部装备制造业企业比重。

表4-20 不同经济类型装备制造业企业占规模以上全部装备制造业企业比重

单位：%

类型	年份	企业户数	从业人数	资产总额	营业收入	利润总额
国有控股	2016	3.72	12.71	25.61	16.20	17.41
	2017	3.71	12.58	26.36	17.79	18.88
	2018	3.38	11.11	24.17	18.82	19.72
	2019	3.61	11.66	24.39	18.37	16.39

第四章 "十三五"时期中国国有经济的产业布局与结构演变

续表

类型	年份	企业户数	从业人数	资产总额	营业收入	利润总额
私营	2016	54.91	32.06	23.15	31.68	30.92
	2017	56.25	32.65	22.84	30.35	28.93
	2018	57.31	33.08	23.06	27.20	24.98
	2019	63.69	37.66	25.04	30.41	30.62
外商和港澳台	2016	17.17	33.57	31.10	34.10	34.73
	2017	16.60	33.16	30.40	34.60	35.93
	2018	16.27	34.11	31.44	36.90	38.28
	2019	14.84	31.18	29.65	34.98	34.56

从细分行业看（见表4-9、表4-11、表4-13、表4-15和表4-17），2019年，金属制品业，通用设备制造业，电气机械和器材制造业，仪器仪表制造业4个行业国有控股工业企业户数、从业人员人数、资产总额、营业收入、利润总额在三种经济类型企业中均处于绝对劣势地位；专用设备制造业，计算机、通信和其他电子设备制造业2个行业国有控股工业企业资产总额在三种经济类型企业中处于次要优势地位（前者低于私营工业企业，后者低于外商投资和港澳台商投资业企业），企业户数、从业人员人数、营业收入、利润总额在三种经济类型企业中处于绝对劣势地位；汽车制造业国有控股工业企业资

产总额在三种经济类型企业中处于相对优势地位，营业收入、利润总额在三种经济类型企业中处于次要优势地位（均低于外商投资和港澳台商投资业企业），企业户数、从业人员人数在三种经济类型企业中处于绝对劣势地位；铁路、船舶、航空航天和其他运输设备制造业国有控股工业企业资产总额、营业收入在三种经济类型企业中均处于绝对优势地位，从业人员人数、利润总额在三种经济类型企业中处于相对优势地位，企业户数在三种经济类型企业中处于次要优势地位（低于私营工业企业）。

从装备制造业在国有控股工业的内部构成上看，2019年，装备制造业国有控股工业企业户数、从业人员人数、资产总额、营业收入、利润总额占全部国有控股工业企业户数、从业人员人数、资产总额、营业收入、利润总额比重分别为24.05%、26.13%、21.49%、24.64%、23.18%，与2016年相比，企业户数、营业收入、利润总额比重呈下降趋势，分别下降0.34个百分点、3.09个百分点、14.86个百分点，从业人员人数、资总额产比重则分别上升了0.36个百分点、0.02个百分点。图4-21给出了2016~2019年装备制造业国有控股工业企业相关指标占全部国有控股工业企业的比重及变化情况。

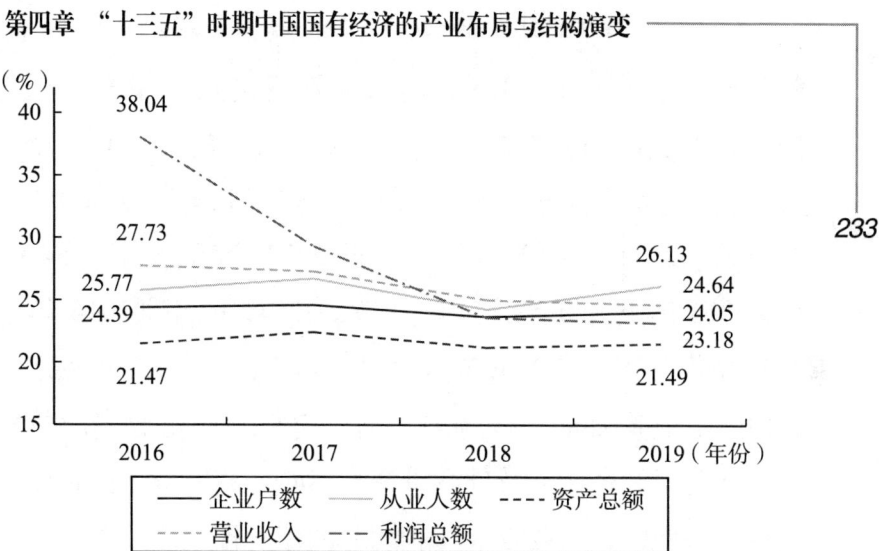

图 4-21 装备制造业国有控股工业企业相关指标占全部国有控股工业企业比重

四、国有经济在高耗能工业领域布局情况

高耗能工业共包括石油、煤炭及其他燃料加工业，化学原料和化学制品制造业，非金属矿物制品业，黑色金属冶炼和压延加工业，有色金属冶炼和压延加工业，电力、热力生产和供应业6个工业行业。截至2019年底，规模以上国有控股高耗能工业企业共有0.86万户（较2016年增加0.05万户）、从业人员502.58万人（较2016年减少85.94万人）、资产总额23.81万亿元（较2016年增加2.72万亿元），2019年实现营业收入15.45万亿元（较2016年增加3.42万亿元）、利润总

额 0.60 万亿元（较 2016 年增加 0.07 万亿元），占规模以上全部高耗能工业企业户数、从业人员人数、资产总额、营业收入、利润总额比重分别为 10.65%（较 2016 年上升 1.07 个百分点）、32.44%（较 2016 年上升 2.33 个百分点）、54.43%（较 2016 年上升 0.58 个百分点）、42.49%（较 2016 年上升 8.53 个百分点）、32.69%（较 2016 年上升 5.12 个百分点）。2019 年，在高耗能工业领域，国有控股工业企业资产总额相较于私营工业企业以及外商投资和港澳台商投资工业企业处于绝对优势地位，营业收入和利润总额在三种经济类型企业中也处于相对优势地位，企业户数和从业人员人数在三种经济类型企业中处于次要优势地位（均低于私营工业企业）。表 4-21 给出了不同经济类型高耗能工业企业占规模以上全部高耗能工业企业比重。

表 4-21　不同经济类型高耗能工业企业占规模以上全部高耗能工业企业比重　　　单位：%

类型	年份	企业户数	从业人数	资产总额	营业收入	利润总额
国有控股	2016	9.58	30.11	53.85	33.96	27.57
	2017	9.78	30.11	54.63	38.00	33.09
	2018	9.84	32.31	55.00	43.04	37.33
	2019	10.65	32.44	54.43	42.49	32.69

第四章 "十三五"时期中国国有经济的产业布局与结构演变

续表

类型	年份	企业户数	从业人数	资产总额	营业收入	利润总额
私营	2016	54.38	35.79	17.94	31.97	34.41
	2017	55.38	35.51	17.89	29.68	28.91
	2018	55.31	34.55	17.20	25.92	25.11
	2019	61.06	38.90	20.06	30.36	32.36
外商和港澳台	2016	8.46	10.03	11.30	11.96	16.56
	2017	8.28	9.68	10.86	11.97	16.50
	2018	8.29	10.09	10.78	12.27	16.69
	2019	7.40	8.73	10.16	10.96	16.55

从细分行业看（见表4-9、表4-11、表4-13、表4-15和表4-17），2019年，石油、煤炭及其他燃料加工业国有控股工业企业营业收入在三种经济类型企业中处于绝对优势地位，从业人员人数、资产总额、利润总额在三种经济类型企业中处于相对优势地位，企业户数在三种经济类型企业中处于次要优势地位（低于私营工业企业）；化学原料和化学制品制造业国有控股工业企业资产总额在三种经济类型企业中处于相对优势地位，从业人员人数在三种经济类型企业中处于次要优势地位（低于私营工业企业），企业户数、营业收入、利润总额在三种经济类型企业中处于绝对劣势地位；非金属矿物制品业国有控股工业企业户数、从业人员人数、资产总额、营业收入、利润总额在三种经济类型企业中均处于次要优势地位（均

低于私营工业企业）；黑色金属冶炼和压延加工业国有控股工业企业资产总额在三种经济类型企业中处于相对优势地位，从业人员人数、营业收入、利润总额在三种经济类型企业中处于次要优势地位（均低于私营工业企业），企业户数在三种经济类型企业中处于绝对劣势地位；有色金属冶炼和压延加工业国有控股工业企业资产总额、营业收入在三种经济类型企业中处于相对优势地位，企业户数、从业人员人数、利润总额在三种经济类型企业中处于次要优势地位（均低于私营工业企业）；电力、热力生产和供应业国有控股工业企业户数、从业人员人数、资产总额、营业收入、利润总额在三种经济类型企业中均处于绝对优势地位。

从高耗能工业在国有控股工业的内部构成上看，2019年，高耗能工业国有控股工业企业户数、从业人员人数、资产总额、营业收入、利润总额占全部国有控股工业企业户数、从业人员人数、资产总额、营业收入、利润总额比重分别为41.76%、35.43%、50.70%、53.69%、37.58%，与2016年相比，企业户数、利润总额比重呈下降趋势，分别下降0.69个百分点、5.37个百分点，从业人员人数、资产总额、营业收入比重则呈上升态势，分别上升0.73个百分点、0.20个百分点、3.36个百分点。图4-22给出了2016~2019年高耗能工业国有控股工业企业相关指标占全部国有控股工业企业的比重及变化情况。

第四章 "十三五"时期中国国有经济的产业布局与结构演变

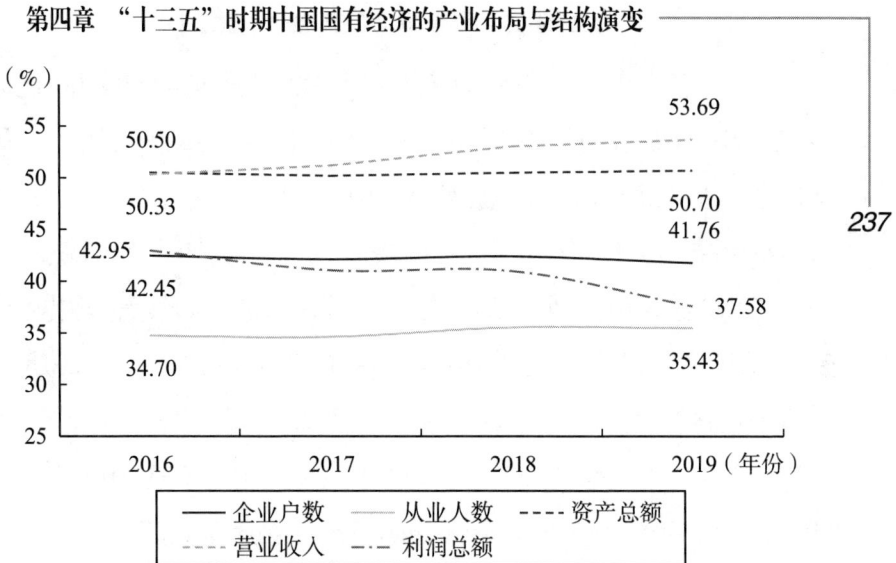

图4-22 高耗能工业国有控股工业企业相关指标占全部国有控股工业企业比重

五、国有经济在高技术制造业领域布局情况

按照高技术产业（制造业）分类标准，高技术制造业共有6个大类行业、34个中类行业，涉及《2017年国民经济行业分类》中的9个大类行业、29个中类行业。截至2019年底，规模以上国有控股高技术制造业企业共有1782户（较2016年增加182户、较2018年增加86户）、从业人员141.93万人（较2016年减少13.46万人、较2018年减少7.55万人），2019年实现营业收入1.72万亿元（较2016年增加0.16

万亿元、较 2018 年减少 0.07 万亿元)、利润总额 993.00 亿元（较 2016 年减少 67.50 亿元、较 2018 年减少 98.00 亿元）、研发经费投入 850.41 亿元（较 2016 年减少 147.72 亿元、较 2018 年减少 7.92 亿元），占规模以上全部高技术制造业企业户数、从业人员人数、营业收入、利润总额、研发经费投入比重分别为 4.973%（较 2016 年下降 0.23 个百分点、较 2018 年下降 0.08 个百分点）、11.019%（较 2016 年下降 0.56 个百分点、较 2018 年下降 0.32 个百分点）、10.841%（较 2016 年上升 0.71 个百分点、较 2018 年下降 0.59 个百分点）、9.454%（较 2016 年下降 0.84 个百分点、较 2018 年下降 1.15 个百分点）、19.877%（较 2016 年下降 2.19 个百分点、较 2018 年下降 1.56 个百分点）。在高技术制造业领域，国有控股工业企业相较于其他内资工业企业以及外商投资和港澳台商投资工业企业全面处于绝对劣势地位。表 4-22 给出了不同经济类型高技术制造业企业占规模以上全部高技术制造业企业比重。

表 4-22　不同经济类型高技术制造企业占规模以上全部高技术制造企业比重

单位：%

类型	年份	企业户数	从业人数	营业收入	利润总额	研发经费
国有控股	2016	5.20	11.58	10.13	10.29	22.07
	2018	5.05	11.34	11.43	10.60	21.44
	2019	4.97	11.02	10.84	9.45	19.88

第四章 "十三五"时期中国国有经济的产业布局与结构演变

续表

类型	年份	企业户数	从业人数	营业收入	利润总额	研发经费
其他内资	2016	71.48	43.20	44.80	52.86	51.56
	2018	75.03	46.94	46.46	56.82	55.20
	2019	76.49	49.53	47.98	60.29	58.27
外商和港澳台	2016	23.32	45.22	45.08	36.85	26.38
	2018	19.92	41.72	42.11	32.59	23.36
	2019	18.54	39.45	41.18	30.26	21.85

从大类行业视角看，高技术制造业大类行业与《2017年国民经济行业分类》所涉及的大类行业并非一一对应关系，有的高技术制造业大类行业仅涉及《2017年国民经济行业分类》中大类行业下的若干中类行业或小类行业，如信息化学品制造业这个高技术制造业大类行业只是包含了《2017年国民经济行业分类》中1个中类行业下的2个小类行业，因此若直接使用其所属的大类行业数据进行分析，则无法准确反映相关高技术制造业的发展情况，此外，又无法从公开统计资料中获得《2017年国民经济行业分类》中小类行业的相关数据，故此处从中类行业的视角来分析高技术制造业企业的布局情况。

从细分中类行业看，2019年，在企业户数上，没有任何一个中类行业的国有控股工业企业在三种经济类型企业中处于绝对优势地位，航空、航天器及设备制造的国有控股工业企业在三种经济类型企业中处于相对优势地位；在从业人员人数上，航空、航天器及设备制造，雷达及配套设备制造，铁路、船舶、航空航天等运输设备修理3个中类行业的国有控股工业企业在三种经济类型企业中处于绝对优势地位，广播电视设备制造，中成药生产2个中类行业的国有控股工业企业在三种经济类型企业中处于相对优势地位；在资产总额上，航空、航天器及设备制造，雷达及配套设备制造，铁路、船舶、航空航天等运输设备修理3个中类行业的国有控股工业企业在三种经济类型企业中处于绝对优势地位，没有任何一个中类行业的国有控股工业企业在三种经济类型企业中处于相对优势地位；在营业收入上，雷达及配套设备制造，航空、航天器及设备制造2个中类行业的国有控股工业企业在三种经济类型企业中处于绝对优势地位，生物药品制品制造的国有控股工业企业在三种经济类型企业中处于相对优势地位；在利润总额上，航空、航天器及设备制造，雷达及配套设备制造，铁路、船舶、航空航天等运输设备修理3个中类行业的国有控股工业企业在三种经济类型企业中处于绝对优势地位，没有任何一个中类行业的国有控股工业企业在三种经济类型企业中处于相对优势地位。

从高技术制造业在国有控股工业的内部构成上看，2019

第四章 "十三五"时期中国国有经济的产业布局与结构演变

年,高技术制造业国有控股工业企业户数、从业人员人数、营业收入、利润总额占全部国有控股工业企业户数、从业人员人数、营业收入、利润总额比重分别为8.62%(较2016年上升0.21个百分点、较2018年下降0.46个百分点)、10.01%(较2016年上升0.85个百分点、较2018年下降0.53个百分点)、5.99%(较2016年下降0.53个百分点、较2018年下降0.31个百分点)、6.18%(较2016年下降2.43个百分点、较2018年提高0.31个百分点)。图4-23给出了高技术制造业国有控股工业企业相关指标占全部国有控股工业企业的比重及变化情况。

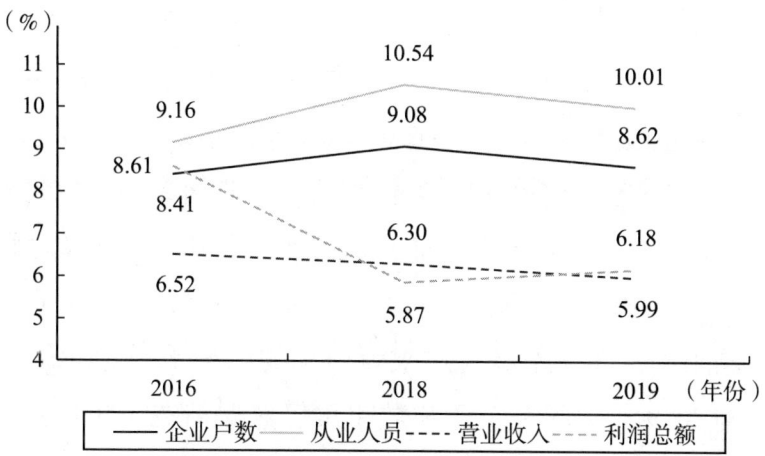

图4-23 高技术制造业国有控股工业企业相关指标占全部国有控股工业企业比重

第四节　现阶段中国国有经济产业布局特征及存在问题

一、国有企业在国民经济各领域中的布局已"少之又少"

2016年以来，国有企业户数占整个国民经济全部法人单位数的比重已不足1%，且在总体变化趋势上呈进一步下降之势；从三次产业上看，第一产业和第三产业国有企业户数比重不足1%，第二产业国有企业户数比重不足1.5%，且总体上看也呈下降之势。从国民经济各细分领域来看，国有企业户数的布局比重也几乎都是在本来就很小的情况下呈不断下降趋势，到2019年，国有企业户数比重仍然保持在1%以上的只有交通运输、仓储和邮政业等6个领域，且都呈现出下降的发展态势。从国有企业户数在三次产业和国民经济各细分领域中的布局比重来看，国有经济非但没"进"，反而一直在"退"。

第四章 "十三五"时期中国国有经济的产业布局与结构演变

二、部分行业国有企业经营效率不高

从规模以上工业领域看，2019年，在国有企业涉足的40个工业大类行业中，所有行业国有控股工业企业的户均资产总额均高于行业平均水平，也高于私营工业企业及外商和港澳台商投资工业企业，其中18个行业国有控股工业企业的户均资产总额是行业平均水平的5倍以上，20个行业国有控股工业企业的户均资产总额是私营工业企业的10倍以上，20个行业国有控股工业企业的户均资产总额是外商和港澳台商投资工业企业的3倍以上；除纺织服装、服饰业外其他39个行业国有控股工业企业的户均营业收入均高于行业总体水平，所有行业国有控股工业企业的户均营业收入均高于私营工业企业，除煤炭开采和洗选业等9个行业外其他行业国有控股工业企业的户均营业收入均高于外商和港澳台商投资工业企业，其中19个行业国有控股工业企业的户均营业收入是行业平均水平的3倍以上（7个行业是5倍以上），24个行业国有控股工业企业的户均营业收入是私营工业企业的5倍以上（11个行业是10倍以上），17个行业国有控股工业企业的户均营业收入是外商和港澳台商投资工业企业的2倍以上（8个行业是3倍以上）。

然而，在如此"高资产、高收入"的情况下，有32个行业的国有控股工业企业资产利润率低于行业平均水平（其中有2个行业是亏损的），这32个行业中有28个行业的国有控股工业企业资产周转率低于行业平均水平（除这28个行业外还有6个行业低于行业平均水平），同样是上述32个行业中有27个行业的国有控股工业企业营业收入利润率低于行业平均水平（除这27个行业外还有1个行业低于行业平均水平）；有31个行业的国有控股工业企业资产利润率低于私营工业企业，这31个行业中有29个行业的国有控股工业企业资产周转率低于私营工业企业（除这29个行业外还有5个行业低于私营工业企业），同样是这31个行业中有26个行业的国有控股工业企业营业收入利润率低于私营工业企业（除这26个行业外还有2个行业低于私营工业企业）；有33个行业的国有控股工业企业资产利润率低于外商和港澳台商投资工业企业，这33个行业中有26个行业的国有控股工业企业资产周转率低于外商和港澳台商投资工业企业（除这26个行业外还有4个行业低于外商和港澳台商投资工业企业），同样在这33个行业中有30个行业的国有控股工业企业营业收入利润率低于外商和港澳台商投资工业企业（除这30个行业外还有1个行业低于外商和港澳台商投资工业企业）。

尽管国有控股工业企业的平均资产总额规模和平均营业收入规模相对较大，逐步实现了"做大"，但国有控股工业企业的盈利能力和周转率普遍偏低的事实也在某种意义上表明国有企业距离"做强做优"还有一定差距。国有企业盈利能力偏低固然有国有资本向关系国家安全、国民经济命脉和国计民生的重要行业和关键领域等非营利领域集中的原因，但基于同行业不同经济类型企业比较的结果也说明国有企业并未优于非国有企业。

三、国有企业低水平过度竞争现象普遍、缺乏竞争力

从规模以上工业领域来看，属于完全竞争领域的典型行业有农副食品加工业、食品制造业、纺织业、纺织服装服饰业、皮革毛皮羽毛及其制品和制鞋业、木材加工和木竹藤棕草制品业、家具制造业、造纸和纸制品业、印刷和记录媒介复制业、文教工美体育和娱乐用品制造业10个行业。2019年，这10个行业中的8个行业的国有控股工业企业资产利润率低于行业平均水平和私营工业企业及外商投资和港澳台商投资工业企业，只有家具制造业、文教工美体育和娱乐用品制造业2个行业高于行业平均水平和私营工业企业及外商和港澳台商投资工业企业。

四、国有企业在关系国计民生的公共服务领域和基础性行业领域投入不足

从规模以上工业领域来看，3个典型的关系国计民生的公共服务领域和基础性行业领域是电力热力生产和供应业、燃气生产和供应业、水的生产和供应业，2019年，这3个行业的国有控股工业企业无论是在企业户数、从业人员人数还是在资产总额、营业收入、利润总额方面占全部国有控股工业企业的比重相较于2018年都是上升的，表明从规模以上工业企业视角看国有资本正向这3个行业流动；但从占规模以上全部工业企业比重视角来看，尽管这3个行业国有控股工业企业在各方面的比重都大于私营工业企业及外商投资和港澳台商投资工业企业，也还占据绝对优势地位，但无论是企业户数、从业人员人数还是资产总额、营业收入、利润总额的比重均较2018年呈下降之势，表明国有企业在这3个行业投入力度下降。

五、国有企业在关系国家安全和国民经济命脉的行业领域投入不足且部分行业的控制力减弱甚至失去控制力

从规模以上工业领域看,2019年,在工业41个大类行业的规模以上企业中,国有控股工业企业资产总额占据绝对优势地位的行业已不足三成,若再考虑企业户数、从业人员人数、营业收入、利润总额等方面,国有企业占据优势地位的行业甚至更少,而这其中,部分关系国家经济安全和国民经济命脉的行业领域如能源工业国有企业的控制地位还呈不断下降的态势。2019年,尽管国有控股能源工业企业无论是在从业人员人数、资产总额还是在营业收入、利润总额方面都占据绝对控制地位,但占规模以上能源工业的比重却呈下降趋势。此外,粮食和食品产业也是关系国家安全和国民经济命脉的行业领域,通过对农业、农副食品加工业、食品制造业3个大类行业的相关数据研究发现,2019年,这3个行业合计的资产总额和国有资本权益总额占全部国有企业资产总额和国有资本权益总额的比重仅为0.65%左右,可见粮食和食品产业的国有企业布局严重不足。通过观察农副食品加

工业和食品制造业国有控股工业企业在规模以上工业企业中的地位不难发现，这2个行业国有控股工业企业资产总额占各自行业规模以上工业企业资产总额比重均在8%左右，失去了控制力。

六、国有企业在高技术产业领域、前瞻性战略性产业领域等战略支撑作用和引领作用不够

从规模以上工业领域看，截至2019年底，在高技术制造业所涉及的34个中类行业中只有3个行业国有控股工业企业资产总额在三种经济类型企业中处于绝对优势地位，而从高技术制造业整体上看，国有控股工业企业资产总额远低于其他内资企业及外商和港澳台商投资企业；截至2019年底，在装备制造业所涉及的66个中类行业中只有7个行业国有控股工业企业资产总额在三种经济类型企业中处于绝对优势地位，而从装备制造业整体上看，国有控股工业企业资产总额也低于私营工业企业及外商和港澳台商投资企业。另外，从贡献上看，根据《中华人民共和国2020年国民经济和社会发展统计公报》，2019年，高技术制造业增加值较上年增长8.8%，占规模以上工业增加值的比重为14.4%，其中国有控股工业企业的贡献

约为11%①（其他内资企业、外商和港澳台商投资工业企业的贡献约为48%和41%）；装备制造业较上年增长6.7%，占规模以上工业增加值的比重为32.5%，其中国有控股工业企业的贡献约为18%（私营工业企业、外商和港澳台商投资工业企业的贡献约为30%和35%）。

高技术产业是决定国家竞争力的关键行业，发展高技术产业对于改造传统产业、推动产业结构升级、提高劳动生产率和经济效益、减少资源消耗具有不可替代的作用；装备制造业是支撑国家综合国力的重要基石，事关国家经济安全、国防安全的战略性产业。从国有控股工业企业在高技术制造业和装备制造业的发展现状来看，国有企业对其发展贡献明显不足，支撑和引领作用不够。

七、国有企业分布传统产业价值链中低端过多

高耗能行业是典型的产业链低端产业，从规模以上高耗能工业看，2019年，高耗能工业的国有控股工业企业资产总额占规模以上工业企业资产总额比重达54.43%，占全部国有控

---

① 由于无法获得工业增加值数据，通过计算发现，高技术制造业营业收入占规模以上工业营业收入的比重为14.882%，与高技术制造业增加值占规模以上工业增加值的比重较为接近，故我们通过营业收入的视角计算了三种经济类型企业的贡献，装备制造业也是如此。

股工业企业资产总额比重达50.70%（且有上升之势）。尽管高耗能行业在工业领域占据重要地位，对工业增长的贡献接近三成，但高耗能行业又是"两高一剩"现象相对比较严重的行业，有超过五成的工业国有资本位于其中，同时考虑到国有控股工业企业固定资产增速又高于行业平均水平和其他类型经济企业，这一比重仍显偏高。

八、国有企业的行业引领作用普遍不足

2019年，在工业领域41个大类行业中，只有10个行业国有控股工业企业对行业增长的贡献率（以营业收入计算）为三种经济类型企业中最大的，其中铁路、船舶、航空航天和其他运输设备制造业，仪器仪表制造业的国有控股工业企业对行业增长的贡献最大；有17个行业的国有控股工业企业甚至抑制了行业的增长，其中有6个行业的国有控股工业企业严重制约了行业的发展。尽管单纯从基于营业收入的行业增长贡献率视角来评价国有企业在行业发展中的支撑作用和引领作用不够全面，但也在一定意义上反映了国有企业对行业发展的拉动作用，而国有控股工业企业对行业增长贡献率普遍偏低也在某种程度上说明了国有企业对行业增长的拉动效应不高。

第五节　加快国有经济产业布局优化和结构调整的对策建议

一、进一步推动国有资本向关系国家安全、国民经济命脉和国计民生的重要行业和关键领域集中

从国有资产的行业布局看，近年来，国有经济布局优化和结构调整取得了明显成效，但也不可否认的是，国有经济在国民经济各行业一退再退，国有经济占据绝对主导地位和控制地位的行业已然不多。因此，为实现"做强做优做大""增强国有经济竞争力、创新力、控制力、影响力、抗风险能力"，下一步改革的重点首先应是巩固国有经济在关系国家安全和国民经济命脉行业领域的优势地位，持续加强对有关产业改革发展的支持力度，增强国有经济活力，支撑宏观经济健康稳定发展。此外，装备制造业特别是高端装备制造业在国民经济中的重要地位和作用不言而喻，高技术产业及战略性新兴产业在国

民经济中的地位和作用与日俱增，然而国有经济在这些领域的贡献却明显不足，因此，要进一步优化和加强国有经济在装备制造业、高技术制造业及战略性新兴产业的布局和投资力度，全面改造、升级传统产业，发展新技术、新产业、新业态、新模式，增强国有经济在装备制造业、高技术制造业及战略性新兴产业的地位和作用。

二、引导国有资本向价值链高端领域和产业链关键环节集中

长期以来，中国产业一直处于全球价值链和产业链的低端，附加值创造能力低，粗放型发展特征较为明显，并且由于缺乏核心技术创新能力，从而在国内外环境发生深刻变化的背景下面临可持续难题甚至崩溃的风险。引导国有资本向价值链高端领域和产业链关键环节集中，不仅能够延伸国有企业的产业链、提高国有企业的产品附加值，还能进一步提升中国产业在全球价值链中的分工地位、助推中国产业迈上全球价值链的中高端，更能推动国有经济的布局优化和结构调整。从横向来看，引导国有资本向价值链高端领域和产业链关键环节集中，可以对其他类型经济形式的发展产生"示范效应"或"传染效应"，通过国有资本的"示范"和"传染"，其他类型经济

形式可以将节省的成本用于扩大投资或进行资本的深化，通过拓展和深化，其他类型经济形式的发展得到带动和促进；从纵向看，引导国有资本向价值链高端领域和产业链关键环节集中，国有经济可以通过对要素或中间产品的需求以及提供优质的中间产品，对上下游产业产生联动效应和溢出效应。

三、进一步推进国有企业供给侧结构性改革

经过多年的结构调整和布局优化，国有资本基本上实现了集中于关系国家安全、国民经济命脉和国计民生的重要行业和关键领域及公共服务领域和基础性行业领域，但伴随而来的却是国有企业经营的低效性，大量行业存在"高资产、高用工、低产出、低利润"现象。因此，国有经济布局优化和结构调整也应着眼于增强国有企业市场活力的微观领域，有针对性地加大相关行业国有企业供给侧结构性改革力度，加快"僵尸企业"市场出清，加快非主业、非优势业务的"两非"剥离，加强无效资产和低效资产的"两资"处置，提升产能利用率、防止产能过剩，降低企业营业成本和费用，提高国有企业的盈利能力和营运效率。

四、加快推进国有企业的高质量发展

高耗能行业在工业领域占据重要地位,对工业增长的贡献接近三成,有超过 50% 的国有资产处于其中。高耗能行业又是"两高一剩"现象相对比较严重的行业,因此,应加快推进国有企业在高耗能行业的高质量发展,加快推进国有企业转型升级,提升国有企业集约化和高端化发展水平,推动高耗能行业创新、集约、绿色、高效发展。此外,推进国有企业的高质量发展还体现在对已经形成较大存量资产的钢铁、有色、化工等传统产业领域,加快利用高新技术和先进适用技术进行改造提升,提高工艺技术装备水平,促进节能减排和清洁生产。

五、切实发挥"两类公司"在推动国有经济布局优化和结构调整中的作用

2018 年 7 月,国务院印发的《国务院关于推进国有资本投资、运营公司改革试点的实施意见》提出,要"发挥国有资本投资、运营公司平台作用,促进国有资本合理流动,优化国有资本投向,向重点行业、关键领域和优势企业集中,推动

第四章 "十三五"时期中国国有经济的产业布局与结构演变

国有经济布局优化和结构调整，提高国有资本配置和运营效率，更好服务国家战略需要"。改组组建国有资本投资、运营公司（"两类公司"），是新一轮国企改革中的全新尝试，是实现以管资本为主加强国有资产监管的重要举措，也是提高国有资本流动性、推动国有经济布局优化和结构调整的重要手段。事实上，自2014年以来，中央和地方国资监管部门便开展了"两类公司"的相关试点工作，几年来，试点企业在探索国有资本市场化运作、促进产业结构调整和优化国有资本布局等方面取得重要进展和明显成效，积累了有益经验。《国务院关于推进国有资本投资、运营公司改革试点的实施意见》的出台，为"两类公司"发挥实质性作用提供了政策保障，因此，在接下来的国有企业改革实践中应切实发挥"两类公司"资本持股主体、资本运作主体和进退通道的作用，以资本流动、产业引领来加快推进国有经济的布局优化和结构调整。

第五章

"十三五"时期国有经济的区域布局与协调发展

中国特色社会主义进入了新时代,这是我国发展新的历史方位。国有经济依然是中国特色社会主义的支柱,是推进中国进入历史新时代的强大动力。习近平总书记高度重视国有经济布局结构调整,指出:"加快国有经济布局优化、结构调整、战略性重组。"① "要按照创新、协调、绿色、开放、共享的发展理念的要求,推进结构调整、创新发展、布局优化,使国有企业在供给侧结构性改革中发挥带动作用。"② "有进有退、有

---

① 习近平:《理直气壮做强做优做大国有企业》,载于《人民日报》2016年7月5日第1版。

② 中共中央宣传部编:《习近平总书记系列重要讲话读本 2016年版》,人民出版社2016年版。

第五章 "十三五"时期国有经济的区域布局与协调发展

所为有所不为,创新发展一批、重组整合一批、清理退出一批,促进国有资本向战略性关键性领域、优势产业集聚,加快国有经济战略性调整步伐。"[①] 习近平总书记的重要论述,既对推进调整优化国有经济布局结构提出了明确要求,又深刻指出了实现的途径和方法。这是在新的历史起点上,以习近平同志为核心的党中央对国有经济布局作出的重大部署,为新时代国有经济区域布局指明了前进方向,提供了根本遵循。

  国有经济对区域经济的影响是不言而喻的,甚至可以从中找到中国区域经济形成与变化的体制原因。从发展的角度来看,在今后的区域经济发展中,国有经济需要进行相关的改革,并且毫无疑问会对区域经济的高质量发展产生重大影响。中国经济已由高速增长阶段转向高质量发展阶段。国有经济作为我国国民经济的重要支柱,在建设社会主义现代化强国中肩负着重大职责使命,在实现我国经济高质量发展中承担着重要历史任务。国资监管机构和广大国有企业要切实增强责任感和紧迫感,按照高质量发展要求,努力在提升国有经济发展质量上狠下功夫。从战略调整国有经济布局是国有经济发展的关键问题,它既涉及国有经济的宏观调整,也涉及国有企业的微观调整和改组,是一个涉及国民经济改革发展的全局性问题。调整国有经济布局涉及方方面面,既涉及行业布局,也涉及区域

---

  ① 习近平:《理直气壮做强做优做大国有企业》,载于《人民日报》2016年7月5日第1版。

布局。国有经济布局同时具有行业布局和区域布局两个方面。国有企业的布局同时具有行业属性和区域属性两个方面，因此，对国有经济实施战略性调整也必然包括两个方面的要求，要兼顾行业调整和区域调整两个方面的要求。所以，国有经济在区域布局上的优化和调整是推进国有经济高质量发展的基础条件。中国国有经济的地区性布局和结构变化是否合理，对于整个宏观经济的平稳运行和快速增长具有重要的意义。调整和优化国有经济的地区性布局和结构，是深化经济改革、促进经济发展的根本途径。

本章分析数据来自相关年份公开出版的《中国统计年鉴》《中国财政年鉴》《中国工业统计年鉴》《中国税务年鉴》。

第一节 "十三五"时期国有资产的区域分布特征及演变

一、国有资产总额的区域分布情况

在本章中将分析我国"十三五"时期（2016~2020年）

第五章 "十三五"时期国有经济的区域布局与协调发展

国有经济区域布局演变态势，分析和描述中国国有经济在各个地区的分布情况以及分布的差异性和规律性。为了便于分析，根据《中共中央国务院关于促进中部地区崛起的若干意见》《国务院关于西部大开发若干政策措施的通知》以及党的十六大报告的精神，可以将我国的经济区域划分为东部（包括北京、天津、河北、上海、江苏、浙江、福建、山东、广东、海南）、中部（包括山西、安徽、江西、河南、湖北、湖南）、西部（包括重庆、四川、贵州、云南、西藏、陕西、甘肃、青海、宁夏、新疆、内蒙古、广西）和东北（包括辽宁、吉林、黑龙江）四大地区。

表5-1是"十三五"时期（2016~2020年）各省级行政区及中国四大经济区域的国有资产的统计数据表。

表5-1　　"十三五"时期国有资产区域分布

地区	资产总额（亿元）					均值（亿元）	平均增长率（%）
	2016年	2017年	2018年	2019年	2020年		
东部	**131516.6**	**156378.1**	**190650.7**	**219343.3**	**254757.6**	**190529.3**	**18.00**
北京	12222.2	14903.4	16529	17407	18331.64	15878.6	10.87
天津	10998.4	11655.8	12244.1	12802.7	13386.78	12217.6	5.04
河北	4045.9	7824.8	8466.3	8819.7	9187.852	7668.9	27.49
上海	21112.9	22555.1	23387.1	24651.3	25983.84	23538.0	5.33
江苏	25042.9	28428.7	43347.1	48880	55119.13	40163.6	22.88

续表

地区	资产总额（亿元）					均值（亿元）	平均增长率（%）
	2016年	2017年	2018年	2019年	2020年		
浙江	16739	18752.9	24793.3	34890	49098.43	28854.7	31.42
福建	8655.7	10316.7	11889.1	13811.7	16045.21	12143.7	16.69
山东	10905.4	13301.4	16759.2	20631.3	25398.02	17399.1	23.54
广东	20167	27420.2	31406.7	35266.3	39600.21	30772.1	18.77
海南	1627.2	1219.1	1828.8	2183.3	2606.517	1893.0	15.93
中部	**36620.7**	**55363.9**	**73320.8**	**84787.4**	**101754.1**	**70369.4**	**29.82**
山西	4025.4	5781.2	10796.5	8630.2	6898.565	7226.4	22.56
安徽	9865.5	20078.9	21663	23074.9	24578.82	19852.2	31.11
江西	5739.1	8614.3	10431.4	13926.8	18593.45	11461.0	34.55
河南	5298.9	5761.5	8318.5	9001.9	9741.444	7624.4	17.39
湖北	5885.8	7064.3	9526.4	10881.5	12429.36	9157.5	20.83
湖南	5806	8063.7	12585	19272.1	29512.42	15047.8	50.31
西部	**79462.5**	**107491.6**	**134336.8**	**146686.3**	**160767**	**125748.8**	**19.76**
重庆	16015.3	19292.8	20446.8	21741.5	23118.18	20122.9	9.78
四川	13254	21827	25749.5	27524.3	29421.43	23555.2	24.11
贵州	10188.2	12056.6	25271.5	26873.4	28576.84	20593.3	35.16
云南	8496.8	12425.8	13559.9	15168	16966.81	13323.5	19.77
西藏	568.6	782.6	799.7	1172.5	1719.09	1008.5	33.26
陕西	6777.3	8744.7	11326.6	12962.2	14833.99	10929.0	21.86
甘肃	4349.7	5678.4	5887.8	7295.9	9040.755	6450.5	20.52

第五章 "十三五"时期国有经济的区域布局与协调发展

续表

地区	资产总额（亿元）					均值（亿元）	平均增长率（%）
	2016年	2017年	2018年	2019年	2020年		
青海	1636.5	2618.9	2537.4	2343.7	2164.787	2260.3	10.41
宁夏	793.1	1767.7	1764.1	1985.4	2234.461	1709.0	36.94
新疆	3305.5	4193.6	6260.2	7332.5	8588.473	5936.1	27.60
内蒙古	6493.8	9780.2	10145.2	10037.9	9931.735	9277.8	13.06
广西	7583.7	8323.3	10588.1	12249	14170.44	10582.9	17.08
东北	**11699.7**	**24399.9**	**24638.2**	**26679.6**	**29040**	**23291.5**	**31.67**
辽宁	6108.8	12875	12623.5	12985.9	13358.7	11590.4	28.64
吉林	912.3	6444.6	6759.8	7236.8	7747.459	5820.2	156.35
黑龙江	4678.6	5080.3	5254.9	6456.9	7933.844	5880.9	14.44

从表5-1中可以看到，2016~2020年东部地区国有资产总额由131516.6亿元增长至254757.6亿元，平均增长速度达到18%。在2016~2020年东部地区之中，国有资产总额最高的三个地区是江苏40163.6亿元、广东30772.1亿元、浙江28854.7亿元。从国有资产总额增长速度的比较来看，在东部地区中，国有资产总额增长速度最快的地区是浙江（31.42%）、河北（27.49%）、山东（23.54%）。

同时，也可以看到，2016~2020年中部地区国有资产总额由36620.7亿元增长至101754.1亿元，平均增长速度达到29.82%。在2016~2020年中部地区，国有资产总额最高的三个地区是安徽 19852.2 亿元、湖南 15047.8 亿元、江西 11461.0 亿元。从国有资产增长速度来看，在中部地区国有资产总额增长速度最快的地区是湖南（50.31%）、江西（34.55%）、安徽（31.11%）。

从表 5-1 中还可以看到，2016~2020 年西部地区国有资产总额由 79462.5 亿元增长至 160767 亿元，平均增长速度达到 19.76%。在 2016~2020 年西部地区，国有资产总额最高的三个地区是四川 23555.2 亿元、贵州 20593.3 亿元、重庆 20122.9 亿元。从增长速度来看，在西部地区国有资产总额增长速度最快的地区是宁夏（36.94%）、贵州（35.16%）、西藏（33.26%）。

2016~2020 年东北地区国有资产总额由 11699.7 亿元增长至 29040 亿元，平均增长速度达到 31.67%。2016~2020 年辽宁省、吉林省、黑龙江省平均国有资产总额分别是 11590.4 亿元、5820.2 亿元、5880.9 亿元。同时，辽宁省、吉林省、黑龙江省规模以上国有及国有控股工业企业的资产总额平均增长速度分别是 28.64%、156.35%、14.44%。

2016~2020 年，东部地区国有资产总额高于中部地区、西部地区、东北地区。从国有资产总额平均增长速度看，东北地区高于东部地区、中部地区和西部地区。

表 5-2 是"十三五"时期（2016~2020 年）各省级行政区及中国四大经济区域的国有企业资产的统计数据表。

第五章 "十三五"时期国有经济的区域布局与协调发展

表5-2 "十三五"时期国有企业资产区域分布

地区	资产总额（亿元）					均值（亿元）	增长率（%）
	2016年	2017年	2018年	2019年	2020年		
东部	434128	508192.1	624067.8	713879.3	823921.1	620837.7	17.42
北京	55356.7	64185	73591.1	79410.6	85690.3	71646.7	11.60
天津	42110.7	45018.3	46377.8	42619.1	39165.02	43058.2	-1.57
河北	17304.2	29084.1	31375.5	33378.3	35508.95	29330.2	22.18
上海	59899.6	64067.7	69949.8	74177.3	78660.29	69350.9	7.06
江苏	72724.6	81506	128975	150776	176262.1	122048.7	26.03
浙江	46509.5	54531.5	73460.3	100638.4	137871.6	82602.3	31.49
福建	28793.9	33593.8	39447.6	45106.2	51576.5	39703.6	15.70
山东	49059.4	58344.4	69867.5	82751	98010.21	71606.5	18.89
广东	58142.8	73372.8	85841.3	99128.3	114471.9	86191.4	18.54
海南	4226.6	4488.5	5181.9	5894.1	6704.185	5299.1	12.28
中部	133313.8	184469.3	198706.7	258520	686214.2	292244.8	60.41
山西	25729.1	31111.2	37127.5	40361	43876.11	35641.0	14.42
安徽	31852.4	56488.1	59686.6	61794.6	63977.05	54759.8	22.52
江西	15856.8	23699.5	28110.3	34572.9	42517.8	28951.46	28.51
河南	20157.6	22505.9	31188	32923	34754.52	28305.8	15.34
湖北	23310.7	28361.4	34554.6	39245.3	44572.75	34009.0	17.66
湖南	16407.2	22303.2	33338.7	49623.2	73861.97	39106.9	45.78
西部	243047.8	319706.1	387283.6	426126.7	469849.4	369202.7	18.24
重庆	41117.5	46960.9	50103.6	53848.4	57873.09	49980.7	8.96

续表

地区	资产总额（亿元）					均值（亿元）	增长率（%）
	2016年	2017年	2018年	2019年	2020年		
四川	40795.2	65275.2	75528.1	86658.5	99429.16	73537.2	26.30
贵州	30191.4	36617.3	62795.3	68182.7	74032.3	54363.8	27.48
云南	29718.6	41282.4	43874.1	48264.1	53093.36	43246.5	16.30
西藏	1459.6	2266.3	3407.5	2807.6	2313.314	2450.9	17.60
陕西	28481.7	34814.5	42532.5	47826	53778.32	41486.6	17.32
甘肃	13398.8	18039.5	19303.9	21628.1	24232.13	19320.5	16.43
青海	5509.06	7986.4	8211.5	8375.6	8542.979	7725.1	12.95
宁夏	1913.6	4077.3	4168	4478.7	4812.561	3890.0	32.55
新疆	9614.6	12432	16969.7	18962.5	21189.32	15833.6	22.32
内蒙古	16356.8	22444	27098	26805.9	26516.95	23844.3	13.95
广西	24490.9	27510.3	33291.4	38288.6	44035.9	33523.4	15.84
东北	**32737.7**	**60965.8**	**59662.5**	**64879.2**	**71149.21**	**57878.9**	**25.62**
辽宁	18343	34149.6	31990.3	31937.3	31884.39	29660.9	19.88
吉林	4211.8	15367.4	16052.1	18530.2	21390.87	15110.5	75.05
黑龙江	10182.9	11448.8	11620.1	14411.7	17873.95	13107.5	15.49

从表5-2中可以看到，2016~2020年东部地区国有企业资产总额由434128亿元增长至823921.1亿元，平均增长速度达到17.42%。在2016~2020年东部地区之中，国有企业资产总额最高的三个地区是江苏122048.7亿元、广东86191.4亿

第五章 "十三五"时期国有经济的区域布局与协调发展

元、浙江82602.3亿元。从国有企业资产总额增长速度的比较来看，在东部地区中，国有资产总额增长速度最快的地区是浙江（31.49%）、江苏（26.03%）、河北（22.18%）。天津地区的国有企业资产总额增长速度为负值。

同时，也可以看到，2016~2020年中部地区国有资产总额由133313.8亿元增长至686214.2亿元，平均增长速度达到60.41%。在2016~2020年中部地区，国有资产总额最高的三个地区是湖南39106.9亿元、山西35641.0亿元、湖北34009.0亿元。从国有企业资产增长速度来看，在中部地区国有企业资产总额增长速度最快的地区是湖南（45.78%）、江西（28.51%）、安徽（22.52%）。

从表5-2中还可以看到，2016~2020年西部地区国有企业资产总额由243047.8亿元增长至469849.4亿元，平均增长速度达到18.24%。在2016~2020年西部地区，国有企业资产总额最高的三个地区是四川73537.2亿元、贵州54363.8亿元、重庆49980.7亿元。从增长速度来看，在西部地区国有企业资产总额增长速度最快的地区是宁夏（32.55%）、贵州（27.48%）、四川（26.30%）。

2016~2020年东北地区国有企业资产总额由32737.7亿元增长至71149.21亿元，平均增长速度达到25.62%。2016~2020年辽宁省、吉林省、黑龙江省平均国有企业资产总额分别是29660.9亿元、15110.5亿元、13107.5亿元。同时，辽宁省、吉林省、黑龙江省规模以上国有及国有控股工业企业的资产总额平均增长速度分别是19.88%、75.05%、15.49%。

2016~2020年，东部地区国有企业资产总额高于中部地区、西部地区、东北地区。从国有资产总额平均增长速度看，中部地区高于东部地区、西部地区和东北地区。

表5-3是"十三五"时期（2016~2020年）各省级行政区及中国四大经济区域的规模以上国有及国有控股工业企业的资产总额的统计数据表。

表5-3　　"十三五"时期规模以上国有工业企业资产区域分布

地区	资产总额（亿元）					均值（亿元）	增长率（%）
	2016年	2017年	2018年	2019年	2020年		
东部	171366.9	181753.8	186547.7	190520	195860.5	185209.8	3.41
北京	31481.11	33132.04	34083.3	37931.1	42213.3	35768.2	7.67
天津	11847.11	11225.93	10627.8	8602.0	6962.3	9853.0	-12.17
河北	17303.45	17491.84	17478.9	17923.5	18379.4	17715.4	1.53
上海	18841.63	20735.01	20081.3	22035.4	24179.7	21174.6	6.59
江苏	19521.06	21152.3	22054.7	22126.5	22198.5	21410.6	3.32
浙江	11383.46	11672.33	13019.2	13858.8	14752.5	12937.3	6.74
福建	7841.6	8798.34	9128.4	9540.6	9971.4	9056.1	6.25
山东	29156.42	31129.6	31853	29155.9	26687.2	29596.4	-1.96

第五章 "十三五"时期国有经济的区域布局与协调发展

续表

地区	资产总额（亿元）					均值（亿元）	增长率（%）
	2016年	2017年	2018年	2019年	2020年		
广东	22869.36	25293.23	27049.5	28126.7	29246.8	26517.1	6.38
海南	1121.66	1123.15	1171.6	1219.5	1269.4	1181.1	3.16
中部	**84095.68**	**88544.01**	**89662.6**	**96188.2**	**103498.4**	**92397.8**	**5.36**
山西	22133.69	23479.38	24544.9	26946.2	29582.4	25337.3	7.55
安徽	14136.94	14632.46	15235.4	15012.3	14792.5	14761.9	1.17
江西	5973.82	6487.45	7084.6	7516.7	7975.2	7007.6	7.50
河南	14814.67	15550.85	15033	17162.3	19593.2	16430.8	7.49
湖北	17098.93	17902.17	17465.5	19408.0	21566.5	18688.2	6.13
湖南	9937.63	10491.70	10299.2	10142.7	9988.6	10172.0	0.18
西部	**124978.2**	**131585.8**	**127795.7**	**143905.2**	**162669.8**	**138186.9**	**7.01**
重庆	8773.00	8423.25	7495.9	8678.9	10048.6	8683.9	4.14
四川	20086.48	20947.40	20718.5	24173	28203.5	22825.8	9.14
贵州	8717.81	9343.83	9229.1	10438.1	11805.5	9906.9	8.04
云南	13590.52	14186.93	14097.9	14453.2	14817.5	14229.2	2.20
西藏	741.19	1039.81	1161.5	1108.3	1057.5	1021.7	10.71
陕西	21200.59	22071.61	21376.3	26466.9	32769.8	24777.0	12.15
甘肃	9005.26	9074.2	8801.5	8950.9	9102.8	8986.9	0.29
青海	4297.11	4688.82	4454	4980.3	5568.8	4797.8	6.94
宁夏	3952.01	4045.94	4025.6	4426	4866.2	4263.2	5.44
新疆	11688.58	12407.65	12277.7	13623.5	15116.8	13022.8	6.76

续表

地区	资产总额（亿元）					均值（亿元）	增长率（%）
	2016年	2017年	2018年	2019年	2020年		
内蒙古	15966.88	17549.29	16484.8	17925	19491.0	17483.4	5.33
广西	6958.81	7807.04	7672.9	8681.1	9821.8	8188.3	9.19
东北	**37263.36**	**37739.38**	**35903**	**39066.5**	**42624.9**	**38519.4**	**3.58**
辽宁	18588.12	18850.61	17229.2	19274.6	21562.8	19101.1	4.14
吉林	9668.02	10103.92	9704	9654.8	9605.8	9747.3	-0.12
黑龙江	9007.22	8784.85	8969.8	10137.1	11456.3	9671.1	6.42

从表5-3中可以看到，2016~2020年东部地区规模以上国有及国有控股工业企业的资产总额由171366.9亿元增长至195860.5亿元，平均增长速度达到3.41%。在2016~2020年东部地区，平均规模以上国有及国有控股工业企业的资产总额最高的三个地区是北京35768.2亿元、山东29596.4亿元、广东26517.1亿元。从增长速度来看，在东部地区中规模以上国有及国有控股工业企业的资产总额增长速度最快的地区是北京（7.67%）、浙江（6.74%）、上海（6.59%），其中山东省、天津市的规模以上国有及国有控股工业企业的资产总额的平均增长速度为-1.96%、-12.17%。

第五章 "十三五"时期国有经济的区域布局与协调发展

同时，也可以看到，2016～2020年中部地区规模以上国有及国有控股工业企业的资产总额由84095.68亿元增长至103498.4亿元，平均增长速度达到5.36%。在2016～2020年中部地区，平均规模以上国有及国有控股工业企业的资产总额最高的三个地区是山西25337.3亿元、湖北18688.2亿元、河南16430.8亿元。从增长速度来看，在中部地区规模以上国有及国有控股工业企业的资产总额增长速度最快的地区是山西（7.55%）、江西（7.50%）、河南（7.49%）。在中部地区的6个省级地区，其规模以上国有及国有控股工业企业的资产总额2015～2019年的平均增长速度均为正值。

从表5-3中还可以看到，2016～2020年西部地区规模以上国有及国有控股工业企业的资产总额由124978.2亿元增长至162669.8亿元，平均增长速度达到7.01%。在2016～2020年西部地区，平均规模以上国有及国有控股工业企业的资产总额最高的三个地区是陕西24777.0亿元、四川22825.8亿元、内蒙古17483.4亿元。从增长速度来看，在西部地区规模以上国有及国有控股工业企业的资产总额增长速度最快的地区是陕西（12.15%）、西藏（10.71%）、广西（9.19%）。西部地区规模以上国有及国有控股工业企业的资产总额的平均增长速度均为正值。

2016～2020年东北地区规模以上国有及国有控股工业企业的资产总额由37263.36亿元增长至42624.9亿元，平均增长速度达到 3.58%。2016～2020 年辽宁省、吉林省、黑龙江省平均规模以上国有及国有控股工业企业的资产总额分别是 19101.1 亿元、9747.3 亿元、9671.1 亿元。同时，辽宁省、吉林省、黑龙江省规模以上国有及国有控股工业企业的资产总额平均增长速度分别是 4.14%、-0.12%、6.42%。

2016～2020 年，东部地区平均规模以上国有及国有控股工业企业的资产总额高于中部地区、西部地区、东北地区。从规模以上国有及国有控股工业企业的资产总额平均增长速度看，西部地区高于东部地区、中部地区和东北地区。东北地区规模以上国有及国有控股工业企业资产总额水平及增长速度都显著低于东部、中部、西部地区。全国省级行政区及直辖市中仅仅是山东省、天津市、吉林省出现了国有及国有控股工业企业的资产总额的平均增长速度为负值。

二、规模以上国有工业企业资产比重的区域分布情况

表 5-4 是 2016～2020 年各省级行政区及中国四大经济区域规模以上国有及国有控股工业企业的资产占当年各地区规模以上工业企业的资产比重的统计数据表。

第五章 "十三五"时期国有经济的区域布局与协调发展

表5-4　"十三五"时期规模以上国有工业企业资产比重区域分布　　单位：%

地区	资产比重					均值
	2016年	2017年	2018年	2019年	2020年	
东部	**29.44**	**30.15**	**30.13**	**29.37**	**30.21**	**29.86**
北京	73.05	72.05	70.99	72.63	74.30	72.60
天津	47.25	54.13	50.75	39.74	31.10	44.59
河北	38.83	38.69	39.39	37.92	36.50	38.27
上海	47.30	48.95	47.07	48.42	49.80	48.31
江苏	17.04	18.12	18.44	18.37	18.30	18.05
浙江	16.39	16.38	16.76	16.23	15.70	16.29
福建	24.44	25.43	25.19	24.12	23.10	24.46
山东	27.76	28.84	31.14	30.48	29.80	29.60
广东	21.66	21.96	21.76	20.42	19.20	21.00
海南	40.58	39.29	37.91	37.03	36.20	38.20
中部	**39.50**	**40.31**	**41.34**	**41.67**	**41.85**	**40.93**
山西	65.83	65.74	65.09	64.84	64.60	65.22
安徽	42.12	41.76	40.52	39.15	37.80	40.27
江西	27.39	30.09	29.41	28.82	28.20	28.78
河南	24.51	25.50	29.81	32.57	35.60	29.60
湖北	45.07	46.40	43.78	45.63	47.60	45.70
湖南	38.94	37.79	37.87	34.25	31.00	35.97

续表

地区	资产比重					均值
	2016 年	2017 年	2018 年	2019 年	2020 年	
西部	**56.59**	**57.40**	**55.62**	**57.13**	**58.32**	**57.01**
重庆	43.40	42.63	42.01	40.58	39.20	41.56
四川	48.38	48.43	47.50	49.31	51.20	48.96
贵州	60.88	61.36	44.88	63.85	90.80	64.35
云南	69.79	70.09	68.56	67.41	66.30	68.43
西藏	66.73	74.61	63.58	64.20	64.80	66.78
陕西	68.77	67.70	65.96	69.21	72.60	68.85
甘肃	73.43	73.70	68.88	72.48	76.30	72.96
青海	69.94	72.50	66.12	73.28	81.20	72.61
宁夏	46.38	42.61	39.22	41.83	44.60	42.93
新疆	59.82	60.93	40.09	58.69	85.90	61.09
内蒙古	51.67	57.34	56.07	54.74	53.40	54.64
广西	43.43	44.53	43.34	48.17	53.50	46.59
东北	**53.17**	**53.79**	**52.35**	**52.49**	**53.41**	**53.04**
辽宁	51.40	51.89	48.35	46.75	45.20	48.72
吉林	50.97	52.38	54.01	57.46	61.10	55.18
黑龙江	60.24	60.42	59.87	61.82	63.80	61.23

从表 5-4 可以看到，2016～2020 年东部地区规模以上国有及国有控股工业企业的资产占当年地区规模以上工业企业的

第五章 "十三五"时期国有经济的区域布局与协调发展

资产比重从29.44%上升为30.21%。东部地区中,北京、上海、天津三个地区的规模以上国有及国有控股工业企业的资产占该地区规模以上工业企业的资产比重最高,平均为72.60%、48.31%、44.59%;浙江、江苏、广东三个地区的规模以上国有及国有控股工业企业的资产占该地区规模以上工业企业的资产比重最低,平均为16.29%、18.05%、21.00%。

2016~2020年中部地区规模以上国有及国有控股工业企业的资产占当年地区规模以上工业企业的资产比重从39.50%上升为41.85%。中部地区中,山西、湖北、安徽三个地区的规模以上国有及国有控股工业企业的资产占该地区规模以上工业企业的资产比重最高,平均为65.22%、45.70%、40.27%。在中部地区中,河南省规模以上国有及国有控股工业企业的资产占该地区规模以上工业企业的资产比重最低,平均为29.60%。

2016~2020年西部地区规模以上国有及国有控股工业企业的资产占当年地区规模以上工业企业的资产比重从56.59%上升为58.32%。西部地区中,甘肃、青海、陕西三个地区的规模以上国有及国有控股工业企业的资产占该地区规模以上工业企业的资产比重最高,平均为72.96%、72.61%、68.85%。在西部地区中,重庆、宁夏、广西三个地区规模以上国有及国有控股工业企业的资产占该地区规模以上工业企业的资产比重最低,平均为41.56%、42.93%、46.59%。

2016~2020年东北地区规模以上国有及国有控股工业企业的资产占当年地区规模以上工业企业的资产比重从53.17%上升为53.41%。辽宁、吉林、黑龙江三个地区规模以上国有及国有控股工业企业的资产占地区规模以上工业企业的资产比重的平均水平为48.72%、55.18%、61.23%，高于东部地区、中部地区的平均水平。

从地区规模以上国有及国有控股工业企业的资产占当年地区规模以上工业企业的资产比重的地区分布来看，呈现出东部地区最低，中部地区次之，而西部地区和东北地区远远高于东部地区、中部地区的特征。2016~2020年东部、中部、西部、东北地区规模以上国有及国有控股工业企业的资产占当年地区规模以上工业企业的资产比重均呈现出一个不断上升趋势。

第二节 "十三五"时期国有企业户数的区域分布特征及演变

一、国有企业户数区域分布情况

表5-5是"十三五"时期各省级行政区及中国四大经济

第五章 "十三五"时期国有经济的区域布局与协调发展

区域国有企业户数的统计数据表。

表5-5　　"十三五"时期国有企业户数区域分布

地区	户数（户）					均值（户）	平均增长率（%）
	2016年	2017年	2018年	2019年	2020年		
东部	**60742**	**65051**	**70853**	**76405**	**82790**	71168	8.05
北京	8856	9597	10120	10742	11402	10143	6.53
天津	4136	4109	4059	3678	3332	3862	-5.17
河北	2403	3276	3781	3977	4183	3524	15.53
上海	9512	9766	9910	9992	10074	9850	1.45
江苏	5505	5705	6923	7885	8980	6999	13.19
浙江	7120	7566	8944	10846	13152	9525	16.75
福建	5699	6142	6841	7558	8350	6918	10.03
山东	6621	6982	7625	8326	9091	7729	8.26
广东	10030	11263	11881	12439	13023	11727	6.79
海南	860	645	769	962	1203	887	11.09
中部	**19835**	**21949**	**23281**	**25157**	**27278**	23500	8.30
山西	5327	5684	5788	6284	6822	5981	6.42
安徽	3096	4164	4272	4307	4342	4036	9.68
江西	2273	2551	2910	3266	3665	2933	12.69
河南	3911	3954	4339	4409	4480	4218	3.52
湖北	2775	3059	3205	3532	3892	3292	8.85
湖南	2453	2537	2767	3359	4077	3038	13.82

续表

地区	户数（户）					均值（户）	平均增长率（%）
	2016年	2017年	2018年	2019年	2020年		
西部	**28704**	**33019**	**38541**	**42400**	**46685**	**37869**	**12.97**
重庆	3544	3693	3735	3951	4179	3820	4.22
四川	4618	5828	6758	7820	9048	6814	18.39
贵州	2341	2489	3707	3926	4157	3324	16.76
云南	3781	4797	5057	5396	5757	4957	11.42
西藏	506	561	672	747	830	663	13.23
陕西	3999	4359	5000	5601	6274	5046	11.94
甘肃	1908	2211	2378	2599	2840	2387	10.50
青海	619	733	786	853	925	783	10.65
宁夏	494	701	713	801	899	721	17.05
新疆	1632	1745	2308	2482	2669	2167	13.57
内蒙古	1302	1744	2523	2837	3190	2319	25.88
广西	3960	4158	4904	5387	5917	4865	10.66
东北	**7218**	**8741**	**8653**	**9388**	**10532**	**8906**	**10.19**
辽宁	3410	4258	4036	4064	4092	3972	5.26
吉林	881	1500	1611	2420	3635	2009	44.52
黑龙江	2927	2983	3006	2904	2805	2925	-1.03

从表5-5可以看到，2016~2020年东部地区国有企业户数由60742户上升为82790户，增长速度为8.05%。在

第五章 "十三五"时期国有经济的区域布局与协调发展

2016~2020年东部地区，国有企业户数最多的三个地区是广东（11727户）、北京（10143户）、上海（9850户）。从平均增长速度看，东部地区国有企业户数的增长速度中，浙江（16.75%）、河北（15.53%）、江苏（13.19%）三个地区的增长速度最快。

同时，也可以看到，2016~2020年中部地区国有企业户数由19835户增加为27278户，平均增长速度为8.30%。2016~2020年中部地区平均国有企业户数最多的三个地区是山西5981户、河南4218户、安徽4036户。从平均增长速度看，中部地区国有企业户数平均增长速度最快的三个地区是湖南（13.82%）、江西（12.69%）、安徽（9.68%）。

从表5-5中还可以看到，2016~2020年西部地区国有企业户数由28704户增加为46685户，平均增长速度12.97%。在2016~2020年西部地区，平均国有企业户数最高的三个地区分别是四川（6814户）、陕西（5046户）、云南（4957户）。从平均增长速度看，西部地区国有企业户数的增长速度中，内蒙古（25.88%）、四川（18.39%）、宁夏（17.05%）三个地区的增长速度最快。

2016~2020年，东北地区国有企业户数由7218户增加为10532户，平均增长速度10.19%。2016~2020年辽宁省、吉林省、黑龙江省平均国有企业户数为3972户、2009户、2925户。2016~2020年辽宁省、吉林省、黑龙江省规模以上国有及国有控股工业企业单位数平均增长速度分别为5.26%、44.52%、-1.03%。

2016~2020年,从平均值来看,国有企业户数呈现出东部地区最高,其次是西部地区、中部地区、东北地区。各个地区的国有企业户数均为一定的增加。

表5-6是"十三五"时期各省级行政区及中国四大经济区域的规模以上国有及国有控股工业企业的单位数的统计数据表。

表5-6　"十三五"时期规模以上国有工业企业户数区域分布

地区	户数(户)					均值(户)	增长率(%)
	2016年	2017年	2018年	2019年	2020年		
东部	**7152**	**7151**	**7087**	**7752**	**8523**	**7533**	**4.61**
北京	697	664	629	656	684	666	-0.36
天津	530	482	466	476	486	488	-2.03
河北	714	699	700	788	887	757	5.79
上海	680	664	652	670	688	670	0.32
江苏	1013	1071	1065	1210	1374	1146	8.08
浙江	763	807	813	832	851	813	2.78
福建	499	529	532	503	475	507	-1.11
山东	1124	1125	1119	1380	1701	1289	11.54

第五章 "十三五"时期国有经济的区域布局与协调发展

续表

地区	户数（户）					均值（户）	增长率（%）
	2016年	2017年	2018年	2019年	2020年		
广东	1079	1058	1058	1181	1318	1138	5.32
海南	53	52	53	56	59	54	2.76
中部	**4213**	**4219**	**4148**	**4711**	**5368**	**4531**	**6.49**
山西	802	861	878	1104	1388	1006	15.20
安徽	659	668	688	768	857	728	6.89
江西	440	455	464	532	610	500	8.68
河南	798	731	687	776	876	773	2.86
湖北	772	768	716	774	836	773	2.21
湖南	742	736	715	757	801	750	2.01
西部	**6251**	**6173**	**5987**	**6717**	**7557**	**6537**	**5.11**
重庆	511	511	492	548	610	534	4.74
四川	977	970	952	1109	1291	1059	7.58
贵州	554	512	485	553	630	546	3.77
云南	660	661	601	643	687	650	1.23
西藏	26	32	34	44	56	38	21.50
陕西	790	806	746	886	1052	856	8.02
甘肃	419	423	416	490	577	465	8.71
青海	138	138	138	164	194	154	9.28
宁夏	144	152	153	175	200	164	8.72
新疆	786	817	822	809	796	806	0.34

续表

地区	户数（户）					均值（户）	增长率（%）
	2016年	2017年	2018年	2019年	2020年		
内蒙古	674	613	606	707	824	684	5.76
广西	572	538	542	589	640	576	3.03
东北	**1406**	**1479**	**1448**	**1503**	**1566**	**1480**	**2.77**
辽宁	589	637	614	681	755	655	6.58
吉林	370	360	356	330	305	344	-4.67
黑龙江	447	482	478	492	506	481	3.19

从表5-6中可以看到，2016~2020年东部地区规模以上国有及国有控股工业企业户数由7152户上升为8523户，增长速度为4.61%。在2016~2020年东部地区，平均规模以上国有及国有控股工业企业户数最多的三个地区是山东（1289户）、江苏（1146户）、广东（1138户）。从平均增长速度看，东部地区规模以上国有及国有控股工业企业户数的增长速度最高的三个地区是山东（11.54%）、江苏（8.08%）、河北（5.79%），而北京、天津、福建规模以上国有及国有控股工业企业户数的平均增长速度为负值。

同时，也可以看到，2016~2020年中部地区规模以上国有及国有控股工业企业户数由4213户增加为5368户，平均增长速度为6.49%。2016~2020年中部地区，平均规模以上国

第五章 "十三五"时期国有经济的区域布局与协调发展

有及国有控股工业企业户数最多的三个地区是山西1006户、河南773户、湖北773户。从平均增长速度看，中部地区规模以上国有及国有控股工业企业户数的增长速度中，增长速度最快的三个地区是山西（15.20%）、江西（8.68%）、安徽（6.89%）。

从表5–6中还可以看到，2016～2020年西部地区规模以上国有及国有控股工业企业户数由6251户增加为7557户，平均增长速度5.11%。在2016～2020年西部地区，平均规模以上国有及国有控股工业企业户数最高的三个地区分别是四川（1059户）、陕西（856户）、新疆（806户）。从西部地区规模以上国有及国有控股工业企业户数的平均增长速度看，西部地区均出现了上升的趋势，尤其是西藏的增长速度均在21%以上。

2016～2020年东北地区规模以上国有及国有控股工业企业户数由7557户增加为1566户，平均增长速度2.77%。2016～2020年辽宁省、吉林省、黑龙江省平均规模以上国有及国有控股工业企业户数为655户、344户、481户。2016～2020年辽宁省、黑龙江省规模以上国有及国有控股工业企业户数平均增长速度分别为6.58%、-4.67%、3.19%。仅仅是黑龙江省的规模以上国有及国有控股工业企业户数平均增长速度为正值。

2016～2020年，从平均值来看，规模以上国有及国有控股工业企业单位数呈现出东部地区最高,其次是西部地区、中部地区。东北地区规模以上国有及国有控股工业企业单位数略有增加。

二、规模以上国有工业企业户数比重的区域分布情况

表 5-7 是 2016~2020 年各省级行政区及中国四大经济区域规模以上国有及国有控股工业企业户数占当年各地区规模以上工业企业户数比重的统计数据表。

表 5-7　　"十三五"时期规模以上国有工业企业户数比重区域分布　　单位:%

地区	户数比重					均值
	2016 年	2017 年	2018 年	2019 年	2020 年	
东部	**3.26**	**3.27**	**3.22**	**3.48**	**7.62**	**4.17**
北京	20.87	20.55	19.67	21.02	22.5	20.92
天津	10.19	11.25	10.86	9.89	9.0	10.24
河北	4.84	4.73	4.68	5.98	7.6	5.57
上海	8.14	8.18	8.02	7.63	7.3	7.85
江苏	2.11	2.36	2.33	2.63	3.0	2.49

第五章 "十三五"时期国有经济的区域布局与协调发展

续表

地区	户数比重					均值
	2016年	2017年	2018年	2019年	2020年	
浙江	1.90	2.02	2.00	1.82	1.7	1.89
福建	2.89	3.05	3.05	2.74	2.5	2.85
山东	2.84	2.95	2.92	5.09	8.9	4.54
广东	2.53	2.24	2.23	2.13	2.0	2.23
海南	15.73	15.52	15.73	13.59	11.7	14.45
中部	**4.75**	**4.91**	**4.68**	**5.40**	**8.01**	**5.55**
山西	22.60	22.45	22.66	23.01	23.4	22.82
安徽	3.32	3.54	3.54	4.32	5.3	4.00
江西	4.03	4.18	3.99	4.09	4.2	4.10
河南	3.37	3.32	3.11	3.98	5.1	3.78
湖北	4.74	5.09	4.59	4.99	5.4	4.96
湖南	5.16	4.84	4.45	4.57	4.7	4.74
西部	**11.93**	**11.95**	**11.29**	**12.56**	**19.95**	**13.54**
重庆	7.53	7.65	7.27	8.19	9.2	7.97
四川	7.07	6.98	6.70	7.60	8.6	7.39
贵州	10.81	9.64	8.69	11.80	16.0	11.39
云南	15.74	15.79	14.11	14.73	15.4	15.15
西藏	24.07	27.59	27.64	29.73	32.0	28.21
陕西	13.48	12.85	11.61	12.59	13.7	12.85
甘肃	19.90	22.20	21.70	26.85	33.2	24.77

续表

地区	户数比重					均值
	2016年	2017年	2018年	2019年	2020年	
青海	23.27	24.25	23.55	28.03	33.4	26.50
宁夏	12.27	12.43	12.24	14.63	17.5	13.81
新疆	27.16	27.65	27.17	25.42	23.8	26.24
内蒙古	15.71	21.89	21.40	23.84	26.6	21.89
广西	10.47	9.40	8.95	9.52	10.1	9.69
东北	**7.82**	**9.06**	**8.87**	**10.60**	**14.50**	**10.17**
辽宁	7.34	9.61	9.27	8.95	8.6	8.75
吉林	6.16	6.03	5.97	10.85	19.7	9.74
黑龙江	11.33	12.92	12.78	13.93	15.2	13.23

由表5-7可以看到2016~2020年东部地区规模以上国有及国有控股工业企业户数占当年地区规模以上工业企业户数比重从3.26%上升为7.62%。东部地区中，北京、海南、天津三个地区的规模以上国有及国有控股工业企业单位数占该地区规模以上工业企业单位数比重最高，平均为20.92%、14.45%、10.24%；浙江、江苏、广东三个地区的规模以上国有及国有控股工业企业单位数占该地区规模以上工业企业单位数比重最低，平均为1.89%、2.49%、2.23%。

2016~2020年中部地区规模以上国有及国有控股工业企业单位数占当年地区规模以上工业企业单位数比重从4.75%

第五章 "十三五"时期国有经济的区域布局与协调发展

上升为8.01%。中部地区中,山西的规模以上国有及国有控股工业企业单位数占该地区规模以上工业企业单位数比重最高,远远超过其他地区,平均为22.82%。在中部地区中,河南省规模以上国有及国有控股工业企业单位数占该地区规模以上工业企业单位数比重最低,平均为3.78%。

2016~2020年西部地区规模以上国有及国有控股工业企业户数占当年地区规模以上工业企业户数比重从11.93%上升为19.95%。西部地区中,西藏、青海、新疆三个地区的规模以上国有及国有控股工业企业单位数占该地区规模以上工业企业单位数比重最高,平均为28.21%、26.50%、26.24%。在西部地区中,四川、重庆、广西三个地区规模以上国有及国有控股工业企业户数占该地区规模以上工业企业户数比重最低,平均为7.39%、7.97%、13.23%。

2016~2020年东北地区规模以上国有及国有控股工业企业户数占当年地区规模以上工业企业户数比重从7.82%上升为14.50%。辽宁、吉林、黑龙江三个地区规模以上国有及国有控股工业企业单位数占该地区规模以上工业企业单位数比重的平均水平为8.75%、9.74%、12.34%。

从地区规模以上国有及国有控股工业企业户数占当年地区规模以上工业企业户数比重的地区分布来看呈现出西部地区最高,其次是东北地区,东部地区最低的分布格局。而且2016~2020年东部地区、中部地区、西部地区、东北地区规模以上国有及国有控股工业企业户数占当年地区规模以上工业企业户数比重均呈现出一个不断上升的趋势。

第三节 "十三五"时期国有企业收入的区域分布特征及演变

一、国有企业收入区域分布情况

表5-8是"十三五"时期各省级行政区及中国四大经济区域的国有企业的销售收入的统计数据表。

表5-8 "十三五"时期国有企业销售收入区域分布

地区	销售收入(亿元)					均值(亿元)	增长率(%)
	2016年	2017年	2018年	2019年	2020年		
东部	115317	130760	145890.3	153917.9	167336	142644.2	9.80
北京	14776.2	17453.2	18432.6	19689.7	21032.53	18276.8	9.34
天津	9870.1	9991.6	9653.6	4037.2	1688.384	7048.2	-29.63

第五章 "十三五"时期国有经济的区域布局与协调发展

续表

地区	销售收入（亿元）					均值（亿元）	增长率（%）
	2016年	2017年	2018年	2019年	2020年		
河北	8029.5	8795.1	9469.2	9727.3	9992.435	9202.7	5.66
上海	22159.2	23151.2	26309.1	26842.1	27385.9	25169.5	5.54
江苏	9183.3	9697.4	11647.4	13338.7	15275.59	11828.5	13.69
浙江	10170.4	12769.2	14632.5	17291.5	20433.69	15059.5	19.12
福建	8880.1	12240.1	14252.5	16806.4	19817.93	14399.4	22.53
山东	17230.3	19719.8	22627.5	23684.5	24790.88	21610.6	9.63
广东	14577.3	16597.6	18540.4	21949	25984.26	19529.7	15.58
海南	440.6	344.8	325.5	551.5	934.4155	519.4	27.88
中部	**39553.9**	**45265.4**	**50166.5**	**52728.7**	**55756.05**	**48694.1**	**9.03**
山西	12580.2	13521.1	14701.5	15217.3	15751.2	14354.3	5.81
安徽	8448.8	10364.6	11072.5	10733.4	10404.69	10204.8	5.85
江西	5036.3	5746.2	6372.1	6885.9	7441.129	6296.3	10.28
河南	5908.8	6621	7848.2	7918	7988.421	7256.9	8.09
湖北	3795	4447.6	4833.5	5252.3	5707.387	4807.2	10.80
湖南	3784.8	4564.9	5338.7	6721.8	8463.22	5774.7	22.34
西部	**45254.7**	**54416.7**	**60241.8**	**67500.6**	**75817.12**	**60646.2**	**13.83**
重庆	4454	4949.5	5271.4	5736.6	6242.854	5330.9	8.82
四川	5999.2	7301.8	8570.5	10193.2	12123.13	8837.6	19.24
贵州	3589.1	4425.4	4973.4	5434.2	5937.694	4872.0	13.55
云南	5999.2	7436.1	7376.4	8491.9	9776.092	7815.9	13.35

续表

地区	销售收入（亿元）					均值（亿元）	增长率（%）
	2016年	2017年	2018年	2019年	2020年		
西藏	190.9	279.7	353.8	324.6	297.8099	289.4	14.13
陕西	9316.3	11008.9	12471.3	13991	15695.88	12496.7	13.96
甘肃	5247	5954.6	6634.9	7413.2	8282.798	6706.5	12.09
青海	1117.9	1300.6	1378.5	1255.6	1143.657	1239.3	1.13
宁夏	221.5	278.7	315.8	346.3	379.7457	308.4	14.61
新疆	1469.3	2124.7	2585.3	2986.2	3449.267	2523.0	24.32
内蒙古	1733.7	2382.1	2738.7	2715.8	2693.091	2452.7	12.67
广西	5916.6	6974.6	7571.8	8612	9795.101	7774.0	13.48
东北	**6098.4**	**6900.8**	**7083.6**	**7824.1**	**8688.101**	**7319.0**	**9.33**
辽宁	3978	4336.7	4536.5	5255	6087.297	4838.7	11.33
吉林	804.6	1097.1	1208	1140.7	1077.149	1065.5	8.83
黑龙江	1315.8	1467	1339.1	1428.4	1523.655	1414.8	4.03

从表5-8中可以看到，2016~2020年东部地区国有企业销售收入由115317亿元增长至167336亿元，平均增长速度为9.80%。在2016~2020年东部地区，国有企业销售收入平均值最高的三个地区是上海（25169.5亿元）、山东（21610.6亿元）、广东（19529.7亿元）。从平均增长速度看，东部地区国有企业销售收入增长速度最快的地区是海南（27.88%）、福建（22.53%）、浙江（19.12%）。另外还可以看到，天津

第五章 "十三五"时期国有经济的区域布局与协调发展

国有企业销售收入的平均增长速度为负值。

同时,也可以看到,2016~2020年中部地区国有企业销售收入由39553.9亿元变为55756.05亿元,平均增长速度为9.03%。2016~2020年中部地区,平均国有企业销售收入最高的三个地区是山西(14354.3亿元)、安徽(10204.8亿元)、河南(7256.9亿元)。从平均增长速度看,中部地区国有企业销售收入增长最快的地区是湖南22.34%。

从表5-8中还可以看到,2016~2020年西部地区国有企业销售收入由45254.7亿元增长为75817.12亿元,平均增长速度为13.83%。2016~2020年西部地区,平均国有企业销售收入最高的三个地区是陕西(12496.7亿元)、四川(8837.6亿元)、云南(7815.9亿元)。从平均增长速度看,西部地区规模以上国有及国有控股工业企业的主营业务收入增长最快的地区是新疆、四川、宁夏,分别达到了24.32%、19.24%、14.61%的增长速度。

2016~2020年东北地区国有企业销售收入由6098.4亿元上升至8688.101亿元,平均增长速度9.33%。2016~2020年辽宁省、吉林省、黑龙江省平均国有企业销售收入分别是4838.7亿元、1065.5亿元、1414.8亿元。2016~2020年辽宁省、黑龙江省国有企业销售收入平均增长速度分别为11.33%、8.83%、4.03%。

2016~2020年,从平均值来看,国有企业销售收入呈现东部地区最高,其次是西部地区、中部地区、东北地区。

表 5-9 是 2016~2020 年各省级行政区及中国四大经济区域的规模以上国有及国有控股工业企业的主营业务收入的统计数据表。

表 5-9　"十三五"时期规模以上国有工业企业主营业务收入区域分布

地区	主营业务收入（亿元）					均值（亿元）	增长率（％）
	2016 年	2017 年	2018 年	2019 年	2020 年		
东部	**105630.1**	**118562.6**	**129107.1**	**125868.1**	**123354.1**	**120504.4**	**4.16**
北京	11122.99	11712.97	12213.5	13496.8	14914.9	12692.2	7.65
天津	6657.38	6230.55	6711	5515.5	4533.0	5929.5	-8.58
河北	9179.34	9865.84	11016.8	10968.4	10920.2	10390.1	4.57
上海	13518.46	15459.87	16270.1	16418.7	16568.7	15647.2	5.36
江苏	15090.9	16506.08	18427.7	18116.9	17811.3	17190.6	4.41
浙江	9230.57	10255.96	11636.2	11519.8	11404.6	10809.4	5.64
福建	4078.77	5382.74	6195.6	6287	6379.7	5664.8	12.51
山东	20044.34	22902.47	24341.6	21351.2	18728.2	21473.6	-1.01
广东	16266.66	19783.07	21744.2	21649.4	21554.6	20199.7	7.66
海南	440.64	463.04	550	544.4	538.9	507.4	5.46
中部	**39553.9**	**45265.4**	**50166.5**	**52728.7**	**55756.05**	**48694.1**	**9.03**
山西	7809.76	9215.52	10164.1	10290	10417.5	14354.3	5.81

第五章 "十三五"时期国有经济的区域布局与协调发展

续表

地区	主营业务收入（亿元）					均值（亿元）	增长率（%）
	2016年	2017年	2018年	2019年	2020年		
安徽	9685.95	10924	11657.2	10939.9	10266.7	10204.8	5.85
江西	6192.34	6858.08	7625.1	7898.3	8181.3	6296.3	10.28
河南	9767.95	10411.9	10290.7	10917	11581.4	7256.9	8.09
湖北	11458.88	11815.26	11390.4	11659.4	11934.8	4807.2	10.80
湖南	6922.91	7593.69	8127.4	7651.7	7203.8	5774.7	22.34
西部	**59136.82**	**65675.2**	**69412.1**	**74565.4**	**75817.12**	**68921.3**	**6.46**
重庆	5675.80	5467.54	4954.5	5279.8	5626.5	5524.1	2.94
四川	9757.21	10299.1	10628.6	12039.5	13637.7	10969.5	5.68
贵州	3976.59	4099.47	4213.9	4755	5365.6	4596.5	10.90
云南	5378.03	6311.14	7475.2	8122.5	8825.9	7412.6	16.20
西藏	85.19	126.09	160.5	146.9	134.5	163.3	42.39
陕西	10298.92	11365.98	11463.6	13304.5	15441.0	12425.8	11.31
甘肃	6002.47	6812.86	7412.5	5869.6	4647.9	6876.0	10.65
青海	1182.39	1269.52	1439.5	1539.2	1645.8	1314.9	0.50
宁夏	1312.35	1527.85	1807.6	2084.9	2404.7	1422.5	-7.93
新疆	4250.51	5512.81	6174.4	6415.2	6665.4	5160.4	-0.16
内蒙古	5299.50	6096.87	6679.3	7842.1	9207.3	5722.2	-5.91
广西	5917.86	6785.97	7002.5	7166.2	7333.7	7333.5	14.22
东北	**22385.58**	**24336.76**	**26956.2**	**27918.1**	**28921.1**	**26103.5**	**6.66**
辽宁	9865.09	11119.86	12940.4	13615.3	14325.4	12373.2	9.88

续表

地区	主营业务收入（亿元）					均值（亿元）	增长率（%）
	2016年	2017年	2018年	2019年	2020年		
吉林	7948.68	8657.51	9011.3	9192.1	9376.5	8837.2	4.25
黑龙江	4571.81	4559.39	5004.5	5110.7	5219.2	4893.1	3.43

从表5-9中可以看到，2016~2020年东部地区规模以上国有及国有控股工业企业的主营业务收入由105630.1亿元增长至123354.1亿元，平均增长速度为4.16%。在2016~2020年东部地区，平均规模以上国有及国有控股工业企业的主营业务收入最高的三个地区是山东（21473.6亿元）、广东（20199.7亿元）、江苏（17190.6亿元）。从平均增长速度看，东部地区规模以上国有及国有控股工业企业的主营业务收入增长速度最快的地区是福建、广东、北京，分别为12.51%、14.22%、7.65%。另外还可以看到，山东、天津规模以上国有及国有控股工业企业的主营业务收入的平均增长速度为负值。

同时，也可以看到，2016~2020年中部地区规模以上国有及国有控股工业企业的主营业务收入由39553.9亿元变为55756.05亿元，平均增长速度为9.03%。2016~2020年中部地区，平均规模以上国有及国有控股工业企业的主营业务收入最高的三个地区是山西（14354.3亿元）、安徽（10204.8亿元）、河南（7256.9亿元）。从平均增长速度看，中部地区规

第五章 "十三五"时期国有经济的区域布局与协调发展

模以上国有及国有控股工业企业的主营业务收入增长最快的地区是湖南（22.34%）。

从表5-9中还可以看到，2016~2020年西部地区规模以上国有及国有控股工业企业的主营业务收入由59136.82亿元增长为75817.12亿元，平均增长速度为6.46%。2016~2020年西部地区，平均规模以上国有及国有控股工业企业的主营业务收入最高的三个地区是陕西（12425.8亿元）、四川（10969.5亿元）、云南（7412.6亿元）。从平均增长速度看，西部地区规模以上国有及国有控股工业企业的主营业务收入增长最快的地区是西藏、广西、云南，分别达到了42.39%、20.36%、16.20%的增长速度。宁夏、新疆、内蒙古规模以上国有及国有控股工业企业的主营业务收入的平均增长速度为负值。

2016~2020年东北地区规模以上国有及国有控股工业企业的主营业务收入由22385.58亿元上升至28921.1亿元，平均增长速度6.66%。2016~2020年辽宁省、吉林省、黑龙江省平均规模以上国有及国有控股工业企业的主营业务收入分别是12373.2亿元、8837.2亿元、4893.1亿元。2016~2020年辽宁省、黑龙江省规模以上国有及国有控股工业企业的主营业务收入平均增长速度分别为9.88%、4.25%、3.43%。

2016~2020年，从平均值来看，规模以上国有及国有控股工业企业的主营业务收入呈现出东部地区最高，其次是西部地区、中部地区、东北地区。

二、规模以上国有工业企业主营业务收入比重区域分布情况

表5-10是2016~2020年各省级行政区及中国四大经济区域规模以上国有及国有控股工业企业的主营业务收入占当年各地区规模以上工业企业的主营业务收入比重的统计数据表。

表5-10　"十三五"时期规模以上国有工业企业主营业务收入比重区域分布　　　　　单位：%

地区	主营业务收入比重					均值
	2016年	2017年	2018年	2019年	2020年	
东部	**15.69**	**18.14**	**21.10**	**20.71**	**20.3**	**19.19**
北京	56.33	56.52	55.62	57.63	59.7	57.16
天津	25.72	38.59	37.06	29.08	22.8	30.65
河北	19.40	23.52	27.85	26.69	25.6	24.61
上海	39.40	40.78	40.86	41.11	41.4	40.71
江苏	9.64	11.08	13.94	15.29	16.8	13.35
浙江	14.10	15.60	16.29	15.15	14.1	15.05
福建	9.59	11.79	11.94	10.92	10.0	10.85

第五章 "十三五"时期国有经济的区域布局与协调发展

续表

地区	主营业务收入比重					均值
	2016年	2017年	2018年	2019年	2020年	
山东	13.31	16.26	25.20	25.67	26.1	21.31
广东	12.60	14.77	15.75	14.75	13.8	14.33
海南	26.40	25.73	24.65	23.54	22.5	24.56
中部	**20.17**	**22.13**	**27.15**	**26.13**	**25.1**	**24.14**
山西	54.90	51.62	51.32	48.23	45.3	50.27
安徽	22.96	25.34	29.14	29.28	29.4	27.22
江西	17.22	20.32	23.60	22.56	21.6	21.06
河南	12.26	13.03	21.68	21.80	21.9	18.13
湖北	24.99	27.34	26.32	25.65	25.0	25.86
湖南	17.69	19.50	22.95	20.18	17.7	19.60
西部	**34.41**	**38.60**	**41.29**	**42.12**	**43.0**	**39.88**
重庆	24.19	26.32	24.71	24.62	24.5	24.87
四川	23.49	24.74	25.77	27.28	28.9	26.04
贵州	35.59	38.50	44.18	48.70	53.7	44.13
云南	52.99	54.01	54.80	55.33	55.9	54.61
西藏	49.58	58.65	61.78	49.63	39.9	51.91
陕西	48.98	49.24	48.83	51.13	53.5	50.34
甘肃	76.46	80.77	82.17	77.27	72.7	77.87
青海	52.68	61.02	64.42	64.27	64.1	61.30
宁夏	35.99	37.57	40.67	42.22	43.8	40.05

续表

地区	主营业务收入比重					均值
	2016年	2017年	2018年	2019年	2020年	
新疆	51.21	56.65	57.34	55.67	54.0	54.97
内蒙古	26.42	43.60	46.54	46.66	46.8	42.00
广西	26.62	28.51	36.72	41.09	46.0	35.79
东北	**39.40**	**46.32**	**52.50**	**50.28**	**48.2**	**47.34**
辽宁	44.76	47.37	46.51	43.21	40.1	44.39
吉林	33.92	42.43	63.43	65.83	68.3	54.78
黑龙江	40.29	52.68	53.68	50.82	48.1	49.11

由表5-10可以看到2016~2020年东部地区规模以上国有及国有控股工业企业的主营业务收入占当年地区规模以上工业企业的主营业务收入比重从15.69%上升为20.3%。东部地区中，北京、上海、天津三个地区的规模以上国有及国有控股工业企业的主营业务收入占该地区规模以上工业企业的主营业务收入比重最高，平均为57.16%、40.71%、30.65%；福建、江苏、广东三个地区的规模以上国有及国有控股工业企业的主营业务收入占该地区规模以上工业企业的主营业务收入比重最低，平均为10.85%、13.35%、14.33%。

2016~2020年中部地区规模以上国有及国有控股工业企业的主营业务收入占当年地区规模以上工业企业的主营业务收入比重从20.17%上升为25.1%。中部地区中，山

第五章 "十三五"时期国有经济的区域布局与协调发展

西、安徽、湖北三个地区的规模以上国有及国有控股工业企业的主营业务收入占该地区规模以上工业企业的主营业务收入比重最高，平均为50.27%、27.22%、25.86%。在中部地区中，河南省规模以上国有及国有控股工业企业的主营业务收入占该地区规模以上工业企业的主营业务收入比重最低，平均为18.13%。

2016~2020年西部地区规模以上国有及国有控股工业企业的主营业务收入占当年地区规模以上工业企业的主营业务收入比重从34.41%上升为43.0%。西部地区中，甘肃、青海、新疆三个地区的规模以上国有及国有控股工业企业的主营业务收入占该地区规模以上工业企业的主营业务收入比重最高，平均为77.87%、61.30%、54.97%。在西部地区中，重庆、四川、广西三个地区规模以上国有及国有控股工业企业的主营业务收入占该地区规模以上工业企业的主营业务收入比重最低，平均为24.87%、26.04%、35.79%。

2016~2020年东北地区规模以上国有及国有控股工业企业的主营业务收入占当年地区规模以上工业企业的主营业务收入比重从39.40%上升为48.2%。辽宁、吉林、黑龙江三个地区规模以上国有及国有控股工业企业的主营业务收入占地区规模以上工业企业的主营业务收入比重的平均水平为44.39%、54.78%、49.11%。

从地区规模以上国有及国有控股工业企业的主营业务收入占当年地区规模以上工业企业的主营业务收入比重的地区分布来看，呈现出东北地区最高，其次是西部地区，东部地区最低的分布格局。而且从2016~2020年东部地区、中部地区、西部地区、东北地区规模以上国有及国有控股工业企业的主营业务收入占当年地区规模以上工业企业的主营业务收入比重均呈现出一个不断上升的趋势。

第四节 "十三五"时期国有企业利润的区域分布特征及演变

一、国有企业利润区域分布情况

表5-11是2016~2020年各省级行政区及中国四大经济区域的国有企业的利润的统计数据表。

第五章 "十三五"时期国有经济的区域布局与协调发展

表5-11 "十三五"时期国有企业利润区域分布　　　　单位：亿元

地区	利润总额					均值
	2016年	2017年	2018年	2019年	2020年	
东部	6771.4	8377.7	9372.5	9810.3	10248.1	8916
北京	944.2	1156.2	1216.4	1230.7	1245	1158.50
天津	157.9	40.9	22.5	130.5	238.5	118.06
河北	105.1	123.3	149.6	124.8	100	120.56
上海	1725.4	1844.4	1921.3	1720.3	1519.3	1746.14
江苏	716.4	843.7	1049	1103.3	1157.6	974
浙江	599.9	713.7	872.3	910.6	948.9	809.08
福建	354.4	536.9	628.4	610.1	591.8	544.32
山东	687.6	1174.4	1415.7	1362.8	1309.9	1190.08
广东	1468.7	1925.7	2070.8	2586.2	3101.6	2230.60
海南	11.8	18.5	26.5	31	35.5	24.66
中部	985.9	2255.4	2903.4	2900.6	2897.8	2388.62
山西	-17.3	257.2	379.8	340.5	301.2	252.28
安徽	585.2	1021.5	1225.2	1205.6	1186	1044.70
江西	114.4	266.9	339	369.6	400.2	298.02
河南	-5	222.4	271.3	207.5	143.7	167.98
湖北	176.2	253.7	402.7	445.6	488.5	353.34
湖南	132.4	233.7	285.4	331.8	378.2	272.30
西部	1807.1	2533.47	2735	2556.1	3319.6	2590.25
重庆	289.2	310.7	363.4	418.6	473.8	371.14

续表

地区	利润总额					均值
	2016年	2017年	2018年	2019年	2020年	
四川	465.3	496.4	612.6	728.7	844.8	629.56
贵州	385.3	538.2	662.4	703.7	745	606.92
云南	85.8	289.4	190.2	231.9	273.6	214.18
西藏	30.6	37.77	15.9	42.7	69.5	39.29
陕西	206.5	369.8	454.9	528.7	602.5	432.48
甘肃	27.5	85.9	105.6	82.1	58.6	71.94
青海	23.4	-29.6	-94.8	-518.6	*	-154.90
宁夏	8.1	31	16.1	17.3	18.5	18.20
新疆	101.1	126.9	95.2	79.2	63.2	93.12
内蒙古	-9.1	33.1	-10	-7.7	-5.4	0.18
广西	193.4	243.9	323.5	249.5	175.5	237.16
东北	**77.3**	**298.2**	**251.9**	**242.4**	**232.9**	**220.54**
辽宁	68.2	181.6	153.3	232.9	312.5	189.70
吉林	-3.5	76.8	73.1	-14.1	-101.3	6.20
黑龙江	12.6	39.8	25.5	23.6	21.7	24.64

注：*表示没有公布相关数据。

从表5-11可以看到，2016～2020年东部地区国有企业利润由6771.4亿元增长至10248.1亿元。在2016～2020年东部地区，平均国有企业利润最高的三个地区是广东（2230.60

第五章 "十三五"时期国有经济的区域布局与协调发展

亿元)、上海(1746.14亿元)、山东(1190.08亿元)。

同时,也可以看到,2016~2020年中部地区国有企业利润由985.9亿元增长至2897.8亿元。在2016~2020年中部地区,平均国有企业利润最高的三个地区是安徽(1044.70亿元)、湖北(353.34亿元)、江西(298.02亿元)。但中部地区的山西省和河南省在2016年出现了负利润的情况。

从表5-11中还可以看到,2016~2020年西部地区国有企业利润由1807.1亿元增长至3319.6亿元。在2016~2020年,西部地区,平均国有企业利润最高的三个地区是四川(629.56亿元)、贵州(606.92亿元)、陕西(432.48亿元)。西部地区中内蒙古、青海出现了负利润的情况。

2016~2020年东北地区国有企业利润由77.3亿元上升为232.9亿元,上升趋势较为明显。2016~2020年辽宁省、吉林省、黑龙江省平均国有企业利润分别是189.70亿元、6.20亿元、24.64亿元。东北地区中吉林国有企业出现了负利润的情况。

2016~2020年,从平均值来看,东部地区国有企业利润总额最高,其次是西部地区。东部地区、西部地区国有企业利润总额明显高于中部地区、东北地区。东部地区、中部地区、西部地区、东北地区的国有企业利润在2016~2020年均呈现出一定的增长趋势。

表5-12是2016~2020年各省级行政区及中国四大经济

区域的规模以上国有及国有控股工业企业的利润总额的统计数据表。

表 5-12 "十三五"时期规模以上国有工业企业利润总额区域分布   单位：亿元

地区	利润总额					均值
	2016 年	2017 年	2018 年	2019 年	2020 年	
东部	7685.17	9118.5	9130.9	7493.5	6524.7	7990.55
北京	1020.27	1235.50	875.6	951.8	1034.6	1023.55
天津	344.17	503.65	672.5	137.6	28.2	337.22
河北	284.12	518.45	374	307.2	252.3	347.21
上海	1544.02	1633.22	1765.3	1337.6	1013.5	1458.73
江苏	1099.08	1198.78	1327.1	1043.4	820.3	1097.73
浙江	773.36	844.19	804.4	826.3	848.8	819.41
福建	225.81	362.77	376.6	353.9	332.6	330.34
山东	927.78	1200.94	1361.6	1146.7	965.7	1120.54
广东	1437.99	1597.99	1533.8	1343.3	1176.5	1417.92
海南	28.57	23.01	40	45.7	52.2	37.90
中部	1716.17	2578.96	3071.7	3056.1	3070.8	2698.75
山西	115.33	426.70	612	555.6	504.4	442.81
安徽	337.69	498.37	634.4	633.4	632.4	547.25
江西	218.73	262.19	330.8	289.2	252.8	270.74
河南	-19.25	154.58	235.8	302	386.8	211.99

第五章 "十三五"时期国有经济的区域布局与协调发展

续表

地区	利润总额					均值
	2016年	2017年	2018年	2019年	2020年	
湖北	793.12	838.71	862.5	857	851.5	840.57
湖南	270.55	398.41	396.2	418.9	442.9	385.39
西部	**2572.75**	**4731.64**	**5185.4**	**4637.3**	**19562.4**	**7337.90**
重庆	412.09	419	171.3	132.4	102.3	247.42
四川	460.69	713.81	818.6	960.4	1126.8	816.06
贵州	375.90	510.25	604.2	716.3	849.2	611.17
云南	99.41	466.09	543	510.3	479.6	419.68
西藏	-3.17	5.08	*	-10.6	*	-2.90
陕西	656.80	1156.41	1298.8	1340.9	1384.4	1167.46
甘肃	11.98	148.45	168.4	218.4	283.2	166.09
青海	51.81	59.26	21.3	-549.8	14191.6	2754.83
宁夏	44.95	11.02	63.2	74.3	87.3	56.15
新疆	16.34	357.43	498.5	359.4	259.1	298.15
内蒙古	163.84	500.21	590.5	581	571.7	481.45
广西	282.11	384.63	407.6	304.3	227.2	321.17
东北	**350.25**	**785.37**	**1195.1**	**881.1**	**711.2**	**784.60**
辽宁	-22.14	282.48	532	297.6	166.5	251.29
吉林	463.95	342.56	447.9	461.5	475.5	438.28
黑龙江	-91.56	160.33	215.2	122	69.2	95.03

注：*表示没有公布相关数据。

从表5-12中可以看到，2016~2020年东部地区规模以上国有及国有控股工业企业的利润总额由7685.17亿元变为6524.7亿元。在2016~2020年东部地区，平均规模以上国有及国有控股工业企业的利润总额最高的三个地区是上海（1458.73亿元）、广东（1417.92亿元）、山东（1120.54亿元）。

同时，也可以看到，2016~2020年中部地区规模以上国有及国有控股工业企业的利润总额由1716.17亿元增长至3070.8亿元。在2016~2020年中部地区，平均规模以上国有及国有控股工业企业的利润总额最高的三个地区是湖北（840.57亿元）、安徽（547.25亿元）、山西（442.81亿元）。但中部地区的河南省在2016年出现了负利润的情况。

从表5-12中还可以看到，2016~2020年西部地区规模以上国有及国有控股工业企业的利润总额由2572.75亿元增长至19562.4亿元。在2016~2020年，西部地区，平均规模以上国有及国有控股工业企业的利润总额最高的三个地区是陕西（1167.46亿元）、四川（816.06亿元）、贵州（611.17亿元）。西部地区中西藏自治区规模以上国有及国有控股工业企业的利润总额出现负值。

第五章 "十三五"时期国有经济的区域布局与协调发展

2016～2020年东北地区规模以上国有及国有控股工业企业的利润总额由350.25亿元上升为711.2亿元，上升趋势较为明显。2016～2020年辽宁省、吉林省、黑龙江省规模以上国有及国有控股工业企业的利润总额分别是251.29亿元、438.28亿元、95.03亿元。辽宁省和黑龙江省在2016年规模以上国有及国有控股工业企业的利润总额出现了负值。

2016～2020年，从平均值来看，东部地区规模以上国有及国有控股工业企业的利润总额最高，其次是西部地区。东部地区、西部地区规模以上国有及国有控股工业企业的利润总额明显高于中部地区、东北地区。东部地区、中部地区、西部地区、东北地区的规模以上国有及国有控股工业企业的利润总额在2016～2020年均呈现出一定的增长趋势。

二、规模以上国有工业企业利润总额比重区域分布情况

表5-13是2016～2020年各省级行政区及中国四大经济区域规模以上国有及国有控股工业企业的资产占当年各地区规模以上工业企业的利润总额比重的统计数据表。

表 5-13　"十三五"时期规模以上国有工业企业利润总额比重区域分布　　单位:%

地区	利润总额比重					均值
	2016 年	2017 年	2018 年	2019 年	2020 年	
东部	**17.22**	**20.71**	**23.97**	**20.16**	**22.35**	**20.88**
北京	63.44	61.05	57.23	55.65	54.1	58.29
天津	16.82	47.45	56.01	11.03	2.2	26.70
河北	10.09	19.11	16.91	14.35	12.2	14.53
上海	52.99	50.35	52.88	45.70	39.5	48.28
江苏	10.39	11.93	15.63	15.22	14.8	13.59
浙江	17.30	18.33	18.07	16.52	15.1	17.06
福建	7.82	11.26	10.65	8.18	6.3	8.84
山东	10.52	14.78	27.95	31.39	35.3	23.99
广东	17.15	18.03	18.46	14.70	11.7	16.01
海南	28.05	20.91	27.53	26.80	26.1	25.88
中部	**11.47**	**16.33**	**22.76**	**21.07**	**22.04**	**18.73**
山西	39.12	41.36	45.14	47.70	50.4	44.74
安徽	15.06	21.19	25.91	28.10	30.5	24.15
江西	8.95	11.13	15.33	12.78	10.7	11.78
河南	*	2.89	7.72	8.51	9.4	7.13
湖北	29.23	32.16	31.30	28.10	25.2	29.20
湖南	13.34	19.03	22.94	18.81	15.4	17.90

第五章 "十三五"时期国有经济的区域布局与协调发展

续表

地区	利润总额比重					均值
	2016年	2017年	2018年	2019年	2020年	
西部	**25.23**	**37.58**	**43.21**	**39.96**	**43.64**	**37.92**
重庆	25.00	27.90	14.06	10.94	8.5	17.28
四川	19.69	25.27	30.12	31.62	33.2	27.98
贵州	44.38	56.48	68.72	73.37	78.3	64.25
云南	29.68	59.55	58.69	53.67	49.1	50.14
西藏	*	19.10	*	*	*	19.10
陕西	41.33	50.84	53.31	56.81	60.5	52.56
甘肃	16.48	60.71	62.28	71.63	82.4	58.70
青海	64.75	58.61	33.97	103.97	318.2	115.90
宁夏	31.38	7.55	36.28	34.04	31.9	28.23
新疆	4.23	49.47	63.20	52.78	44.1	42.76
内蒙古	12.19	34.46	41.90	39.71	37.6	33.17
广西	20.25	23.88	37.05	32.94	29.3	28.68
东北	**16.37**	**31.31**	**24.68**	**35.03**	**38.29**	**29.14**
辽宁	*	26.57	21.61	21.98	22.4	23.14
吉林	36.57	33.32	36.41	62.03	65.7	46.81
黑龙江	*	38.48	18.71	29.24	35.7	30.53

注：*表示当年该地区的规模以上国有及国有控股工业企业的利润为负值。

从表5-13可以看到，2016~2020年东部地区规模以上国有及国有控股工业企业的利润总额占当年地区规模以上工业企业的利润总额比重从17.22%上升为22.35%。东部地区中，北京、上海、天津三个地区的规模以上国有及国有控股工业企业的利润总额占该地区规模以上工业企业的利润总额比重最高，平均为58.29%、48.28%、26.70%；福建、江苏、河北三个地区的规模以上国有及国有控股工业企业的利润总额占该地区规模以上工业企业的利润总额比重最低，平均为8.84%、13.59%、14.53%。

2016~2020年中部地区规模以上国有及国有控股工业企业的利润总额占当年地区规模以上工业企业的利润总额比重从9.08%上升为22.04%。中部地区中，山西、湖北、安徽三个地区的规模以上国有及国有控股工业企业的利润总额占该地区规模以上工业企业的利润总额比重最高，平均为44.74%、29.20%、24.15%。在中部地区中，河南省规模以上国有及国有控股工业企业的资产占该地区规模以上工业企业的资产比重最低，平均为7.13%。

2016~2020年西部地区规模以上国有及国有控股工业企业的利润总额占当年地区规模以上工业企业的利润总额比重从25.23%上升为43.64%。西部地区中，青海、贵州、四川三

第五章 "十三五"时期国有经济的区域布局与协调发展

个地区的规模以上国有及国有控股工业企业的利润总额占该地区规模以上工业企业的利润总额比重最高，平均为115.90%、64.25%、58.70%。在西部地区中，重庆、西藏、青海三个地区规模以上国有及国有控股工业企业的利润总额占该地区规模以上工业企业的利润总额比重最低，平均为17.28%、19.10%、27.98%。

2016~2020年东北地区规模以上国有及国有控股工业企业的利润总额占当年地区规模以上工业企业的利润总额比重从16.37%上升为38.29%。辽宁、吉林、黑龙江三个地区规模以上国有及国有控股工业企业的利润总额占地区规模以上工业企业的利润总额比重的平均水平为23.14%、46.81%、30.53%。

从地区规模以上国有及国有控股工业企业的利润总额占当年地区规模以上工业企业的利润总额比重的地区分布来看呈现出西部地区最高，其次是东北地区，中部地区最低的分布格局。而且从2016~2020年中部地区、西部地区和东北地区规模以上国有及国有控股工业企业的利润总额占当年地区规模以上工业企业的利润总额比重均呈现出一个不断上升的趋势。

第五节 "十三五"时期规模以上国有工业企业用工人数的区域分布特征及演变

一、规模以上国有工业企业用工人数的区域分布情况

表5-14是2016~2020年各省级行政区及中国四大经济区域的规模以上国有及国有控股工业企业的用工人数的统计数据表。

表5-14 "十三五"时期规模以上国有工业企业用工人数区域分布

地区	用工人数（万人）					均值（万人）	增长率（％）
	2016年	2017年	2018年	2019年	2020年		
东部	547.22	524.62	475.1	447.2	423.7	483.6	-6.25
北京	45.36	42.60	36.7	37	37.30	39.8	-5.60

第五章 "十三五"时期国有经济的区域布局与协调发展

续表

地区	用工人数（万人）					均值（万人）	增长率（%）
	2016年	2017年	2018年	2019年	2020年		
天津	36.93	29.39	26.1	23.3	20.80	27.3	-12.72
河北	84.47	73.74	65.6	64.2	62.83	70.2	-7.40
上海	40.05	38.26	34.3	37.3	40.56	38.1	-2.83
江苏	57.24	65.06	60.2	54.9	50.07	57.5	-5.61
浙江	30.86	30.01	30.3	29.6	28.92	29.9	-1.48
福建	24.41	24.78	22.7	23.7	24.74	24.1	-1.13
山东	139.75	136.66	122.3	102.4	85.74	117.4	-8.36
广东	85.48	81.69	74.4	72.5	70.65	76.9	-3.88
海南	2.67	2.43	2.5	2.3	2.12	2.4	-5.35
中部	**461.56**	**441.25**	**394.9**	**385.8**	**377.7**	**412.2**	**-5.45**
山西	112.63	112.2	108.4	103	97.87	106.8	-2.77
安徽	76.56	70.65	62.7	57.4	52.55	64.0	-9.39
江西	32.67	34.21	31.8	31.1	30.42	32.0	-3.76
河南	110.3	102.7	94.1	92.1	90.14	97.9	-6.13
湖北	75.89	70.72	56.8	59.1	61.49	64.8	-6.33
湖南	53.51	50.77	41.1	43.1	45.20	46.7	-3.01
西部	**470.09**	**436.39**	**376.1**	**419.8**	**471.6**	**434.8**	**-3.41**
重庆	39.62	34.54	27.9	31	34.44	33.5	-6.09
四川	79.23	72.46	63.8	71.4	79.91	73.4	-4.12
贵州	41.41	35.60	29.9	32.9	36.20	35.2	-5.63

续表

地区	用工人数（万人）					均值（万人）	增长率（％）
	2016年	2017年	2018年	2019年	2020年		
云南	37.06	35.39	29.8	33.3	37.21	34.6	-4.01
西藏	1.12	1.13	1.2	1.1	1.01	1.1	1.87
陕西	89.59	85.06	67.1	85.4	108.69	87.2	-0.26
甘肃	39.64	36.36	33.3	33.3	33.30	35.2	-5.80
青海	11.86	11.10	10.5	9.9	9.33	10.5	-5.16
宁夏	11.31	10.68	10.6	11.2	11.83	11.1	-2.36
新疆	37.41	37.67	34.8	35.2	35.60	36.1	-2.10
内蒙古	46.46	43.66	38.1	44.1	51.04	44.7	-1.16
广西	35.38	32.74	29.1	31	33.02	32.2	-3.56
东北	**207.05**	**193.6**	**172**	**165.8**	**160.1**	**179.7**	**-7.17**
辽宁	91.84	90.35	75.7	75	74.31	81.4	-6.67
吉林	51.40	46.59	44	39.4	35.28	43.3	-8.20
黑龙江	63.81	56.66	52.3	51.4	50.52	54.9	-6.84

从表5-14中可以看到，2016~2020年东部地区规模以上国有及国有控股工业企业的用工人数由547.22万人下降至423.7万人，平均下降速度达到6.25%。在2016~2020年东部地区，平均规模以上国有及国有控股工业企业的用工人数最高的三个地区是山东117.4万人、广东76.9万人、河北70.2万人。从变化速度来看，在东部地区中规模以上国有及国有控

第五章 "十三五"时期国有经济的区域布局与协调发展

股工业企业的用工人数均呈现不断下降的趋势，下降速度最快的地区是天津、山东、河北，平均下降速度分别是12.72%、8.36%、7.40%。

同时，也可以看到，2016~2020年中部地区规模以上国有及国有控股工业企业用工人数由461.56万人下降至412.2万人，平均下降速度达到5.54%。在2016~2020年中部地区，平均规模以上国有及国有控股工业企业用工人数最高的三个地区是山西106.8万人、河南97.9万人、安徽64.0万人。从增长速度来看，在中部地区中规模以上国有及国有控股工业企业的用工人数均呈现出一个不断下降的趋势，其中下降速度最快的地区是安徽（9.39%）、湖北（6.33%）、河南（6.13%）。

从表5-14中还可以看到，2016~2020年西部地区规模以上国有及国有控股工业企业的用工人数由470.09万人下降至434.8万人，平均下降速度达到3.41%。在2016~2020年西部地区，平均规模以上国有及国有控股工业企业的用工人数最高的三个地区是陕西87.2万人、四川73.4万人、内蒙古44.7万人。从变化速度来看，在西部地区中规模以上国有及国有控股工业企业的用工人数呈现增长的地区仅仅是西藏，平均增长速度是1.87%；而平均下降速度最快的地区是重庆、甘肃、贵州，平均下降速度分别是6.09%、5.80%、5.63%。

2016～2020年东北地区规模以上国有及国有控股工业企业的用工人数由207.05万人下降至179.7万人,平均下降速度达到7.17%。2016～2020年辽宁省、吉林省、黑龙江省平均规模以上国有及国有控股工业企业的用工人数分别是81.4万人、43.3万人、54.9万人。同时,辽宁省、吉林省、黑龙江省规模以上国有及国有控股工业企业的用工人数平均下降速度分别是6.67%、8.20%、6.84%。

2016～2020年,东部地区、中部地区、西部地区、东北地区规模以上国有及国有控股工业企业的用工人数均呈现一个不断下降的趋势,东北地区的平均下降速度高于东部地区、中部地区、西部地区,达到7%左右,而东部地区下降速度高于中部地区、西部地区。

二、国有用工人数比重的区域分布情况

表5-15是2016～2020年各省级行政区及中国四大经济区域规模以上国有及国有控股工业企业的用工人数占当年各地区规模以上工业企业的用工人数比重的统计数据表。

第五章 "十三五"时期国有经济的区域布局与协调发展

表5-15 "十三五"时期规模以上国有工业企业用工人数比重区域分布 单位:%

地区	用工人数比重					均值
	2016年	2017年	2018年	2019年	2020年	
东部	**10.11**	**10.20**	**10.25**	**9.79**	**9.4**	**9.95**
北京	43.43	42.79	40.91	42.63	44.4	42.83
天津	25.13	27.93	25.84	23.68	21.7	24.86
河北	23.00	21.88	23.00	23.20	23.4	22.90
上海	18.60	18.53	17.82	19.36	21.0	19.06
江苏	5.15	6.31	6.50	6.48	6.5	6.19
浙江	4.47	4.48	4.64	4.36	4.1	4.41
福建	5.79	5.84	5.67	5.39	5.1	5.56
山东	15.43	16.41	17.57	18.50	19.5	17.48
广东	5.95	5.72	5.80	5.23	4.7	5.48
海南	24.56	24.30	24.75	21.70	19.0	22.86
中部	**21.03**	**20.94**	**22.18**	**21.17**	**20.2**	**21.10**
山西	59.06	57.71	57.94	55.08	52.4	56.44
安徽	23.17	22.83	21.73	21.47	21.2	22.08
江西	12.14	12.46	13.60	13.24	12.9	12.87
河南	15.23	15.16	19.59	18.83	18.1	17.38
湖北	22.07	22.40	19.39	17.59	16.0	19.49
湖南	15.91	15.12	13.80	13.98	14.2	14.60

续表

地区	用工人数比重					均值
	2016 年	2017 年	2018 年	2019 年	2020 年	
西部	**34.03**	**33.99**	**32.76**	**35.91**	**39.4**	**35.22**
重庆	20.32	19.57	18.02	20.03	22.3	20.05
四川	23.43	22.75	21.63	23.89	26.4	23.62
贵州	40.04	38.32	36.24	40.97	46.3	40.37
云南	41.10	39.50	35.90	39.27	43.0	39.75
西藏	56.00	56.22	60.00	50.00	41.7	52.78
陕西	51.19	50.23	45.71	50.65	56.1	50.78
甘肃	66.39	67.99	66.87	68.10	69.4	67.75
青海	58.92	59.61	61.05	61.49	61.9	60.59
宁夏	36.34	35.85	37.32	37.71	38.1	37.06
新疆	52.27	53.32	52.25	49.79	47.4	51.01
内蒙古	38.49	47.97	45.85	49.55	53.5	47.07
广西	20.26	19.09	20.95	24.80	29.4	22.90
东北	**42.35**	**45.84**	**45.61**	**45.09**	**44.6**	**44.70**
辽宁	40.27	44.61	41.32	38.82	36.5	40.30
吉林	35.83	37.48	41.16	44.27	47.6	41.27
黑龙江	54.35	59.34	60.11	60.12	60.1	58.80

第五章 "十三五"时期国有经济的区域布局与协调发展

从表 5-15 可以看到，2016~2020 年东部地区规模以上国有及国有控股工业企业的用工人数占当年地区规模以上工业企业的用工人数比重从 10.11% 下降为 9.4%。东部地区中，北京、天津、河北三个地区的规模以上国有及国有控股工业企业的用工人数占该地区规模以上工业企业的用工人数比重最高，平均为 42.83%、24.86%、22.90%；浙江、广东、福建三个地区的规模以上国有及国有控股工业企业的资产占该地区规模以上工业企业的资产比重最低，平均为 4.41%、5.48%、5.56%。

2016~2020 年中部地区规模以上国有及国有控股工业企业的用工人数占当年地区规模以上工业企业的用工人数比重从 21.03% 下降为 20.2%。中部地区中，山西、安徽、湖北三个地区的规模以上国有及国有控股工业企业的用工人数占该地区规模以上工业企业的用工人数比重最高，平均为 56.44%、22.08%、19.49%。在中部地区中，江西省规模以上国有及国有控股工业企业的用工人数占该地区规模以上工业企业的用工人数比重最低，平均为 12.87%。

2016~2020 年西部地区规模以上国有及国有控股工业企业的用工人数占当年地区规模以上工业企业的用工人数比重从 34.03% 上升为 39.4%。西部地区中，甘肃、青海、西藏三个地区的规模以上国有及国有控股工业企业的用工人数占该地区规模以上工业企业的用工人数比重最高，平均为67.75%、60.59%、52.78%。在西部地区中，重庆、广西、四川三个地区规模以上国有及国有控股工业企业的用工人数占该地区规模以上工业企业的用工人数比重最低，平均为20.05%、22.90%、23.62%。

2016~2020年东北地区规模以上国有及国有控股工业企业的用工人数占当年地区规模以上工业企业的用工人数比重从42.35%上升为44.6%。辽宁、吉林、黑龙江三个地区规模以上国有及国有控股工业企业的用工人数占地区规模以上工业企业的用工人数比重的平均水平为40.30%、41.27%、58.80%，高于东部、中部、西部地区的平均水平。

从地区规模以上国有及国有控股工业企业的用工人数占当年地区规模以上工业企业的用工人数比重的地区分布来看呈现出东部地区最低，中部地区次之，而东北地区和西部地区高于东部地区、中部地区的特征。东部地区、中部地区规模以上国有及国有控股工业企业的用工人数占当年地区规模以上工业企业的用工人数比重在2016~2020年呈现一个不断下降的趋势，西部地区和东北地区这一比重呈现上升趋势。

第五章 "十三五"时期国有经济的区域布局与协调发展

第六节 "十三五"时期国有经济增长质量的区域比较分析

一、国有经济劳动生产率的区域比较

表5-16是2016~2020年各省级行政区及中国四大经济区域的规模以上国有及国有控股工业企业的劳动生产率的计算结果。

表5-16 "十三五"时期规模以上国有工业企业劳动生产率区域分布

地区	劳动生产率（万元/人）					均值（万元/人）	增长率（%）
	2016年	2017年	2018年	2019年	2020年		
东部	151.61	193.03	226.00	271.75	326.8	233.84	21.23
北京	192.74	245.22	274.95	332.79	402.8	289.70	20.36
天津	164.96	180.27	212.00	257.13	311.9	225.25	17.37
河北	94.28	108.67	133.79	167.94	210.8	143.10	22.36

续表

地区	劳动生产率（万元/人）					均值（万元/人）	增长率（%）
	2016年	2017年	2018年	2019年	2020年		
上海	248.19	337.54	404.07	474.35	556.9	404.21	22.63
江苏	171.21	263.64	253.71	306.11	369.3	272.79	22.88
浙江	229.10	299.11	341.75	384.03	431.5	337.10	17.39
福建	139.62	167.09	217.22	272.93	342.9	227.95	25.24
山东	114.25	143.43	167.59	199.03	236.4	172.14	19.98
广东	157.93	190.30	242.17	292.27	352.7	247.07	22.28
海南	105.32	165.03	190.55	220.00	254.0	186.98	25.77
中部	**92.00**	**112.31**	**128.77**	**150.05**	**174.8**	**131.59**	**17.44**
山西	63.70	69.34	82.13	93.76	107.0	83.19	13.90
安徽	98.08	126.51	154.62	185.92	223.6	157.75	22.93
江西	146.19	189.54	200.47	239.78	286.8	212.56	18.66
河南	76.85	88.56	101.38	109.36	118.0	98.83	11.37
湖北	119.75	150.99	167.07	200.54	240.7	175.81	19.20
湖南	100.02	129.38	149.57	197.75	261.4	167.62	27.34
西部	**98.74**	**125.80**	**150.50**	**184.56**	**226.3**	**157.18**	**23.07**
重庆	105.09	143.26	158.30	177.58	199.2	156.69	17.79
四川	91.62	123.15	142.13	166.59	195.3	143.76	21.07
贵州	68.66	96.03	115.15	140.93	172.5	118.65	26.14
云南	98.04	145.12	178.33	250.85	352.9	205.05	38.06
西藏	60.27	76.06	111.58	133.75	160.3	108.39	28.15

第五章 "十三五"时期国有经济的区域布局与协调发展

续表

地区	劳动生产率（万元/人）					均值（万元/人）	增长率（%）
	2016年	2017年	2018年	2019年	2020年		
陕西	90.41	114.96	133.62	170.84	218.4	145.65	24.77
甘肃	147.33	151.42	187.37	222.60	264.5	194.64	16.04
青海	76.95	99.70	114.37	137.10	164.3	118.48	21.00
宁夏	89.59	116.03	143.06	170.53	203.3	144.50	22.81
新疆	88.82	113.62	146.34	177.43	215.1	148.26	24.80
内蒙古	99.21	114.07	139.64	175.31	220.1	149.67	22.12
广西	130.20	167.27	207.27	240.64	279.4	204.96	21.15
东北	**18.30**	**22.08**	**23.55**	**29.10**	**36.0**	**25.81**	**18.65**
辽宁	87.57	107.42	123.08	170.94	237.4	145.28	28.75
吉林	113.06	154.64	185.82	204.80	225.7	176.80	19.34
黑龙江	59.83	71.65	80.47	95.69	113.8	84.29	17.48

从表5-16可以看到2016~2020年东部地区规模以上国有工业企业劳动生产率从151.61万元/人提升为326.8万元/人，年平均增长速度为21.23%。在东部地区国有工业企业劳动生产率最快的地区是海南，国有工业企业劳动生产率年平均增长速度为25.77%。同时，在东部地区中有多个地区的国有工业企业劳动生产率年平均增长速度超过10%。2016~2020年中部地区国有工业企业劳动生产率从92.00万元/人提升为174.8万元/人，年平均增长速度为17.44%。2016~

2020年西部地区国有工业企业劳动生产率从98.74万元/人提升为226.3万元/人，年平均增长速度为23.07%。在西部地区中，2016~2020年国有工业企业劳动生产率的提升速度非常明显。2016~2020年东北地区国有工业企业劳动生产率从18.30万元/人提升为36.0万元/人，年平均增长速度为18.65%。从四大区域在国有工业企业劳动生产率的比较上来看，东部地区国有工业企业劳动生产率水平高于西部地区、中部地区、东北地区；而从国有工业企业劳动生产率的增长速度来看，西部地区国有工业企业劳动生产率的年均增长速度高于东部地区、中部地区、东北地区。同时，也可以看到东北地区国有工业企业劳动生产率不管是在水平值还是在年均增长速度都落后于东部、中部、西部地区。

二、国有经济全要素生产率的区域比较

对于国有经济生产率的测算研究，投入与产出变量的正确选择是实证研究中的关键性问题。如果选取不恰当的投入与产出变量将会导致分析结果的严重失真。本章在借鉴现有国内外研究成果的基础上，充分考虑数据的可得性和有效性来确定变量的选择。在投入变量上，我们选择资本与劳动这两个要素，其中，资本投入选取了流动资产合计和非流动资产合计。选取

第五章 "十三五"时期国有经济的区域布局与协调发展

非流动资产合计这一指标的原因在于，非流动资产投资具有投资时滞效应，当年的投资很可能还没有形成实际的生产能力，而真正发挥作用的是早期已经实现正常生产运作的投资，因此选用非流动资产合计衡量资本要素的投入较为合理。劳动投入选择了年平均从业人员数作为劳动要素投入的衡量指标。而在产出变量的选择上，现有研究往往采用增加值来反映地区经济的产出情况，但由于相关统计部门在工业企业层面没有公布增加值数据，且工业总产值数据只公布至 2011 年，所以本章选择了营业收入和利润总额来衡量地区国有经济的产出情况。营业收入包括了企业经营主要业务和其他业务所确认的收入总额。营业收入包括"主营业务收入"和"其他业务收入"。利润总额包括了工业企业在一定会计期间的经营成果，是生产经营过程中各种收入扣除各种耗费后的盈余，反映企业在报告期内实现的盈亏总额。在样本的选择上，本章使用 2016～2020 年中国 31 个省份的面板数据。数据源自相关年份的《中国统计年鉴》。

在上述投入和产出指标选择的基础上，我们计算了 2016～2020 年各省级行政区及中国四大经济区域的规模以上国有及国有控股工业企业的全要素生产率指数，计算结果见表 5-17。

表5-17　　"十三五"时期地区国有工业企业生产率指数

地区	2016~2017年	2017~2018年	2018~2019年	2019~2020年	均值
东部	**1.22**	**1.09**	**1.13**	**1.17**	**1.15**
北京	1.24	1.12	1.21	1.31	1.22
天津	1.05	1.04	1.26	1.53	1.22
河北	1.10	1.12	1.14	1.16	1.13
上海	1.15	1.07	1.15	1.24	1.15
江苏	1.21	1.00	1.10	1.21	1.13
浙江	1.23	1.09	1.04	0.99	1.09
福建	1.13	1.21	1.14	1.07	1.14
山东	1.95	1.10	1.06	1.02	1.28
广东	1.13	1.05	1.02	0.99	1.05
海南	0.99	1.10	1.15	1.20	1.11
中部	**1.25**	**1.07**	**1.06**	**1.05**	**1.11**
山西	1.75	1.14	1.12	1.10	1.28
安徽	1.16	1.14	1.07	1.00	1.09
江西	1.13	1.03	1.04	1.05	1.06
河南	1.03	1.02	1.02	1.02	1.02
湖北	1.16	0.99	1.01	1.03	1.05
湖南	1.28	1.11	1.10	1.09	1.15
西部	**1.17**	**1.14**	**1.15**	**1.16**	**1.16**
重庆	1.17	1.12	1.29	1.49	1.27

第五章 "十三五"时期国有经济的区域布局与协调发展

续表

地区	2016~2017年	2017~2018年	2018~2019年	2019~2020年	均值
四川	1.12	0.99	1.11	1.24	1.12
贵州	1.17	1.02	1.09	1.16	1.11
云南	1.18	1.02	0.94	0.87	1.00
西藏	1.22	1.06	1.08	1.10	1.12
陕西	1.08	1.18	1.20	1.22	1.17
甘肃	1.32	1.17	1.27	1.38	1.29
青海	1.26	1.47	1.20	0.98	1.23
宁夏	1.10	1.28	1.13	1.00	1.13
新疆	0.98	1.16	1.14	1.12	1.10
内蒙古	1.23	1.05	1.20	1.37	1.21
广西	1.15	1.16	1.19	1.22	1.18
东北	**1.15**	**1.04**	**1.16**	**1.29**	**1.16**
辽宁	1.17	1.12	1.29	1.49	1.27
吉林	1.12	0.99	1.11	1.24	1.12
黑龙江	1.17	1.02	1.09	1.16	1.11

从表5-17的国有工业企业生产率测算的结果可以看到，东部、中部、西部、东北地区，除了海南、新疆，国有工业企业在2016~2017年的生产率指数均大于1，说明2016~2017年全国国有工业企业在2016~2017年均出现了一个明显的生产率提升的趋势。而自2017年以后，东部、中部、西部、东

北地区，国有工业企业生产率指数均大于1，说明自2017年以后东部、中部、西部、东北地区的国有工业企业的生产率水平均有明显的提高。但是，如果比较东部、中部、西部、东北地区的国有工业企业在2016~2020年的生产率指数的平均值来看，东部、中部、西部、东北地区分别为1.15、1.11、1.16、1.16，说明在2016~2020年东部、中部、西部、东北地区国有工业企的生产率水平提高的幅度大体相当。

从四大区域内部来看，在东部地区当中，2016~2020年的国有工业企业生产率指数的平均值最高的三个地区是山东（1.28）、北京（1.22）、天津（1.22）；在中部地区当中，2016~2020年的国有工业企业生产率指数的平均值最高的三个地区是山西（1.28）、湖南（1.15）、安徽（1.09）；在西部地区当中，2016~2020年的国有工业企业生产率指数的平均值最高的三个地区是甘肃（1.29）、重庆（1.27）、青海（1.23）；在东北三省中吉林、黑龙江省2016~2020年的国有工业企业生产率指数的平均值分别为1.27、1.12、1.11。

为了进一步揭示国有工业企业生产率分解结果变动的规律性，我们将上述2016~2020年各省级行政区的国有工业企业生产率指数进行了分解，分解为技术进步（结果见表5-18）和技术效率变动（结果见表5-19）。

第五章 "十三五"时期国有经济的区域布局与协调发展

表 5-18　　"十三五"时期地区国有工业企业技术进步

地区	2016~2017年	2017~2018年	2018~2019年	2019~2020年	均值
东部	**1.20**	**1.09**	**1.07**	**1.05**	**1.10**
北京	1.33	1.20	1.17	1.14	1.21
天津	1.22	1.10	1.05	1.00	1.09
河北	1.20	1.05	1.05	1.05	1.09
上海	1.15	1.07	1.15	1.23	1.15
江苏	1.17	1.09	1.03	0.97	1.07
浙江	1.23	1.09	1.04	0.99	1.09
福建	1.22	1.09	1.04	0.99	1.09
山东	1.27	1.05	1.04	1.03	1.10
广东	1.09	1.06	1.03	1.00	1.05
海南	1.11	1.11	1.09	1.07	1.10
中部	**1.16**	**1.04**	**1.04**	**1.04**	**1.07**
山西	1.28	1.04	1.04	1.04	1.10
安徽	1.16	1.03	1.04	1.05	1.07
江西	1.13	1.03	1.04	1.05	1.06
河南	1.10	1.02	1.02	1.02	1.04
湖北	1.10	1.06	1.03	1.00	1.05
湖南	1.16	1.04	1.05	1.06	1.08
西部	**1.19**	**1.08**	**1.07**	**1.06**	**1.10**
重庆	1.09	1.07	1.04	1.01	1.05

续表

地区	2016~2017年	2017~2018年	2018~2019年	2019~2020年	均值
四川	1.16	1.06	1.03	1.00	1.06
贵州	1.05	1.00	1.12	1.24	1.10
云南	1.23	1.10	1.06	1.02	1.10
西藏	1.36	1.20	1.17	1.14	1.22
陕西	1.12	1.04	1.10	1.16	1.11
甘肃	1.20	1.06	1.06	1.06	1.10
青海	1.24	1.10	1.07	1.04	1.11
宁夏	1.23	1.10	1.04	0.98	1.09
新疆	1.22	1.08	1.03	0.98	1.08
内蒙古	1.23	1.10	1.04	0.98	1.09
广西	1.13	1.05	1.04	1.03	1.06
东北	**1.13**	**1.04**	**1.05**	**1.06**	**1.07**
辽宁	1.20	1.04	1.06	1.08	1.10
吉林	1.08	1.05	1.05	1.05	1.06
黑龙江	1.10	1.02	1.03	1.04	1.05

从表5-18的国有工业企业技术进步测算的结果可以看到，东部、中部、西部、东北区域的国有工业企业在2016~2019年的技术进步均大于1，说明2016~2019年全国国有工业企业均出现了一个明显的技术进步趋势。而2019~2020年以后，除了江苏、浙江、福建、宁夏、新疆、内蒙古，东部、

第五章 "十三五"时期国有经济的区域布局与协调发展

中部、西部、东北区域的国有工业企业技术进步均有一定程度的提高。2016~2019年东部、中部、西部、东北地区国有工业企业技术进步水平的平均值分别为1.10、1.07、1.10、1.07。说明2016~2019年，东部、中部、西部、东北地区国有工业企业技术进步水平均有明显的提升。

表5-19　　　"十三五"时期地区国有工业企业技术效率变动

地区	2016~2017年	2017~2018年	2018~2019年	2019~2020年	均值
东部	**1.01**	**1.00**	**1.05**	**1.10**	**1.04**
北京	0.94	0.94	1.03	1.12	1.01
天津	0.86	0.95	1.20	1.45	1.12
河北	0.92	1.06	1.09	1.12	1.05
上海	1.00	1.00	1.00	1.00	1.00
江苏	1.04	0.92	1.06	1.20	1.06
浙江	1.00	1.00	1.00	1.00	1.00
福建	0.93	1.11	1.09	1.07	1.05
山东	1.53	1.05	1.02	0.99	1.15
广东	1.03	0.99	0.99	0.99	1.00
海南	0.89	0.99	1.06	1.13	1.02
中部	**1.08**	**1.03**	**1.02**	**1.01**	**1.04**
山西	1.37	1.10	1.08	1.06	1.15
安徽	1.00	1.10	1.03	0.96	1.02

续表

地区	2016~2017年	2017~2018年	2018~2019年	2019~2020年	均值
江西	1.00	1.00	1.00	1.00	1.00
河南	0.93	1.00	1.00	1.00	0.98
湖北	1.06	0.93	0.98	1.03	1.00
湖南	1.10	1.06	1.05	1.04	1.06
西部	**0.99**	**1.08**	**1.08**	**1.08**	**1.06**
重庆	0.90	1.00	1.16	1.32	1.10
四川	1.07	1.02	1.02	1.02	1.03
贵州	1.08	0.96	0.90	0.84	0.95
云南	1.04	1.00	1.05	1.10	1.05
西藏	1.03	1.18	1.07	0.96	1.06
陕西	1.08	1.06	1.19	1.32	1.16
甘肃	0.93	1.23	1.02	0.81	1.00
青海	0.99	1.24	1.03	0.82	1.02
宁夏	0.81	1.10	1.07	1.04	1.01
新疆	0.99	0.95	1.12	1.29	1.09
内蒙古	0.94	1.06	1.14	1.22	1.09
广西	0.99	1.14	1.14	1.14	1.10
东北	**1.03**	**1.01**	**1.11**	**1.21**	**1.09**
辽宁	0.98	1.08	1.22	1.36	1.16
吉林	1.04	0.94	1.05	1.16	1.05
黑龙江	1.06	1.00	1.06	1.12	1.06

第五章 "十三五"时期国有经济的区域布局与协调发展

从表5-19的国有工业企业技术效率测算的结果可以看到，2016~2020年东部、中部、西部和东北区域国有工业企业技术效率的平均值分别为1.04、1.04、1.06、1.09，说明在此期间东部、中部、西部和东北区域国有工业企业技术效率的改进提升效果是比较明显的。在东部区域内部，山东省2016~2020年国有工业企业技术效率的提升幅度最高，技术效率的均值为1.15；在中部区域内部，山西国有工业企业技术效率的提升幅度很明显，技术效率的均值为1.15；在西部区域内部陕西国有工业企业技术效率的提升幅度非常明显，技术效率的均值为1.16；在东北区域内部，辽宁省2016~2020年国有工业企业技术效率的均值为1.16。

综合上述国有工业企业生产率分解结果，我们可以得出结论：2016~2020年东部区域国有工业企业生产率的提高，主要依赖于技术进步的提高，但是国有工业企业技术效率的提升作用有限；2016~2020年中部、西部区域国有工业企业生产率的提高，主要依赖于国有工业企业的效率改进，但国有工业企业技术进步的提高作用有限；而东北区域国有工业企业不管是在技术进步还是在技术效率改进方面都阻碍了其生产率的改善。

第七节 促进国有经济区域布局协调发展的对策建议

党的十九大报告指出,中国经济已由高速增长阶段转向高质量发展阶段。国有企业作为我国国民经济的重要支柱,在建设社会主义现代化强国中肩负着重大职责使命,在实现我国经济高质量发展中承担着重要历史任务。国资监管机构和广大国有企业要切实增强责任感和紧迫感,按照高质量发展要求,努力在提升国有经济发展质量上狠下功夫。

一、国有经济区域布局优化不是简单降低国有经济比重

中国是一个幅员辽阔、历史悠久、人口众多的大国,各地区的自然、经济、社会、文化条件差异显著。区域不平衡问题由来已久,因此,区域发展总体战略就一直广受关注,是国家战略的重要组成部分,也是国家发展战略在空间上的体现。

第五章 "十三五"时期国有经济的区域布局与协调发展

新中国成立的70年以来,中国区域发展战略经历了四个阶段,这四个阶段与中国经济发展阶段相互吻合。

第一阶段是改革开放前的均衡发展战略。这一时期为1949~1978年,共30年。新中国成立初期,结合当时的政治经济情况,毛泽东同志提出了优先发展内地、平衡布局生产力的思想,之后形成了指导全国区域经济发展的均衡发展政策。

第二阶段是改革开放后,以提升竞争力为目标的非均衡发展战略阶段。这一阶段的时间界限为1979~1998年。新中国成立之后到改革开放之前的30年发展事实证明:由于区位条件、产业基础、投资效率等因素的差异及资源因素的约束,全面均衡发展的状况不可能在经济发展的初期实现,在特定的历史阶段,区域发展不平衡的存在具有客观必然性。中央政府在总结新中国成立以来区域发展经验教训和借鉴西方发达国家区域发展理论的基础上,突破原有经济体制下生产力均衡布局思想的束缚,立足实际,重构区域经济发展战略。国家强调发挥东部沿海地区的区位优势,实施东部地区率先发展战略,通过设立特区,开放港口城市、设立开发区等一系列措施,使国家综合实力在较短时间内得到较快的提升。

第三阶段是促进东西差距缩小的区域协调发展阶段。这一阶段的时间界限为1999~2017年。随着东部经济的快速发展,东、中、西部之间的经济发展差距逐渐扩大,缩小地区差距成为我国区域经济发展的重要目标。为统筹区域发展,自20世纪末开始，国家相继提出西部大开发（1999年）、振兴东北等老工业基地（2002年）、中部地区崛起（2004年）等战略。

第四阶段为区域协调发展战略阶段。党的十九大提出实施区域协调发展战略，这个时期中国的区域发展战略进入了一个新的阶段，称作新时代的、高质量的区域协调发展战略。

1999年党的十五届四中全会的决议中指出："国家要实施西部大开发战略。"这是中央正式文件中第一次明确提出实施西部大开发战略。从西部地区的国有经济总量发展来看：1999年西部地区国有企业资产总额为15919.9亿元，占全国国有企业资产总额的10.96%；国有企业户数为43536户，占全国国有企业总户数的20.06%；国有企业销售收入为5614.2亿元，占全国国有企业销售收入总数的8.12%；国有企业利润为-135.4亿元，仅仅是内蒙古国有企业利润为正值；国有企业平均资产负债率为77.6%。2016年西部地区国有企业资产总额为243048.3亿元，占全国国有企业资产总额的15.70%；国有企业户数为28704户，占全国国有企业总户数的16.49%；国有企业销售收入为45254.7亿元，占全国国有企业销售收入总数的9.54%；国有企业利润为25558.7亿元，占全国国有企业总利润的7.07%；国有企业平均资产负债率为65.9%。所以可以看到在实施西部大开发战略的过程中，西部地区国有经济在资产规模方面有一个显著的提升，在国有企业户数方面有一个明显的下降；同时，西部地区国有经济在销售收入、利润

第五章 "十三五"时期国有经济的区域布局与协调发展

和资产负债率等绩效方面也有一个提高的趋势。

2002年党的十六大报告中首次将东北振兴问题提升到国家战略层面，提出"支持东北地区等老工业基地加快调整和改造，支持资源开采型城市发展接续产业"。东北地区的振兴和发展，是全面建设小康社会的迫切需要，这一举措对于全国产业结构的优化升级和区域经济的协调发展，都具有重要意义。2002年东北地区国有企业资产总额为10793.9亿元，占全国国有企业资产总额的5.99%；国有企业户数为14188户，占全国国有企业总户数的8.92%；国有企业销售收入为3278亿元，占全国国有企业销售收入总数的3.84%；国有企业利润为 -87.7亿元，东北三省国有企业的利润均为负值；国有企业平均资产负债率为88.3%。2016年东北地区国有企业资产总额为32737.7亿元，占全国国有企业资产总额的2.11%；国有企业户数为7218户，占全国国有企业总户数的4.15%；国有企业销售收入为6098.4亿元，占全国国有企业销售收入总数的1.26%；国有企业利润为77.3亿元，占全国国有企业总利润的0.30%；国有企业平均资产负债率为61.1%。从上述统计数据的变化可以看到，东北地区等老工业基地加快调整和改造过程中，不管是从国有企业的资产还是国有企业户数上来看，东北地区国有企业的资产和企业户数占全国比重的水平均出现了一个明显的下降趋势。在东北振兴战略的推进过程中，东北地区国有经济的规模和比重显著降低。东北地区国有经济在销售收入、利润和资产负债率等绩效方面有一定程度的提高。

改革开放以来，中部地区虽然分享了改革开放的成果，但因政策等方面的差异，中部地区的发展速度远远低于高速发展的东部地区。1980~2003年，中部地区在全国的经济地位不断下降。中部地区GDP对全国经济的贡献率一直很低，而且从1990年以后处于下降趋势。2004年3月5日，温家宝总理在政府工作报告中首次明确提出促进中部地区崛起。2004年中部地区国有企业资产总额为20019.5亿元，占全国国有企业资产总额的9.29%；国有企业户数为23704户，占全国国有企业总户数的17.43%；国有企业销售收入为9935.7亿元，占全国国有企业销售收入总数的8.23%；国有企业利润为304亿元，占全国国有企业利润总额的4.13%；国有企业平均资产负债率为77.05%。2016年中部地区国有企业资产总额为133313.8亿元，占全国国有企业资产总额的8.60%；国有企业户数为19835户，占全国国有企业总户数的11.39%；国有企业销售收入为39553.9亿元，占全国国有企业销售收入总数的8.33%；国有企业利润为985.9亿元，占全国国有企业利润总额的3.86%；国有企业平均资产负债率为65.03%。从上述统计数据的变化可以看到，在中部地区崛起战略的实施过程中，中部地区国有经济在资产上来看，变化并不大；而在国有企业的户数方面，有一定程度上的降低。总体来说，中部地区

第五章 "十三五"时期国有经济的区域布局与协调发展

崛起区域战略并没有引起中部地区国有经济比重的显著降低。

根据1999~2016年中国31个省级地区的统计数据可以发现，1999~2016年共有13个省级地区（河北、辽宁、吉林、黑龙江、上海、江西、山东、河南、湖北、湖南、广东、海南、宁夏）国有企业资产占全国国有企业资产总额的比重出现了下降，而2016年在这些国有经济比重下降的地区中有10个地区的人均GDP低于全国平均水平。

从上述分析中可以看到在三大区域战略——西部大开发、振兴东北等老工业基地（2002年）、中部地区崛起（2004年）的实施过程中，西部地区国有经济在资产规模方面有一个显著的提升，东北地区出现了国有经济的规模和比重显著降低的趋势，中部地区国有经济的规模没有一个明显的变化。西部大开发、中部地区崛起战略使得西部地区和中部地区经济发展保持平稳较快增长势头，但是振兴东北等老工业基地的效果还并不理想，东北经济仍面临比较严重的挑战。对于中国的改革，一些思潮奉行市场原教旨主义，夸大非公有制经济的效率优势及其在市场经济中的地位，奉行市场原教旨主义，回避私有化弊端。在政策上，将国有企业视为"未来中国成长的最主要的障碍之一"，认为国有部门太大，占有资源太多，主张国有企业应不断退出主要经济领域。在这些思潮的影响下，甚至曾经有观点认为东北等老工业基地振兴的关键点就是不断降低其国有经济的比重。但是从具体的实践中可以看到，单纯地降低东北地区国有经济的比重并不能解决东北地区经济发展的问题。

二、国有经济区域布局的调整应该发挥协同效应

习近平总书记指出:"新形势下促进区域协调发展,总的思路是:按照客观经济规律调整完善区域政策体系,发挥各地区比较优势,促进各类要素合理流动和高效集聚,增强创新发展动力,加快构建高质量发展的动力系统,增强中心城市和城市群等经济发展优势区域的经济和人口承载能力,增强其他地区在保障粮食安全、生态安全、边疆安全等方面的功能,形成优势互补、高质量发展的区域经济布局。"①

由于中国区域经济发展的自然禀赋和基础条件的不同,地区国有经济在总量、发展水平、分布范围和比重方面存在相当大的地区差异。同时还应该考虑到在各个地区国有经济在促进本区域经济发展过程中实际上应该发挥的作用和承担的使命也不同,所以国有经济空间布局调整的重点方向也应该有所不同。

改革开放以后,在区域非均衡战略的引导下,东部地区经济率先腾飞,东部地区逐渐成为中国经济发达地区,这也使得

---

① 习近平:《推动形成优势互补高质量发展的区域经济布局》,载于《实践(思想理论版)》2020年第1期。

第五章 "十三五"时期国有经济的区域布局与协调发展

资本、劳动、技术资源等生产要素向东部地区集聚。必须根据东部地区自然禀赋条件和经济发展水平、环境制约因素,科学提出国有经济布局和结构的战略性调整方向。要按照有进有退、有所为有所不为的原则,加强政府宏观引导和政策支持,调整优化传统优势产业,大力发展先进制造业,培育发展战略性新兴产业,优化国有经济布局结构和产业结构。根据中部地区资源禀赋和自然条件以及经济发展基础,国有经济布局和结构的战略性调整要重点围绕现代能源、原材料和重大装备基地建设,加大政策支持力度,发展地区优势特色产业,培育战略性新兴产业,使国有经济从已经失去竞争优势的行业或领域有序退出。

为了缩小西部地区的经济差距,充分发挥国有经济在区域经济发展中的积极作用。将基础设施建设作为西部地区国有经济布局调整的重要环节,完善综合交通运输网络。重点抓好通道建设,构建连通东西、纵贯南北、对接城乡的大通道、大网络。东北地区老工业基地一些固有的结构性、体制性问题还没有根本解决。这使得东北地区经济结构不合理、经济增长方式粗放的矛盾仍很突出,相当部分国有企业长期存在历史包袱沉重、机制不活、后继乏力等突出矛盾和问题,促进东北地区经济社会发展,要根据当地资源禀赋、自然条件、优势特色,着力推进国有经济布局与结构的战略性调整。

三、国有经济区域布局的调整应该解决区域产业结构趋同化问题

2000年之后,中国区域经济协调发展战略高度不断提升,针对中国各个区域发展中存在的问题,进行差异化规划,采用不同的政策指导。1999年、2003年、2004年中国相继提出了西部大开发、东北振兴和中部崛起战略。三大区域战略有一些相同的举措,都强调加强基础设施建设和加快发展第二产业和第三产业。这些区域协调发展政策除了政策效果不及预期外,还产生了区域之间产业结构趋同化的问题。所以应该根据各地区资源禀赋、自然条件和传统优势,着眼于实现地区经济协调发展,推动国有资本向重点产业、重点园区和重点企业集中,逐步形成具有地区优势特色的重大生产力布局和国有经济布局。推进企业重组和资源整合,按照比较优势原则,国有经济加速退出已经失去竞争优势的行业或领域,减少低水平重复建设,解决区域产业结构趋同化问题。

第六章

"十三五"时期国有企业的社会责任担当

"十三五"期间中国企业社会责任报告质量处于稳步提升状态。《中国企业社会责任研究报告（2020）》显示，中国企业社会责任报告的综合指数保持在1300点水平，近三年报告质量和优秀水平以上报告数量基本持平[①]。与"十二五"相比，报告更加重视对环境、客户、供应商、同行、媒体等利益相关方的履责信息披露，客户隐私保护、降污减排、社区志愿者活动、教育帮扶、捐赠救灾等关键议题的披露相对充分。

"十三五"期间，国有企业在社会责任信息披露方面发挥引领作用。从社会责任信息披露数量来看，以2020年为例，

---

① 李扬、彭华岗、黄群慧：《企业社会责任蓝皮书：中国企业社会责任研究报告（2020）》，社会科学文献出版社2020年版。

2020年1月1日至6月30日，中国共发布1470份社会责任报告（包括社会责任报告、可持续发展报告、环境、社会及管治报告、环境专项报告等），其中，国有及国有控股企业有879家，占比50.81%；民营企业有571家，占比33.01%；外资及港澳台企业有192家，占比11.10%。从社会责任报告质量方面来看，国有企业尤其是中央企业报告质量始终处于高水平，引领中国社会责任报告发展。国有控股企业、外资及港澳台企业、民营企业报告质量持续提升。

"十三五"期间中国企业社会责任发展程度在整体上仍处于起步者阶段，而国有企业成为"先锋队"和"领跑者"。例如，2019年中国企业300强社会责任发展指数为32.7分，整体处于起步者阶段；约五成企业发展指数低于20分，处于"旁观者"状态。从国际比较来看，2019年东亚企业社会责任发展指数平均得分37.1分，达到起步者阶段；欧美企业社会责任发展指数平均得分11.4分，处于"旁观者"阶段。可喜的是，中国国有企业社会责任发展指数连续12年领先于民营企业与外资企业。2019年，国有企业100强社会责任发展指数提升至54.6分，民营企业100强和外资企业100强发展指数分别降至26.0分和17.9分。[1]

以上数据说明国有企业在"十三五"期间积极承担各项

---

[1] 黄群慧、钟宏武、张蒽：《企业社会责任蓝皮书：中国企业社会责任研究报告（2019）》，社会科学文献出版社2019年版。

第六章 "十三五"时期国有企业的社会责任担当

社会责任,在中国乃至世界范围内处于领先水平。那么,"十三五"期间国有企业承担了哪些社会责任?其社会责任履行情况如何?本章系统总结了"十三五"期间我国国有企业履行社会责任的主要情况,并就"十四五"期间国有企业履行社会责任进行展望。

第一节 中国国有企业社会责任的定位、特征与内容

企业社会责任指企业承担的高于企业自身目标的社会义务。它超越了法律与经济对企业所要求的义务,社会责任是企业管理的道德要求,是企业出于义务的自愿行为。中国企业社会责任的履行经历了从被动向主动、由低级向高级的进化过程,社会责任履行沿着经济责任→法律责任→伦理责任→慈善责任的路径跃迁。

一、中国国有企业社会责任的定位

首先,中国国有企业的社会责任,应立足中国特定的政治

与文化土壤，与西方国家的一般企业社会责任具有本质区别。西方引进或适用于一般市场经济环境的企业社会责任理论并不适合我国的国有企业。为寻求适合中国情境的国有企业社会责任理论，国内学者主要作出两方面创新性尝试。一是国有企业社会责任与西方"私营"企业社会责任（CSR）的经济学理论基础不同，国有企业社会责任的理论基础应源自马克思主义政治经济学中的劳动价值论（徐传谌，2011）；二是西方片面的企业社会责任理论存在较大局限，过于重视和强调"自愿"原则，而忽视"国家干预"的必要性（丁晓钦，2015），中国国有企业社会责任更突出后者。可以普遍观察到，中国国有企业社会责任的履行方面是优于民企的。

其次，中国国有企业的社会责任，彰显了中国特色社会主义制度优势，更是中国特色社会主义制度的内在要求和本质使命。国有企业是中国特色社会主义的重要物质基础和政治基础，是我们党执政兴国的重要支柱和依靠力量，是党领导的国家治理体系的重要组成部分。国有企业是国家重要的经济支柱，具有非国有企业以及国外国有企业所不具备的特殊经济属性和社会属性。除了承担一般企业的经济责任外，国有企业在中国经济和社会领域充分发挥大国重器的顶梁柱作用，在科技创新、国家安全、环境保护、抗洪救灾、扶贫救助、就业保障等方面发挥"稳定器"和"压舱石"作用。

再次，中国国有企业的社会责任，具有强大生命力，充分体现了与时俱进、与时偕行的时代特征。伴随中国经济社会制度的变迁与演进，我国国有企业承担社会责任的实践任务和进程是不断进化的。具体而言，中国国有企业的社会责任主要经历了计划经济时代国有企业的社会责任、改革开放初期国有企业的社会责任、全面建设小康社会和新时代高质量发展阶段国有企业的社会责任4个历史阶段。随着中国特色社会主义进入新时代，人们对国有企业本质的认知更加丰富、更加全面和更加深入，具体反映在两个方面：一是国有企业目的属性与价值属性变得更加综合，二是国有企业属性组合具有异质性。虽然国有企业都是经济属性和社会属性内在统一并具有整合经济与社会功能的现代意义企业，但不同国有企业在经济属性与社会属性的成分组合上、经济功能与社会功能的整合程度上应当是有差异性的。从使命功能定位来看，随着新时代社会主要矛盾的转变、新发展理念的贯彻落实，这一时期国有企业在推进"五位一体"总体布局中的角色地位更加突出，不同国有企业在经济社会发展全局中的使命功能定位更加科学。

二、新时代中国国有企业社会责任的特征

新时代中国国有企业社会责任的具体特征体现在以下四个方面：

一是国有企业弥补市场失灵的一般性功能继续得到强化。党的十八届三中全会指出，国有资本投资运营要服务于国家战略目标，更多投向关系国家安全、国民经济命脉的重要行业和关键领域，重点提供公共服务、发展重要前瞻性战略性产业、保护生态环境、支持科技进步、保障国家安全。

二是国有企业在中国特色社会主义建设中的特殊功能得到前所未有的突出。国有企业在新时代的新定位、新使命、新关系和新角色，意味着国有企业社会责任实践内容与方式的新变化和新调整，国有企业社会责任发展与演进将步入责任创新阶段。

三是更加突出政治责任维度。虽然政治责任、经济责任、社会责任（狭义）一直被认为是国有企业的三大责任，但这一时期国有企业的使命功能新定位决定了政治责任得到更加突出的强调，政治责任成为国有企业社会责任中至关重要的实践内容维度。

四是更加突出国家战略导向。按照企业社会责任在宏观层次与微观层次相一致的思路，国有企业在这一时期更加强调将贯彻落实宏观层面的国家战略作为微观个体履行社会责任的优先内容，如何结合各自优势参与精准扶贫、"一带一路"建设、减缓气候变化、重大区域发展战略等成为国有企业社会责任的核心议题。

三、新时代中国国有企业社会责任的内容

根据国有企业的特殊性质、功能和定位，以及国有企业所处新时代的时空背景，笔者认为国有企业应树立更加系统、全面的"最大化社会福利贡献"社会责任观，内生动力与外源动力共同驱动国有企业履行社会责任；国有企业社会责任实践内容强调中国化、国企化、个性化和情境化，突出政治责任维度、国家战略导向、责任边界理性。基于已有文献回顾，本章认为，新时代国有企业社会责任有广义与狭义之分。广义国有企业社会责任包含一般经济责任、特殊经济责任和狭义社会责任三个维度，每个维度下有若干具体内容，详见表6-1。

表6-1　　新时代国有企业社会责任的维度与内容

国有企业广义社会责任维度	时代特征	国有企业广义社会责任具体内容
一般经济责任	做大做强 高质量发展	①提供优质的产品和服务 ②通过企业经营和纳税创造财政收入 ③落实宏观经济政策，优化产业结构

续表

国有企业广义社会责任维度	时代特征	国有企业广义社会责任具体内容
特殊政治责任	保障国家安全攻克"卡脖子"技术构建新发展格局	①稳定就业，发挥经济逆周期调节作用 ②上交国有资本收益，实现国有资产保值增值 ③加强自主创新，推动技术发展和产业升级 ④确保国家经济安全稳定
狭义社会责任	履行社会义务情况	①环境保护 ②扶贫与慈善 ③灾害防控与救助 ④其他社会责任

资料来源：笔者根据文献自行整理。

首先，新时代国有企业社会责任是全方位的，不仅社会责任实践内容呈现多样化与特色化特征，而且社会责任的实现方式也有新思路和新范式。从推动力量来看，这一时期企业、政府与社会多元协同推动国有企业履行社会责任的格局得到巩固，尤其是中央层面将社会责任上升到国家战略层次，对国有企业履行社会责任形成巨大推动。其次，新时代国有企业顺应高质量发展和转型升级的要求，通过履行社会责任提升企业竞争力形成较为强烈的内生动力。再次，新时代国有企业履行社会责任的制度安排更加完善，强制性制度变迁与诱导性制度变迁齐头并进，企业社会责任法制化与规范化趋势日益明显。如环境保护法、安全生产法对企业履行社会责任具有强约束力。

最后，新时代党中央决胜全面建成小康社会攻坚战的深入推进、"共同体社会"的快速发展以及国有企业改革的纵深推进，使得国有企业社会责任发展总体上嵌入良好的社会环境之中。

第二节 "十三五"时期国有企业履行社会责任所取得的成绩[①]

"十三五"期间，国有企业在履行社会责任方面，发挥引领作用，起到支柱作用，取得了一系列成绩。一是国企的存在提供了长投资低回报正外部性的商品的供给，稳定经济增长和国民就业；二是国企的存在如同缓震器，锁定了一些核心商品价格，从而缓和了整个市场价格波动，稳定经济秩序；三是国企间接高效率为国家筹集财政收入，实现逆周期调节，稳定了财政收入与经济周期；四是国有企业大量存在于那些民营企业不愿做、无法做或没能力涉足的领域，如川藏联网、新农村建设、精准扶贫、环境保护等领域，稳定了民心与预期。尤其在

---

① 本节所用案例素材均来自国务院国有资产监督管理委员会官网热点专题栏目，经笔者整理而得。网址：http://www.sasac.gov.cn/n2588025/n2588144/n16518730/index.html。

环境保护、科技创新、精准扶贫、抗击疫情、抗洪救灾和"一带一路"建设狭义社会责任履行方面，国有企业发挥了"稳定器"和"压舱石"作用，成绩卓越。

一、国有企业引领环境保护和绿色低碳发展

国有企业引领节能环保。国有企业在生态文明和绿色环保领域发挥支柱作用，积极响应习近平总书记号召，"绿水青山就是金山银山""保护生态环境就是保护生产力，发展生态环境就是发展生产力"。

（一）国有企业引领节能减排

国有企业积极有为，确保实现"十三五"节能减排目标，作全社会节能减排的表率。

黄骅港务公司贯彻新发展理念，突出生态经济，建设花园式绿色港口。公司深入践行习近平总书记提出的"绿水青山就是金山银山"的理念，始终坚持生态优先，紧紧围绕粉尘、含煤污水治理等环保问题持续发力，实施依靠创新解决环保问题的发展思路，以环保升级带动新的经济增长点，坚决打赢污染防治攻坚战。一是实施粉尘治理系统工程，解决煤港粉尘污染

的历史性难题。港区抑尘率达到了98%以上,每年节约相关成本近4000万元。黄骅港"煤炭港口本质长效抑尘系统项目"在国内国际获得多个奖项,包括日内瓦国际发明金奖、河北省科技进步三等奖、港口协会科技进步二等奖等。该项目拥有自主知识产权专利8项。二是统筹规划,实现循环经济。港区水系蓄水能力已达125万立方米,公司2020年全年累计可收集压舱水、雨水及污水再利用384万立方米;同时,建设粉尘处理车间,将煤污水沉淀后的污泥和清扫后的粉尘,直接送入车间内压成煤饼,实现粉尘再利用,每年减少货损1.5万吨。粉尘和含煤污水的有效治理和循环利用,每年可实现经济效益2600万元。三是科技助力,实现智慧环保,公司树立以大数据、人工智能为驱动的智慧环保理念,通过自主创新,在全国散货港口行业率先建立起生态环境智能管控平台,对港区粉尘、水源等环境要素实行全面感知、视频监控、自动预警、环境分析、环境评价的智能化、精细化管控,为洒水抑尘、调水、绿化灌溉的智能控制以及环保决策提供了数据依据和强有力的基础保障。

国家电网有限公司努力做绿色发展的表率,建设生态和谐电网。在电网设计、施工、运行和维护全生命周期,注重保护自然环境和生态环境。特别是在青海三江源地区,深入开展"'生命鸟巢'实现三江源头藏区人民、原生鸟类和新生电网和谐共处"社会责任根植项目,实现了鸟类和输电线路的和谐共存，守护了生态平衡和生物多样之美。

中国大唐集团有限公司坚持"绿水青山就是金山银山"的发展理念，全面贯彻习近平总书记关于生态文明建设的重要指示，积极落实国家、地方政府"污染防治攻坚战"各项政策要求、决策部署，加强环境管理，减少化石能源消耗和污染物排放，保护生态环境，促进绿色发展。2019年，中国大唐环保设施建设、治理投入资金32.54亿元，绿色发展力度持续加强。

中国宝武钢铁集团有限公司，建设绿色城市钢厂，助力生态文明。生态文明建设是关系中华民族永续发展的根本大计。中国宝武以"全球钢铁业引领者"为目标，积极推进"三治四化"的环保工作目标，通过技术改革与创新持续提升能源效率，严格落实废水、废气、固废管控与减排工作，致力于建设"高于标准、优于城区、融入城市"的绿色城市钢厂。

中国东方航空集团有限公司为旅客擦去天空中的"碳足迹"。航空运输业的可持续发展需要平衡航空资源、社会需求、环境因素和经济利益，如何减少对社会和环境的负面影响，并最大限度地发挥正面影响，来推动可持续发展是东航一直在思考的重要问题。东航将绿色发展理念深植于企业，向着"绿水青山就是金山银山"的目标全力向前，用持续的科技创新与管理创新为每年承运的上亿旅客擦去天空中的"碳足迹"。

中国南方航空集团有限公司启动绿色飞行项目，以避免机上餐食浪费为切入点，在不减少旅客权益的情况下，倡导旅客按需用餐、绿色出行。创新地采用"互联网+"的方式,通过提前获取旅客用餐需求、建设全流程一体化的跟踪平台,实现了餐食数量灵活可调、配餐信息实时可查、节能降耗精准可控。项目推出以来,成功减少了29万份机上餐食的浪费,避免了公共资源浪费。未来,南航将继续在"无纸化出行""电子行李牌"等领域积极探索丰富绿色出行产品,为建设美丽中国贡献力量。

新兴际华集团有限公司实施环保超低排放改造,践行绿色发展理念。当前环保形势严峻,为"打赢蓝天、碧水、净土保卫战",新兴铸管股份有限公司本部响应国家号召,践行中央企业责任,积极推进环保提标改造工作,"十三五"以来,公司的环保投入共计约30亿元,钢铁工艺全流程达到超低排放标准。

(二)国有企业大力发展新能源

第七十五届联合国大会上,我国向国际社会作出了承诺:"二氧化碳排放力争于2030年前达到峰值,努力争取2060年前实现碳中和。"当前,我国已成为全球新能源装机规模最大的国家。截至2019年底,我国风电和太阳能发电累计装机容量为4.1亿千瓦,约占全国发电总装机的20%,超过全球装机总量的1/3。

国家电网公司建设具有中国特色国际领先的能源互联网企

业。作为国家电网公司综合能源服务互联网主入口、集成27家省级智慧能源服务平台，为各类终端用户提供综合能源服务。截至"十三五"期末，国家电网公司已建成全球资源配置能力最强、新能源并网规模最大的电网，累计投运"十三交十一直"特高压工程，形成了"西电东送、北电南送"的格局；全面完成2020年北方15省份10248项"煤改电"配套电网工程建设任务。国家电网公司着力提升终端能源消费中电能的占比，围绕居民采暖、工（农）业生产制造、交通、电力供应与消费、家庭电气化五大重点领域，大力推行电能替代，让人们获得"天蓝、地绿、水清"的用能体验。并且，积极深耕新能源汽车产业服务领域。

中国广核集团有限公司打造人与自然和谐共生的生态核电。在核电行业，全球领先的核电企业已意识到核电产业发展与生态系统之间的依存关系，开展生物多样性管理和实践，形成良好经验。中广核致力于推进企业与自然的和谐和可持续发展，将保护生物多样性融入企业发展战略，创新提出"共生、互生和再生"的生态核电理念，持续夯实生物多样性保护管理制度，积极联合外部力量开展生物多样性行动，创新发布了全国核电行业首份生物多样性保护报告，并在第25届联合国气候变化大会上进行分享。项目不仅推动核电行业关注生物多样性保护，也一定程度上提升了公众对核电的认知，为推动联合国可持续发展目标在中国的落地提供了中国样本。

第六章 "十三五"时期国有企业的社会责任担当

中国节能环保集团有限公司坚定不移地发挥长江大保护污染治理主体平台作用，通过发挥自身污染治理全产业链优势和资源聚集能力，打响了一场以分类施策、系统治疗、互补创新、资源整合为特征的长江生态保卫战。中国节能按照"一城一策""一域一策"的原则，深入湖州、咸宁、衡阳、毕节等城市，开展先行先试工作，形成了一系列可复制、可持续的创新模式，在长江保护修复方面取得了诸多经验和成果。

中国海油渤海油田以服务国家战略，保障国家能源安全的高度政治责任感一直努力在渤海湾盆地寻找大型天然气资源，针对勘探科学技术难题开展持续研究，历经8年协同攻关，形成了渤海湾盆地深层大型整装凝析气田勘探理论技术、三项创新地质认识和两项创新技术。"渤海湾盆地深层大型整装凝析气田勘探理论技术"获2019年度国家科学技术进步一等奖。渤中19-6大型凝析气田的发现，是海洋强国战略实施的具体体现，实现了超级油型盆地找大气田的历史性跨越，对保障国家能源安全、缓解天然气供给压力，贡献优质清洁能源、优化能源结构具有重大的意义。

（三）国有企业助力环保产业

2020年我国环保产业产值达7.5万亿元，"十三五"期间年均增长率超过15%。

鞍山钢铁集团有限公司面对节能减排绿色钢铁技术发展的

严峻形势，坚持科技规划引领节能减排绿色钢铁技术发展，加大了绿色产品技术、绿色工艺技术、钢铁循环技术等节能减排绿色钢铁技术研发力度，加强了节能减排绿色钢铁技术知识产权积累保护，形成了节能减排绿色钢铁技术管控及风险控制体系，在钢铁绿色产品开发、绿色生产技术、节能制造技术、环保与减排技术上取得了一批科研成果，创造了巨大的经济效益和社会效益，打造了一批节能减排绿色钢铁技术专利群，拥有了一批节能减排绿色钢铁核心技术，为鞍山钢铁集团有限公司致力于成为资源节约、环境友好、智慧制造、可持续发展企业做出了突出贡献。

中建集团深入践行绿色发展理念，积极探索水务环保、生态治理等新业务，坚持创新驱动，发挥专业优势，塑强业务品牌，助力打造水更清、天更蓝、地更绿、景更美的美丽中国。中建七局作为西安市常宁市政项目承建方，扛起了潏河长安段水流域的污染治理，旨在修复潏河长安段水流域生态体系。治河先治岸，治水先治人。经过有效处理河道治理与疏浚的关系，现在的潏河已是一泓碧水穿城过，十里美景入画来，为保护生态秦岭做出了中建贡献。

国家能源集团大渡河枕头坝公司 7 年放流珍稀鱼类 37 万尾。从电站设计伊始便高度重视生态文明建设，将环保水保"三同时"各项方针贯彻于电站设计、建设、生产的各环节之中。结合电站实际，该公司创先建设完成了国内高水头环保鱼道，为电站下游鱼类洄游提供了便捷通道，并通过年度增殖放流，投放珍惜鱼苗，极大地促进了大渡河内鱼类的增殖繁衍，保护了大渡河生态平衡，为改善大渡河流域生态环境，保护生物多样性，促进生态资源可持续发展作出应有贡献。

中国有色矿业集团有限公司加强绿色矿山建设，促进矿业生态文明。按照国土资源部《关于贯彻落实全国矿产资源规划发展绿色矿业建设绿色矿山工作的指导意见》文件要求，贯彻落实内蒙古自治区国土资源厅2012年发布的《关于印发〈内蒙古自治区国土资源厅发展绿色矿业建设绿色矿山工作实施方案〉的通知》，推进自治区绿色矿业的发展，加强内蒙古自治区矿山环境保护与综合治理，促进矿产资源开发与生态环境相协调，实现矿业开发绿色、健康、持续发展。

远发股份作为绿色建材的领军企业。"十三五"期间一如既往积极响应国家政策号召，致力于生态环境保护，推动绿色建材事业发展。远发股份将本着"以质量求生存，以创新求发展"的理念，继续发扬"求实创新、锐意进取"的精神，不断推陈出新，研发更好的绿色、节能、环保、优质的新型产品，为我国生态环境保护做出更大贡献。

二、国有企业致力于创新发展和科技自立自强

创新是引领发展的第一动力，中央企业实现高质量发展、

提高竞争力和控制力、抗风险能力，关键要靠创新。"十三五"期间，国务院国资委高度重视中央企业技术创新和自主创新，全力支持中央企业当好科技创新的主力军、排头兵。2018年科技部、国务院国资委联合印发《关于进一步推进中央企业创新发展的意见》指出，中央企业作为国民经济发展的重要支柱，是践行创新发展新理念、实施国家重大科技创新部署的骨干力量和国家队。

（一）国有企业加大创新投入

"十三五"期间，国务院国资委高度重视国有企业技术创新和自主创新，全力支持国有企业当好科技创新的主力军、排头兵。一是明确和强化中央企业创新主体地位。推动中央企业提高科技创新能力，走创新发展道路，是实现科技创新面向世界科技前沿、面向经济主战场、面向国家重大需求的必然要求。二是利用激励制度科学引导中央企业科技创新投入。对中央企业经营业绩考核更加突出创新驱动发展导向，将技术进步要求高的中央企业研发投入占销售收入的比例纳入经营业绩考核，明确研发投入视同利润，加大国有资本经营预算支持，鼓励科技型企业实施股权和分红激励，引导和鼓励中央企业加大对基础研究和应用基础研究的投入。三是支持中央企业打造协同创新平台。国资委指导推动中央企业组建创新联盟，与各类

第六章 "十三五"时期国有企业的社会责任担当

主体共同承担国家重大任务，深化产学研用协同创新；支持中央企业设立或联合组建研究院所、实验室、新型研发机构、技术创新联盟等各类研发机构和组织，加强跨领域创新合作，打造产业技术协同创新平台。四是在中央企业实施科技创新专项工程与行动。国资委鼓励有条件的中央企业加强中央企业与世界一流企业对标，推进实施科改示范行动，提升前沿科技研发能力。五是鼓励和支持中央企业参与国家重大科技项目。国资委和科技部等有关部门在集中度较高、中央企业具有明显优势的产业领域，将中央企业的重大创新需求纳入相关科技计划项目指南，支持中央企业牵头承担国家科技重大专项、重点研发计划、重点专项和"科技创新2030—重大项目"。六是在人才激励上持续发力，推动中央企业科技人才队伍建设。强化正向激励，明确实施技术攻关团队工资总额单列管理政策，提高科研人员待遇，赋予领军人才更多自主权。支持中央企业加大创新型科技人才的培养、引进力度，支持在中央企业建立高层次人才创新创业基地。

此外，国资委还通过建立容错机制，营造鼓励创新、宽容失败的良好氛围；会同科技部等有关部门指导和推动中央企业深入开展双创工作，支持中央企业参与北京、上海科技创新中心建设，加强国家科技成果转化、引导基金与中央企业创新类投资基金的合作，推动中央企业科技成果的转移转化和产业化，支持中央企业开展国际科技合作。正是在此背景下，中央企业也加大创新投入力度，科技创新成果显著。

"十三五"期间中央企业不遗余力地增加研发投入，累计投入3.4万亿元，占全国的1/4。在2020年经营艰难的情况下，仍然保持了11.3%的增速。现在中央企业的国内外研发机构数量达到4360个，国家重点实验室91个。通过加大研发投入，国有企业打造了一批高水平科技平台，提高了企业创新能力。集聚了一批高层次创新人才，为未来发展积蓄了创新后劲。中央企业从事研发人员达到近百万人，两院院士229人，工程院院士占全国的1/5。可以说，"十三五"期间中央企业的科技创新能力和水平都得到了实质性提升。

（二）国有企业取得的重大科技创新成果

"十三五"期间，国务院国资委高度重视中央企业技术创新和自主创新，全力支持中央企业当好科技创新的主力军、排头兵。进一步强化中央企业创新主体地位，加大对中央企业科技创新投入的引导与激励支持力度，支持中央企业打造协同创新平台，在中央企业实施科技创新专项工程与行动，鼓励和支持中央企业参与国家重大科技项目，在人才激励上持续发力，推动中央企业科技人才队伍建设。

"十三五"以来，中央企业累计获得国家科技进步奖、技术发明奖364项，占到全国同类获奖总数的38%。并取得了

第六章 "十三五"时期国有企业的社会责任担当

一批世界级科技成果,增强了我国综合实力。在载人航天、深海探测、高速铁路、高端装备、能源化工、移动通信、北斗导航、国产航母、核电等领域,涌现出一大批世界先进水平的标志性重大成果。

中国船舶集团有限公司以承接超大型集装箱船为契机,着力攻克长期以来制约我国船舶工业发展的发动机难题,成功研制出世界最大船用双燃料低速柴油机,有力推动我国船舶工业产业链、供应链安全发展。

长期以来,作为输变电装备制造业中支撑关键装备的重要部件——高压套管工程技术长期被国外垄断,进口产品价格昂贵,交货期无法保证,严重制约着我国超、特高压输变电工程和电网的建设。中国西电集团有限公司始终服务国家战略,扛鼎装备国家电力光荣使命,积极做好国家重点工程的建设者,输配电技术的引领者,先后承担了多项科研任务,不断研制出满足工程需要的新产品,站在了引领行业发展的最前沿。为解决影响国家输变电快速发展中套管产品的"卡脖子"问题探索了有效途径。

中国建材集团有限公司聚焦主业,强化科技创新。作为目前全球唯一一家太阳能全产业链整体解决方案提供商,中国建材具有强烈的全面性和独特性。横向上从研发(晶硅、碲化镉、铜铟镓硒)、智能装备制造(智能机器人、MES等)、智能设计(BIM)、智能建造(光伏工厂、光伏电站等)、智能运维和管理，实现全过程智能化贯穿。纵向上面，拥有光伏玻璃基础材料、晶硅、薄膜（碲化镉 CdTe、铜铟镓硒 CIGS）等光伏产品相关技术的自主知识产权以及地面电站、光伏建筑一体化（BIPV）、智能光伏交通、智能光伏扶贫等一系列示范应用。打破国外垄断，保障国家光电信息产业安全。

中国通用技术（集团）控股有限责任公司突破核心关键技术，助力中国高铁走向世界。沈机集团通过自主创新，瞄准市场需求，打破国外垄断，研制替代进口超长行程高档数控机床，解决"卡脖子"问题。攻克了一批核心和关键技术，有些技术甚至是首次应用，在"专精特新"道路上迈出可喜一步，提升了中国大型高档数控机床研制水平。

机械科学研究总院集团有限公司破解大国重器关键焊接难题，助力制造业高质量发展。机械总院集团历经20年，系统研究了激光及激光电弧复合应用理论基础、核心工艺、关键共性工程技术、成套装备和标准体系等制约技术发展的关键"卡脖子"问题，取得了4项科技创新，解决了海陆空多种新型战略武器、超级起重机、全新一代高速列车等一批大国重器关键产品的关键焊接难题，引领实现了轨道交通、工程机械、石化、煤炭等装备制造领域传统焊接工艺的技术升级，推动了我国装备制造业的绿色、高质量发展。

中国化学工程积极实施创新驱动发展战略，从规划顶层设计、科技创新机制建设、科技创新平台建设、科技人才队伍建设等方面积极采取各项措施,努力攻克相关"卡脖子"技术难题,其中自主研发的"卡脖子"技术——己二腈产品技术,打破了国外技术封锁,目前正在建设工业规模示范装置,项目建成后将彻底改变我国尼龙66系列产品受制于人的局面;研发的"五复合橡胶挤出机组",获批2019年发改委专项,目前正在投资建设高端智能橡机装备产业基地;联合研发的"特种高性能橡胶复合材料关键技术及工程应用"项目获2019年国家科技进步二等奖;科技创新驱动中国化学工程高质量发展初见成效。

(三)科技创新贡献

矿冶科技集团有限公司是我国以矿冶科学与工程技术为主的规模最大的综合性研究与设计机构,以"技术创新促进矿产资源的可持续开发利用"为发展使命,积极开发与推广矿山智能化、无人化采矿技术,有效提高生产效率与安全性,对我国矿产资源行业可持续发展具有重要意义。"十三五"期间,先后承担了国家"十三五"重点研发计划、"地下金属矿规模化无人采矿关键技术研发与示范"、"十二五"863项目、"地下金属矿智能开采技术"、国际合作专项"金属矿深井开采安全智能化监控技术合作研究"、国家安全生产监督管理总局"四个一批"项目、"超大规模金属矿井运输系统及其智能控制技术研究"等国家级科研项目10余项，企业服务项目50余项。

中国中化集团有限公司坚持助农惠农，升级"大国棉仓"。中国是世界上最大的棉花生产国，其中新疆种植了中国80%以上的棉花，被誉为"大国棉仓"。但是同时新疆棉花产业仍面临很多的挑战和问题，"大国棉仓"大而不强、棉农效益不够稳定，中国每年仍需要大量进口优质原棉，成本高、品质低是我国棉花产业的痛点。中化集团下属中化农业作为国内领先的农业综合服务商，致力于推广先进技术、提升农业品质、实现农民增收。中化农业以"中化MAP"（现代农业服务平台）为抓手，提出以棉花为标靶作物的"新疆惠农战略"，持续加大对新疆棉花产业的投入，通过全程科学种植、提质增效推动产业变革，帮助新疆棉花品质提升、帮助新疆棉农提高收入、帮助纺织企业获得稳定原料、帮助环境可持续发展。

中国信息通信科技集团有限公司立足自主创新，中国信科助力5G智联时代加速到来。移动通信产业是推动我国经济社会发展的重要基础设施领域，也是日新月异、飞速发展的领域。作为移动通信领域领军企业，中国信科集团全力以赴打造信息通信领域的"国之重器"，在5G关键技术研发、国际标准制定、网络能力提升、产业生态构建、创新应用落地等方面取得了突出成绩，助力5G智联时代加速到来。

有研科技集团有限公司思国之需、解国之忧，全力保障集成电路产业关键基础材料。有研半导体材料有限公司是我国最

第六章 "十三五"时期国有企业的社会责任担当

早从事半导体硅材料研发及产业化的单位,拥有业内最齐全的半导体硅材料产品。作为国内唯一一家从事半导体硅材料研发、生产和销售的央企单位,有研半导体始终以服务国家、服务社会为大局,积极响应国家战略需求,为支撑和推动我国集成电路产业的发展做出了突出贡献。

哈尔滨电气集团有限公司超高效率,超低排放,引领世界循环流化床燃烧技术发展。哈电集团积极承担央企责任,完成超临界循环流化床(CFB)锅炉整体布置、关键技术研究、新材料应用研究和焊接工艺研究,开发出超高效率、超低排放、超低能耗的660MW高效超超临界循环流化床锅炉,加大了煤炭入选比例,实现变废为宝和煤炭清洁高效利用,助力国家能源结构进一步优化,继续引领世界循环流化床燃烧技术发展,并获得国家高度认可,神华国能彬长低热值煤660MW超超临界CFB发电项目被列为国家电力示范项目。

中国航空发动机集团有限公司自2016年成立以来,确立了"创新驱动、质量制胜、人才强企"的发展战略,并把"创新"放在了首要位置。为引导广大青年积极投身科技创新,中国航发以"聚焦科研生产主战场、聚焦集团发展新需要、聚焦航空发动机发展新趋势"为导向,连续3年在全集团范围内开展中国航发青年创新大赛"百团大战",全面打响新时代青年科技创新攻坚战。

中国电信和中国联通坚决贯彻"网络强国"战略部署,

认真贯彻党中央、国务院对开展5G网络共建共享、加快5G新型基础设施建设的指示精神和工作部署，践行新发展理念，以高质量发展为目标，全力推进5G网络共建共享，抓紧抓快抓实5G规模部署与商用，取得显著成效。截至2020年5月底，双方已开通5G共享基站超过11万站，实现超过50个重点城市市区室外基本连续覆盖，共享增益超过60%。2020年第三季度计划完成新建25万站的目标，实现全国所有地级城市市区室外覆盖、重点场景室内覆盖，有力落实5G新基建战略，赋能产业升级和数字经济发展。

中国交通建设集团有限公司推进智慧港口建设，引领全球"码头革命"。港口是连接世界贸易的重要枢纽，也是经济发展的"晴雨表"。随着国际贸易的发展，以及船舶大型化的发展趋势，港口设备升级换代的需求也日益凸显。作为全球最重要的港口机械制造商之一，中交集团所属振华重工布局新一轮"码头革命"，通过自动化系统和装备的技术研发，推动向智能制造转型，服务"一带一路"建设。同时积极布局"新基建"，探索利用5G、人工智能等新技术，建设智慧码头，深入践行"中国制造2025"战略。

三、国有企业助力精准扶贫和全面建成小康社会

由国务院扶贫办社会扶贫司、中国社会责任百人论坛联合

第六章 "十三五"时期国有企业的社会责任担当

主办的首届"中国企业精准扶贫优秀案例（2018）发布会"发布了《中国企业精准扶贫50佳案例（2018）》和《中国企业精准扶贫分领域案例（2018）》，共收录了80个企业精准扶贫的优秀案例。其中，国有企业成为社会扶贫的主力军。国有企业作为中坚力量，积极开展产业扶贫工作。截至案例发布时，共96家中央企业定点帮扶246个贫困县，占592个国家扶贫开发工作重点县的41.6%；设立贫困地区产业发展基金和中央企业贫困地区产业投资基金，总规模181.86亿元，累计投资项目近百个，投资额140亿元，覆盖了14个集中连片特困地区。

（一）产业化扶贫：遵循无形之手、用好有形之手

"十三五"期间，中国铁路物资集团有限公司累计投入帮扶资金1309万元，先后派出3批次扶贫干部。中国铁物秉持用精准项目带出硬核帮扶的理念，用"市场之手"牵引"帮扶之手"。借助中国铁物央企扶贫馆销售平台，木耳、香菇、太子米、茶油等孝昌特色产品，正源源不断走进千家万户。通过中国铁物创办的"孝昌味道"网店的推广，孝昌的甜玉米、鸡蛋、鸭蛋等农产品走进中国铁物各级食堂，黄泥鸭蛋更远销至内蒙古、吉林、河北等省份。在拓展销售市场的同时，中国铁物改变资金漫灌这种简单粗放的"输血"扶贫模式，注重

发挥帮扶资金"四两拨千斤"作用，撬动孝昌特色产业开发，提升"造血"功能。精准滴灌培育致富"新芽"。中国铁物给予新建葡萄基地以30万元的金融扶持，支持企业采取"公司+基地+农户"经营模式，引导产业与市场对接，激发贫困群众脱贫致富内生动力。

中国西电集团充分考虑当地发展现状，经过深入调研，结合企业优势，提出建设"阳光"产业的想法，成功为麟游县万家城村援建225.8kW光伏扶贫电站，为村里71户贫困群众增加了一笔固定收入，实现了户均年增收2000元。此外，中国西电集团成功打造了一个"生态养殖+蔬菜种植+对口采购"的循环经济圈。

中国黄金在新蔡县直接投资100万元，并成功协调贝蒂纺织公司扩大投资规模，帮助引入投资1006万元。目前，该项目每年可带动帮扶70余户贫困户及困难家庭人均增收1500~4500元。项目累计用工760余人，累计发放工资和分红约830万元，带动脱贫约300户；捐赠150万元支持返乡创业园建设，并已引进4家企业投资3140万元，产生销售额1600万元，带贫益贫1400人/户，人均年增收约2万元。这些经济项目从根本上破解了制约当地群众脱贫致富的瓶颈，让广大贫困人口彻底拔除了"穷根"、摘掉了"穷帽"。

造血式扶贫离不开产业发展。中国建设科技集团先后在当地开展种养殖、光伏发电等帮扶项目20多个，建设扶贫车间，

第六章 "十三五"时期国有企业的社会责任担当

推动食用菌产业化，吸纳当地贫困户就业，助力实现稳定脱贫；积极推进消费扶贫，通过自购和帮助销售两种方式，购买陇西县建档立卡贫困户农产品128万元，有效带动1240名贫困群众增收。

华侨城集团积极帮助贫困地区解决农产品滞销等突出问题，创新形式手段，在定点扶贫地区打出"农创＋直播带货"组合拳，同时联动各方力量，积极拓展"D球村＋侨城汇＋N个电商平台"多元销售渠道，助力消费扶贫落到实处。

中国大唐创建大化县农民工创业园，为扶贫搬迁到县城居住的贫困户提供就业机会。中国大唐投资500万元在创业园内建设一栋厂房，用于优先安排定点帮扶的大化县板兰村、安兰村搬迁贫困户，从根本上解决搬迁户生存与发展问题。

在云南，为继续做好元阳哈尼梯田脱贫攻坚工作，实现"景带村"模式的可持续发展，华侨城云南世博集团旗下元阳哈尼梯田文化旅游开发有限公司创新提出了元阳哈尼梯田认种计划。华侨城云南世博集团创新探索"景区带动脱贫致富"模式，已覆盖全省100多个自然村；各景区共带动旅游经营户500余家，直接吸纳就业约1500人，间接带动就业7000余人。

中国能建创新品牌扶贫的新思路，按照"培育—支撑—品牌"的产业发展路径，推动镇巴农产品融入全国大市场。中国能建助力镇巴"秦南易购"区域及线上品牌成功打造，2019

年营业额已经超过1亿元；定点帮扶蒿坪子村原生园合作社注册的"质盈"三大类商品电子商标证书颁发，原生园淘宝网平台上线；东院社区明全青花椒在行业内已经小有名气。品牌经济的不断发展，有力促进了镇巴农业产业壮大，实现了产品溢价，提升了品牌价值，镇巴当地经济发展获得了持续的造血功能。

中核集团资助330万元资金支持黄连产业发展，将石柱黄连科研基地打造成为国内研发黄连链条最全、科研能力最强的基地。

（二）品牌扶贫：变"废"为"宝"，培育"金种子"

中核集团支持石柱150万元，建设石柱200亩乌天麻良种繁育基地，在洗新乡配套生产种植乌天麻必需的营养菌种。乌天麻良种在一年内就可繁育成功，可实现1000亩的乌天麻种植规模，每年实现销售收入1000万元以上，直接带动136户贫困户增收和50余名贫困人口就业。石柱乌天麻产业形成了"专业化公司＋集体经济组织＋种植大户＋一般农户（含贫困户）"的产业组织体系和"乌天麻研发＋育种＋规模化种植＋产地加工＋市场营销"的产业体系。

中核集团资助700万元，助力石柱在冷水镇建起1200亩规模的中国（石柱）莼菜农业公园（有机莼菜基地），将其打造成为"依托有机莼菜基地和冷水镇及黄水镇优质旅游资源，将其打造成集莼菜生产、休闲观光、农事体验、康养美食、科普宣传"于一体的中国最美莼菜乡村，为"石柱莼"的名片增添了一枚厚重的砝码。

华电湖北公司牵头大牌村集体经营公司搭建电子商贸服务中心，成为国家电子商务进农村综合示范项目，成功通过电商中心对外销售猕猴桃、甜柿达到20万元。此外，该公司还协助村集体经济公司进一步开拓市场，形成了"市场—集体经济公司—贫困户"产业链接机制，对村民发展的土猪肉、景阳鸡、芋荷梗等农产品进行统一收购并经深加工后进行销售。2019年，华电在鄂单位在采购当地各类农产品上累计消费400万余元，带动贫困户增收将近35万元。华电新疆公司采取"农户+合作社+企业"模式，通过设计定制包装、帮助装盒包装、联系物流公司等"一条龙"服务，帮助创建上阿图什品牌核桃，并协助做好产品分级、包装、分拣、检测等环节，让优质的土特产能够及时到达全国各地。华电乌江公司积极探索"申商+农产品"的商业模式，与已经成熟的电商平台加强沟通联系，打通流通梗阻、提升流通效率。

（三）教育扶贫：既授人以鱼更要授人以渔

"教育兴则国家兴，教育强则国家强"，党的十八大以来，以习近平同志为核心的党中央高度重视教育问题，"乡村振兴"更是成为国家级发展战略。打赢打好脱贫攻坚战，关键是要激发贫困人口内生发展动力和提升贫困人口发展能力，核心是促进形成自强自立、争先脱贫的良好氛围，推动贫困群众通过自己的辛勤劳动脱贫致富。"输血式""保姆式"帮扶，只能解一时之困，不能拔穷根，更不可能走上致富路。

"扶精神"短期靠宣传培训，长期靠发展教育。中国海油在支持贫困地区教育上向来不遗余力，投入专项资金帮助多所学校完善教育设施、改善教学条件。同时，设立助学基金，帮助贫困生完成学业；发动员工与贫困生"结对帮扶"，目前已经有683名贫困生每人每年得到1000元的资助。

中国西电集团先后为县职教中心教师开展"送教下乡"免费培训，为麟游县职教中心捐赠了价值40万元的多媒体教学设施，邀请养殖专家为当地养殖户进行专业技能培训，为县供销社干部开展电商知识专业培训，并组织到集团所属企业开展现代企业管理学习，全方位提升干部管理水平。针对麟游县就读技能学校贫困户学生较多的现状，中国西电集团设立了"中国西电集团助学基金"，辐射了就读大学和技能学校的贫困户子女；定向招收麟游县贫困生就读西安技师学院，并制定学费减免计划；定向招聘麟游籍毕业生，对于有应聘意向的大学生、技校毕业生、农民工在同等条件下优先聘用，让"就业"成为防止返贫的坚强后盾。

第六章 "十三五"时期国有企业的社会责任担当

中国能建注重教育硬件建设与教师能力提升相结合，注重全面覆盖与个性帮扶相结合，注重前端培训教育与后端解决就业相结合，注重学生素质教育、青年职业教育和农民技能教育相结合，累计投资300余万元，搭建了全方位、多层次的教育扶贫网络，形成了贫困地区孩子上得起学、就得了业、挣得了钱的生动局面，贫困地区人力资源转化为当地产业发展的智力支撑，有效激发了脱贫的内生动力。

中国大唐出资20万元帮助大化县开展两期针对贫困村干部、致富带头人素质提升的培训班，从疫情期间扶贫养殖场的消毒工作到山羊、湖羊、肉牛饲养管理方法，从饲料加工利用到养殖过程的心得体会等进行系统传授，共400人受教，增强了致富信心。

教育拔穷根是根本之策。中国黄金创新打造"思想引导＋职业教育＋企业就业"教育扶贫模式，从2014年开始，从新蔡县、贞丰县贫困家庭招收适龄学员和因贫辍学的孩子，进入"中国黄金宏志班"，免费进行中专教育。学校为宏志班学员提供定制式教育服务，通过德育教育和机电、机械加工、冶金、采选、化验等技能教育并举的半军事化管理，提升学员综合素质，培育自我发展能力，毕业后分配至中国黄金效益较好的矿山冶炼企业就业，实现"职教一人、就业一个、脱贫一家"，变"输血"为"造血"。

国家能源集团累计向曲麻莱县选派优秀青年干部6名，投入帮扶资金6994.41万元，开展了黄河源头区域生态保护、县民族中学教学楼和教师宿舍楼援建、孤儿学校宿舍楼援建、县农牧民创业就业中心援助、易地搬迁点基础设施援建、基层干部和专业技术人才培训、党支部结对共建等扶贫项目，使该县生态保护工作取得重大突破，教育基础设施条件得到极大改善，基层党组织建设水平得到较大提升，群众生活水平得到显著提高。

扶贫必扶智，中国航材深刻认识到扶贫产业发展中"人"的关键作用，将提升帮扶对象自我发展能力、激发脱贫内生动力作为推动扶贫产业发展的重要举措，积极对接内部、外部资源，通过集中授课、学习观摩先进、现场示范指导等多种形式，累计培训白水县基层干部及合作社管理人员756人、农业技术人员63人、致富带头人20人。本着实用原则，传授农村集体产业制度改革和经营发展、贫困村集体经济组织规范运作和管理、航天育种种植技术和田间管理、苹果种植和管护技术等各方面知识，有效提升了基层干部扶贫工作能力和水平，使贫困村原有的陈旧发展理念得到转变，对提高当地农业种植技术和管理水平、充分发挥致富带头人"领头雁"作用起到良好效果，为推动扶贫产业持续发展提供人才保障。

教育扶贫是阻断贫困世代传递的有效措施。中国钢研十分重视教育扶贫，先后投入700余万元在山阳县陆续建成12所

第六章 "十三五"时期国有企业的社会责任担当

钢研小学,结对资助帮扶了300多名贫困学生。2018年在原址重建一幢砖混结构的两层教学楼。由于当地中小学电脑等教育设备匮乏,中国钢研又捐献了20台电脑,在小学建立电脑教室,使山里学生接受现代化教育。2019年中国钢研又出资参与山阳县城区第三小学新建项目,解决移民安置点随迁子女入学难题,新建教学楼、综合楼占地9500平方米。建成后办学规模30个教学班,可满足1350名学生入学。此外,中国钢研积极组织爱心人士和企业给三槐小学捐赠了净水器、洗澡间和多媒体设备。中国钢研还从北京引入帮扶资金5万元,在三槐村成立"天之骄子"奖学基金。

"蓝粉笔"乡村教师培训公益行动是由中国航空工业集团有限公司主办,以落实国家精准扶贫与乡村振兴战略为导向,旨在提升中国边远贫困地区乡村教育的公益行动,自2010年起已连续开展10年。通过招募北京、深圳等教育发达地区的优秀教师、校长及学科带头人,为欠发达地区的乡村中小幼教师开展针对性、专业性、公益性的教学及管理技能培训,有效提高了乡村教师队伍整体素质,提升了当地的教育视野与格局,同时也让更多乡村孩子享受到了优质的教育。截至2019年底,"蓝粉笔"已为四川、贵州、江西、吉林、广西5个省区27个县(含4个县多次支教)7000多所中小学校的25000余名乡村教师提供专业教育技能培训。

(四)健康扶贫：既要鼓起钱袋子也要温暖心窝子

医疗条件落后是贫困地区普遍面临的问题。因病、因灾是造成贫困和返贫的重要原因。中国铁路通信信号集团有限公司累计出资210万元，捐建卫生院，捐赠医疗设备，为困难群众垫付医疗费，积极帮助贫困地区完善医疗设施，解决看病难的问题。持续开展"同舟工程——中央企业救急难"行动，资助96名因病、因灾贫困群众48万元。每年坚持开展"献爱心、送温暖"活动，累计走访慰问贫困家庭1100户。

中国海油筹措300万元资金，援建总建筑面积1000多平方米的传染病房区，结束了卓资县没有传染病房的历史。在基础设施薄弱的甘南藏区，中国海油先后为合作市和夏河县建成了1个市级中藏医医院、5所乡级卫生院和6个畜牧兽医站。针对贫困群众饮水难问题，中国海油引入中国妇女发展基金会发起的"母亲水窖"公益项目，建成水窖7000口，受惠贫困群众超9万人。

中国西电集团为万家城村建设了标准化卫生室，捐赠了医用制氧机、心电图机、血细胞分析仪、人体骨骼模型等医疗设备和药品，并进行了现场安装和设备使用维护知识培训，有效解决了卫生室医疗设备短缺的问题。

第六章 "十三五"时期国有企业的社会责任担当

(五) 基建扶贫：国企助力基本公共服务均等化

要想富先修路，中国中铁充分发挥自身优势帮助修建农村公路设施。累计投入6000万元建设山西省保德县中南部公路，打通了数万村民唯一的出行道路，有效地解决了保德县中南部地区经济发展的瓶颈，使孙家沟等4个乡镇2.5万人的出行难、资源、农产品外运难等实际问题得到有效解决，实现了项目"当年启动、当年实施、当年受益"。在湖南桂东县投入3000万元捐建的X006线跳鱼栏坳至增口乡农村公路项目将于今年6月建成通车，届时将有效解决桂东县乡村旅游交通及农产品外运问题。

中国大唐积极谋划定点帮扶安兰村、板兰村"两村"建设"美丽幸福乡村"，变"督战"为"参战"，修建村级道路，改善贫困村基础设施条件，"两村"卫生室等系列工程已于3月底全部开工建设，垃圾分类处理、村部污水处理、养殖场畜禽粪污治理设施建设等改善人居环境工程已投入使用。

中国黄金根据贞丰县委县政府"两不愁三保障"急切需求，调配整合扶贫资金850万元，专门用于解决教育保障短板问题，其中804万元用于捐建贞丰县龙场二中"黄金综合楼"，以解决移民搬迁点群众子女就学问题，建筑面积4.6万平方米，能满足3000名学生入学，其中包括移民搬迁户子女

799人。

中国建设科技集团用规划和设计领域的先进技术和理念，积极承担陇西县"十馆一中心"城市设计、陇西县首阳镇控制性详细规划及城市设计任务等项目，努力帮助陇西县提升城乡建设基础设施。

地处海南岛中南部腹地的五指山市长期受缺路、缺水、缺电"三缺"问题困扰，中国海油捐资建成1条乡村硬化路、17个光伏电站、7个饮水工程。

中国能建贯彻"生态、宜居、环保、文明"的理念，以"生态文明村"的援建要求开展建设，并多方联系、协调规划，建设资金保障到位。中国能建在镇巴蒿坪子村、东院社区、碗厂沟村三个深度贫困村，实施"整村推进"策略，直接投资数千万元，完成了基础设施、产业发展、光伏扶贫、教育资助等30余个项目，切实增强了当地经济造血功能，有效改善了当地基础设施，优化了产业结构，加快了脱贫群众的致富步伐。

华电金沙江上游水电公司援建5条路共计241千米，筑起群众脱贫致富的康庄大道。华电金上公司科学有序推进金沙江上游川藏段水电和沿江光电开发，建成总装机达3000万千瓦的大型水光互补可再生能源示范基地，总投资2700亿元，带动经济总产值增加近7000亿元。基地年发电量将达到700亿千瓦时，每年可减少标煤消耗2100万吨，减少二氧化碳排放

6000万吨，将成为我国能源绿色发展、共享发展的一大高地，为藏区经济社会发展注入强大动力。

自2013年以来，航天科工先后投资两百多万元，为东川区建设了山洪地质灾害预警信息发布系统、坝塘水库水情、地质灾害自动化监测预警系统，以及森林防火视频监控系统。航天科工还积极开展产业扶贫，将智慧农业节水灌溉产品优先用于东川区。

（六）绿色扶贫：绿水青山也是金山银山

中国大唐集团有限公司立足云南资源禀赋和脱贫攻坚实际，守初心担使命，及时足额拨付帮扶资金，不断开拓创新帮扶思路，蹚出一条"绿色能源"助推脱贫攻坚的新路径。中国大唐投资近300亿元建设的观音岩水电站，成为金沙江中游两岸老百姓脱贫致富的绿色动力源泉。站在电站坝顶放眼望去，金沙江畔华坪县一侧的山头都披上了绿装，华坪县依托观音岩水电站打造的金沙江百里芒果长廊雏形初现。位于文山壮族苗族自治州丘北县舍得乡的羊雄山风电场，辐射带动全乡10万亩草场转化为旅游商品。

中核集团向扶贫点派出第一书记，在中核集团资金和人才支持下，帮助白鹤村发展乡村特色旅游，吸引了社会资本在周边投资草莓采摘等项目，形成功能型组合的区域性乡村旅游，将带动102户农户（其中贫困户49户）增收，并结束白鹤村无集体经济收入的历史。

中国长江三峡集团有限公司积极探索旅游扶贫新模式，全方位助力巫山旅游驶入"快车道"。巫山县是三峡集团定点帮扶县，该县旅游资源丰富，历史底蕴深厚。但常年以来，受限于传统旅游品牌宣传和交通地理不便等因素难以"引得来、留得住"游客。2019年以来，三峡集团依托自身优势，结合库区实际，坚持既要"输血"更要"造血"的帮扶理念，积极探索"旅游+扶贫"模式，为巫山量身定制特色旅游线路、打造特色旅游产品、赠送旅游大巴，在市场资源共享、水陆环线打造、市场宣传营销、大坝游客引流、主题活动策划、线上推广营销、文旅产品研发等方面开展帮扶，帮助巫山把资源优势转化为脱贫优势、发展优势，力促"绿水青山"变"金山银山"。

自2008年以来，华润集团捐资超过8亿元，精准对接革命老区、贫困地区，在全国建成了广西百色、河北西柏坡、湖南韶山、福建古田、贵州遵义、安徽金寨、江西井冈山、宁夏海原8座华润希望小镇，贵州剑河、湖北红安、陕西延安、四川南江4座华润希望小镇也正在规划建设中。在建设希望小镇的实践和探索过程中，华润提出了希望小镇建设的四大愿景：环境改造、产业帮扶、组织重构和精神重塑，全面响应了乡村振兴战略提出的产业兴旺、生态宜居、乡风文明、治理有效、生活富裕的五大总要求。

四、国有企业充当抗击疫情先锋和恢复生产排头兵

2020年初突然爆发的新冠肺炎疫情对中国和全世界来说都是一个巨大的冲击，尤其在第一季度，还没有疫苗来有效防御病毒传染的时期，中国采取了封城封村等控制人口流动的措施来避免疫情进一步扩散，中国的抗疫成绩让全世界有目共睹。在疫情抗击战中，国有企业发挥其社会属性，主动担当，积极抗疫，从口罩防护服等重要医疗物资供应到火神山雷神山方舱医院加班加点建设，从保障交通运输到稳定通信传输，从率先复工复产到引领中小企业复工复产，国有企业始终走在前列。基于国有企业的功能定位，国有企业在抗击疫情的非常时刻，敢于担当，发挥了主力军的作用，完成了国有企业功能定位所赋予的使命，充分履行了国有企业的政治责任、经济责任与社会责任。

（一）国有企业担当抗击疫情先锋队

新冠肺炎疫情爆发后，国有企业担任强化物资保障、基建建设的先锋队，为抗击疫情提供坚实的物质基础。国有经济坚

持普遍服务原则，在危机时能有效调控稀缺资源，即使亏损也要保证运营，从而避免物资短缺导致混乱，而这是多数国家在危机中最大的挑战之一。中石油、中石化、中化、中粮、通用技术、中储粮、华润、中国化工、国药、新兴际华等十家央企承诺：疫情期间"价格不涨、质量不降、供应不断"；电网企业确保"医院建到哪里，电就通到哪里"，发电企业数万名职工冒险奋战在湖北一线，中国移动为防疫指挥人员、一线医护人员、隔离人员等90万人提供免停机服务。国航、东航、南航在客座率很低的情况下保障国内航线和重要国际航线不断航。

国有企业在全国范围建成纵横成网、布局均衡、节点密集的基础设施网络，增强了经济社会运行的韧性和稳定性，无论哪个"节点"失守，都能尽快修复，迅速调集资源支援重疫区，从而防止风险蔓延。在全国交通管制的情况下，邮政指调中心临时启用郑州、合肥、长沙三个中心局，保证湖北及全国邮件顺利到达；各地邮政打通海运、空运、陆运，灵活机动调整线路，确保畅通。2020年2月24日，不到2小时，干细胞就被高铁和专机从上海抢运到武汉救助新冠肺炎重症患者。1月23日武汉做出建设火神山医院的决定，时值春节假期。当晚中建三局从武汉市5个建设项目调集1400多名工人，急如星火，第一时间开工。国企还发挥网络齐全的优势，确保生活物资及时供应。如中石油、中石化的加油站、超市均"硬核跨

第六章 "十三五"时期国有企业的社会责任担当

界"开展"卖菜"业务,中国石化浙江石油分公司推出"我有易捷店,你有滞销品吗?"公益活动,为农户量身打造方案,不让农民的鸡饿在场里、蛋坏在手里、菜烂在地里。国药集团全国460个地市级物流中心,7000余家零售药店密切协作,解决跨区域筹集物资难题。国有科研机构和企业不计成本进行病毒检测、试剂和疫苗研发制造。而采取这样严格的措施之后,14亿人的基本生活保障没有受到明显影响,没有出现缺油、缺电、停水、停气、缺粮、缺菜,生活物资没有发生恐慌性抢购和涨价,农产品没有出现大面积滞销,邮政物流基本按时到达,公立医院没有一家关门停业,社会安全稳定和谐,这也是世界历史上前所未有的。这个前所未有,正是国有企业发挥大规模网络优势交出的答卷。

集中力量办大事——国有经济全局效率更高的优势。在疫区前线,国有企业尽锐出战,承担了全国各地专门医院的建设改造任务。武汉火神山、雷神山医院由中建三局牵头承建,2万多人日夜兼程,10秒一面窗、2分钟一堵墙,国有电力、矿业、油气、通信企业免费提供各类物资,缺什么就造什么,要什么就给什么,10天建成。同时,中国建筑、中国五矿、中国中铁、中国铁建在全国建成超过100座专门医院、方舱医院,数日之内由"人等床"变成"床等人",速度让世界震惊。国企在抗疫中呈现的超高效率,正是得益于长期制度优势和积累。建设两座"神山"的高效率,源自国有企业在全球基建市场的多年磨砺，被称为"基建狂魔"。中建、中交、中铁等几大建筑央企承建的项目遍布五洲四海。全世界最高的10座大桥，中国就占了8座。我国高铁里程占世界70%，而且涵盖了高寒、高热、高原、潮湿、强风沙等所有可能的复杂地形。2019年度中国建设工程鲁班奖中，央企承建参建的获奖项目占比68%。长期基建积累下来的创新、管理、协作能力，在疫情中都发挥了重大作用。在两"神山"建设中，中建集团采用了行业最前沿的装配式建筑技术，大幅减少现场作业的工作量。雷神山从决定兴建到开工只用12小时，就做好了策划、组织、协调，做好了工序和工艺的穿插流程。国企的高效率还来自长期积累的基础工作和管理能力。例如，对于应急、安全生产等，国企一向要求更高。国企有健全的党组织，关键时刻一声令下，就能做到统一指挥、信息畅通、企地协同、联防联控，这些都在抗疫中起了关键作用。

国企具有强大的适应性和创新能力。这种优势，一是出于国有经济的社会责任，不计代价也要满足国家和人民的紧迫需要。二是出于国企在创新方面有规模大和举国体制的优势，能够瞄准经济社会发展需要的基础性、战略性、前瞻性领域加大投资，而不是在一般竞争性领域盲目扩张和竞争。从政治经济学上看，这是社会主义生产目的的体现，有利于产业快速升级和进行基础性、原始性创新。三是出于公有制产权的优势，短期转产和调整生产力布局，涉及产权、专利、原料、技术、员

第六章 "十三五"时期国有企业的社会责任担当

工等一系列资源的共享和调整，在产权多元化的情况下，有很大的"交易成本"，很难在短期调整这样大量的资源，而国有企业就能在目标一致、利益一致的基础上实现生产力布局和产能的迅速转变。面对抗疫斗争的需要，国务院国资委把办公室当成作战室，把车间当成前沿阵地，建立直通专线，以"战时方式""举国体制"强力推进医疗物资生产。一声令下，大量国有企业不惜代价、不计成本、分秒必争、不舍昼夜，整建制、成规模地转产紧缺医疗物资。在中央企业均不生产医用防护服、口罩等医疗物资的情况下，中国船舶集团、新兴际华、国机集团、中国石化、中煤集团、兵器工业调动一切产能生产口罩、压条机、防护服和有关原料。中煤集团接到指令之后22小时就完成无纺布原料聚丙烯 Z30S 的研发并投产。中粮生物科技借助乙醇和白酒的生产优势，转产医用酒精，满足了疫情爆发时医疗防护用品和器械的井喷式急需。中核集团临危受命，仅用5天时间就实现了利用核技术对医用防护服进行辐照灭菌的规模化应用。我国自主研制的"北斗"卫星，为防疫提供高精度、点对点的时空服务，确保医院工地大部分放线测量工作一次完成，重点防疫区域集结了上百架基于北斗系统的无人机。在抗疫过程中，国有企业在新业态、新模式的应用上也走在前面。2020年2月24日，中国联通保障了历史上首次现场+远程视频形式召开的全国人大常委会会议。中国电信搭建火神山医院5G远程会诊系统，中国联通、中国移动推出5G

智慧医疗服务平台。

国企"让利于民",表现在许多方面。首先是在物资紧缺时期保持物价稳定和充分供应,为此不惜付出巨大成本。其次是减免房租、地租等资本性收入。国务院和地方政府鼓励出租方减免租金,不少地方甚至直接明确要求机关事业单位、国有企业减免厂房和房屋租金。华润万象城、华润万家、中粮大悦城、保利广场、招商蛇口产业园区、中化金茂览秀城等商业地产领域的中央企业纷纷响应,华润万家免除全国14000家门店春节期间全部租金。上海市属34家国有企业减免租金合计25亿元,惠及约3.5万家中小企业。天津对承租国有资产类经营用房的中小企业免收3个月房租、3个月房租减半。深圳市区两级国有物业为非国有企业减免2个月租金,中央电信企业推出话费赠送活动累计投入超5000万元。

(二)国有企业充当恢复生产、稳定产业链的排头兵

在各类所有制企业中,国有企业是复产复工时间最早、比例最高、带动力最强的,这是国有企业自身竞争力和社会责任的体现。早在2020年2月12日,全国各地国企已实现大面积复工复产。2月27日,中国企业联合会表示,制造业500强企业复工复产率达97%,国有企业复工复产状况好于民营企业。截至3月2日,国务院国资委监管的中央企业所属4.8万户子

第六章 "十三五"时期国有企业的社会责任担当

企业，复工率为 91.7%。石油石化、通信、电力、交通运输等行业开工率目前已超过 95%，有的已达到 100%。

复工复产是一项"公共产品"。央企带头复工，确保中国制造不在关键时刻掉链子，受到全球企业的欢迎和称赞。兵器装备集团成员单位按时按约、保质保量完成各项海外订单，2月海外订单正常。"复兴号"恢复生产。中国电子集团旗下的深科技作为国际内存生产企业的主要供应商，一旦停产将会对全球行业市场产生重大影响，为保障全球存储芯片产业链稳定，国内 7 地 9 个厂区有 1387 人在春节期间坚持生产。中车集团全面启动生产线保证按时交付沙特阿拉伯、新西兰的订单。航天科技第一研究院在特殊时期顺利发射一箭四星。

央企复工复产，带动了一大批民营和中小企业及时复工，这体现了国有企业在各种所有制中的主导地位。央企上下游生产链、供应链长而广、带动性强。中国华电开工建设一大批电力项目，由此带动的发电、配电、输电、绝缘材料、电缆、钢架等民营企业近 1000 多家。国企不仅自身率先复工，还为全社会复工复产提供了有力保障。通过国有企业让利，降低民营和中小企业的运营成本。国家出台的降低电价气价、降低物流成本的政策，都是由国企落实的。2020 年 2 月 1 日到 6 月 30 日，国家电网和南方电网公司将为一般工商业和大工业企业减免电费共计约 595 亿元电费，全部由自身承担。

国企成为复产复工的领头羊，是国企自身有更强竞争力的体现。疫情相当于一次意外的"供给侧结构性改革",有利于优胜劣汰,淘汰产能落后、现金流结构不合理、抗风险能力弱的企业。之所以国企能够更快复工,原因包括:首先,由于国有企业不是首先考虑自己的赢利,而是考虑产业链的完整性和整个社会经济的运行。其次,国有企业有更大的回旋余地和抗风险能力,平时决策相对比较规范,有比较强的创新和适应能力,可以及时复产复工。最后,国有企业一般来说更加重视职工福利、劳动保护,有比较稳定的劳动关系,有比较健全的基层组织和工青妇工作的传统,在关键时刻找得到人、拉得出人、管得住人。这些显然有利于发动群众进行群防群控,降低疫情感染的风险,为及时复工创造更好的条件。

五、国有企业做"一带一路"先锋队

中国远洋海运集团有限公司助力秘鲁"点亮"港口经济。共建"一带一路"正成为我国参与全球开放合作、改善全球经济治理体系、促进全球共同发展繁荣、推动构建人类命运共同体的中国方案。中远海运深知海运是连通全球的重要纽带和桥梁,通过收购秘鲁钱凯码头60%的股份,努力将钱凯项目打造成为"一带一路"框架下中秘合作的典范,助力秘鲁和拉美经济社会发展,促进中秘"一带一路"合作踏上新台阶。

第六章 "十三五"时期国有企业的社会责任担当

中国华录集团有限公司服务"一带一路",助力巴基斯坦智能交通体系建设。巴基斯坦是中国"一带一路"先行示范区,北京易华录信息技术股份有限公司中标"巴基斯坦白沙瓦快速公交系统产品及服务购买项目",是继易华录落地巴基斯坦安全城项目之后的又一重大海外项目,该项目的中标代表了易华录在智能交通业务领域的专业能力得到国际市场的肯定及认可,增强了公司在国际市场的影响力和核心竞争力,改善白沙瓦公共交通环境,努力为"一带一路"建设做出贡献。

长安汽车确立在巴基斯坦开展整车贸易工作,并迅速锁定合作伙伴,签订了贸易组装协议。随着双方关系的良好发展,长安汽车进一步加大力度,在巴基斯坦与合作伙伴成立合资公司,把中国汽车产品、中国制造带到了巴基斯坦,为长安汽车的全球化发展,以及推动中国品牌汽车走向全球奠定坚实基础,为中国与巴基斯坦共同打造政治互信、经济融合、文化包容的利益共同体、命运共同体和责任共同体作出重要贡献。

国家电力投资集团有限公司扎根马耳他,造福当地人民。2013年3月马耳他政府组建后,为推进优化能源结构、降低电力成本、保障岛上的供电安全性和稳定性,积极寻求有实力的战略伙伴,为其国家电力公司——马耳他能源公司的转型升级提供技术及资金支持。为响应国家"一带一路"发展倡议,上海电力与马耳他能源部于2014年12月12日签署一揽子投资协议。

中国旅游集团有限公司离岛免税政策助力海南自贸区（港）建设。海南离岛免税政策在中国大陆地区属于首创，中国旅游集团有限公司三亚市内免税店作为政策落地的试点单位，通过不断摸索尝试、开拓创新，经营业绩屡创新高，企业实现了飞跃式发展，成为促进海南改革开放、社会经济发展，推动海南国际旅游岛建设、旅游零售业供给侧结构性改革的主力军。2020年，面对突如其来的新冠肺炎疫情，三亚市内免税店不忘初心使命，肩负央企责任，多措并举、化危为机，扛起提振消费信心、恢复市场活力的大旗，助力海南旅游经济向高质量发展。

六、国有企业担任国家安全守护者

国有企业确保粮食安全。中粮集团有限公司秉持"收好粮、产好粮、研好粮"，奉献优质农粮产品，确保粮食安全。中粮集团创新并强化全产业链商业模式，凭借纵向打通、横向协同的整体优势，对"从田间到餐桌"关键环节和终端出口进行有效管控，对农业、食品产业链各环节进行整合，提高了行业效率和资源利用率，也增强了服务我国粮食安全和食品安全的保障能力。

国有企业守护生产安全。国家能源投资集团有限责任公司

第六章 "十三五"时期国有企业的社会责任担当

履行央企担当,保障社会平安。矿山安全问题一直是社会关注的焦点。鉴于我国矿山类型多、数量大、点多面广、从业人员众多的现状,矿山救援任务艰巨而繁重。国家能源集团神东救援大队认真贯彻落实习近平总书记"对党忠诚、纪律严明、赴汤蹈火、竭诚为民"指示要求,坚决落实国家关于"奋力推进应急管理体系和能力现代化"的决策部署,推动当地救援加快队伍建设、提升救援实战水平,为保护当地人民群众生命财产安全和维护社会稳定贡献了神东力量、神东智慧。截至2020年5月,神东救援队共参与处理各类事故3300起,其中:处理井下事故165起,抢救生命482人,挽回经济损失10.87亿元。中国煤炭科工集团有限公司应急救援筑牢煤矿安全最后一道防线。中国煤炭科工集团有限公司作为煤炭科技创新的支撑企业,构建了专业的应急救援研发体系和顶级人才队伍,主持和参与编制了多项国家应急救援规划、规程和标准,多次参与煤矿重大事故救援并发挥重要作用,彰显了中央企业的社会责任。中国航油忠实履行"飞机飞到哪里,中国航油就加到哪里"的庄严承诺,积极履行"航油国家队"的责任与担当,在保障国家重大活动航油供应的同时,积极主动承担抗灾抢险、紧急救援的任务,助力灾区脱离险情,为群众带去希望与力量。

国有企业捍卫网络安全。中国电子信息产业集团有限公司认真学习聚焦科技创新,切实提升网络安全保障能力,坚持建设网络强国、链接幸福世界的初心和使命，全方位地统领和贯穿改革、发展、党建的全过程，坚持以国家安全、行业发展、人民生活、国际合作所面临的"痛点"问题来牵引和推动自身各项工作，在新时代条件下有力地推进了我国网络强国建设的步伐。用"芯"保障国家网络安全，推动行业协同发展。

国有企业保卫国防安全。中国兵器工业集团有限公司履行强军首责，打造成为建设世界一流军队的骨干力量。通过加强装备研制能力建设，不断提升武器装备研发水平，以体系建设、自主创新为基点，兵器科技加快向战略层面推进，为满足武器装备发展需求、提升部队战斗力、增强国防实力、维护国家安全做出了重大贡献。"十三五"期间，重要装备一次交验合格率完成率保持100%。2019年，集团公司科技创新取得丰硕成果，获得国防科学技术奖58项，其中一等奖5项（科技进步奖5项），二等奖17项（科技进步奖16项、技术发明奖1项），三等奖36项（科技进步奖31项、技术发明奖5项）。另有10个参与完成项目获奖；获得军队科学技术奖科学技术类二等奖2项。

国有企业引领技术安全。中国一重集团有限公司以国家战略和市场需求为导向，抓产业上项目加快推进高质量发展。实现了我国三代核电核岛及常规岛大型锻件全部自主化，超大厚壁加氢反应器等核心产品达到国际先进水平，完成了世界最大715吨特大钢锭的浇注制造，国内首支调相机转轴研制成功，打破了国外垄断。开展了大型铸锻件生产流程专业化自动化技术升级改造项目，完成了军工数字化车间建设等。全球首台"华龙一号"核反应堆压力容器、世界最大2400吨沸腾床渣油锻焊加氢反应器等一系列重大产品完工交付，标志着企业生产制造能力大幅提升。

国有企业冲锋抗洪救灾。每年进入汛期，我国华东、华中、华南等地持续遭遇大范围强降雨天气，引发严重洪涝灾害，危及人民群众生命财产安全，给社会生产生活带来重大影响。因抗洪救灾物资需求缺口较大，且依赖集中运输，中国移动、中国石油、中国石化等国有企业是通信和运输领域的"领头羊"，带领有余力帮助人民群众的企业积极履行社会责任，采取超常举措应对灾情，全力以赴保供电、保通信、保运输、抢修道路和基础设施，以实际行动与灾区群众共克时艰，共渡难关。

第三节 "十四五"时期国有企业进一步完善社会责任履责的建议

"十三五"期间，国有企业坚守使命初心，切实结合自身业务特点，在履行社会责任方面做出了非常好的成绩。在环境保护、科技创新、精准扶贫、抗击疫情、抗洪救灾和"一带一路"建设方面，国有企业发挥了"稳定器"和"压舱石"作用，成绩卓越。尤其是在面对突如其来的新冠肺炎疫情，国资国企闻令而动、勇挑重担，在扎实做好境内外员工防疫工作的同时，主动服务国家防疫大局，倾尽全力参与医疗救治，分秒必争抢建专门医院，不计代价转产、扩产防疫物资，不讲条件执行包机任务，全力以赴攻关疫苗研发，千方百计保障民生供应，有力有序推进复工复产，在党和人民最需要的时候挺身而出、不辱使命，发挥了主力军作用。然而，国有企业社会责任履责，依然存在一些不足。展望未来，"十四五"期间国有企业应继续完善社会责任履责，发挥引领作用。

一、"十三五"时期国有企业社会责任履责的不足

我国国有企业较大的经济收益与其成果共享程度并未实现较好的匹配，在利润分配制度上仍存在如国有资本经营预算管理范围不够全面、利润上缴比例不高、支出结构有待优化、未能充分考虑国内国际差异等问题。尤其在某些国有企业存在"国外投资分红比例高、国资收益分配比例差距悬殊"的分配失衡现象，不仅提取的国有资本收益在财政总收入中份额小，

其上缴的利润也仅有很少一部分转入公共财政，且利润分配存在严重的"体内循环"问题，造成国有企业发展壮大所创造的利润并没有很好地体现其社会价值。履行社会责任也是利润支出的一个方面，因此国有企业需进一步完善利润分配制度，合理高效运用资金。

（一）国有企业间履责协调机制不健全

目前中国企业的社会责任报告普遍缺乏对实质性议题管理过程的信息披露，主要体现在：最高管治机构对实质性议题管理的领导，以及实质性议题管理的目标、计划、流程和结果方面的信息披露。国家审计公告以及负面语调对国有企业社会责任履行有显著促进作用，较高的信息透明度和良好的信息环境都有利于监督国有企业履行社会责任。不同国有企业在履行同一个社会责任时，如不能协调沟通，将会出现责任范围重叠、覆盖范围不够等情况，影响社会责任的履行效果。因此，建立有效的联系机制，做到不同企业之间信息互通，划分责任目标范围并落实到企业，对于提升履责效率是十分必要的。

（二）国有企业内部制度有待完善

国有企业内部薪酬差距与国有企业社会责任履行之间存在

反向相关关系,整体上国有企业内部薪酬差距的加大将降低企业社会责任履行水平。具体来说,较大的内部薪酬差距有利于激励企业管理者增加企业的补偿型社会责任支出,而义务型社会责任对国有企业内部薪酬差距的敏感性不足。由此可见,完善国有企业内部制度,缩小内部薪酬差距,有利于国有企业在履行社会责任时做到上下一条心,真正为群众服务。要重视国有企业对科技人员股权和分红激励。监管机构应加强对国有企业内部薪酬差距的调控力度,避免因内部薪酬差距过大造成国有企业履行社会责任水平下降。

(三)国有企业科技创新领域大而不强

"十三五"期间,国有企业虽然在很多行业和领域已经成为世界级规模的大企业大集团,但"大而不强、大而不优"的问题仍存在,科技创新能力不强、关键核心技术"卡脖子"问题仍较为突出。必须扭住新发展理念不放松,坚持以改革激发活力动力,全力破除影响和制约企业高质量发展的顽瘴痼疾,坚持创新驱动发展,大力推进关键核心技术攻关,激发人才创新活力,完善创新体制机制,提升产业链供应链现代化水平,推动国有经济实现质量更高、效益更好、结构更优、更可持续、更为安全的发展。

二、"十四五"时期进一步完善国有企业社会责任履责的建议

(一) 提高履责红利全民共享度

"十四五"期间国有企业应着重强调全体人民共享改革发展成果以及创造良好的信息环境。全民共享主要通过上缴利润，以公益性全民支出、分红等形式实现，具体措施可以采用进一步扩大征缴国有企业利润覆盖面、进一步提高国有企业上缴利润比例，更多地用于保障民生等。逐步扩大国有企业利润上缴的比例和范围，针对不同性质、不同地域、不同行业的国有企业制定不同的收益分配政策和上缴比例，并扩大公共福利等民生支出的范围和比例。进一步扩大履责范围，让真正需要帮助的人民群众享受到国有企业落实责任的红利，做到"有问题解决问题，没问题防患于未然"。国有企业实际上的全民共享主要通过上缴利润，以公益性全民支出、分红等形式实现，除此之外，履行社会责任的过程也是群众受益的表现。

（二）提高履责信息透明度

提升信息透明度，推动社会责任信息披露水平在"十四五"期间迈上新台阶，加强对社会责任信息披露的战略性认识。在企业议题管理的目标、计划、流程和结果等方面，加强对实质性议题管理过程的信息披露，提升报告管理性。通过社会责任信息披露反映企业在社会责任指标体系建设、量化管理方面的进展，促进企业社会责任管理能力提升，增强报告可比性。更加重视污染防治、生物多样性与生态系统保护、温室气体管理等环境议题，员工健康安全、职业发展等员工议题，帮助供应商提升社会责任水平等供应商议题的信息披露，增强报告实质性。较高的信息透明度和良好的信息环境都有利于国有企业履行社会责任。我国应该在确保国企维持自身运营和适当发展需要的前提下，尽可能提高信息透明度，让民众参与到履责过程中来，意识到国有企业是群众遇到困难时可以依靠的"保护伞"。

（三）进一步完善国企体制机制

国有企业体制机制还有不少需要完善的地方，党的领导融入公司治理还不够成熟定型，企业法人治理结构有待进一步健全，经营性国有资产集中统一监管仍有较大差距，以管资本为主加强国资监管的途径和方式需要进一步探索和拓展。实施国企改革三年行动，必须坚持系统集成、协同高效，大力实施变革性、牵引性、标志性改革举措，在解决深层次体制机制问题上取得实质性突破。

坚持"两个一以贯之"，加快完善中国特色现代企业制度。着力推进国有经济布局优化和结构调整，提高资源配置效率。积极稳妥深化混合所有制改革，促进各类资本优势互补、共同发展。不断健全市场化经营机制，充分激发企业活力。健全以管资本为主的国有资产监管体制，提高国有资产监管效能。积极推动国有企业公平参与市场竞争，优化营商环境。抓好国企改革专项工程，积极发挥示范引领作用。加强党的领导和党的建设，为国有企业改革发展提供根本保证。

（四）力争关键领域"卡脖子"技术突破

"十四五"期间，国有企业坚持更好服务国家战略，进一步聚焦战略安全、产业引领、国计民生、公共服务等功能。积极推动国有资本向关系国家安全、国民经济命脉的重要行业和关键领域集中，向提供公共服务、应急能力建设和公益性等关系国计民生的重要行业和关键领域集中，向前瞻性战略性新兴产业集中。紧紧围绕加快科技自立自强，充分发挥国有企业在构建关键核心技术攻关新型举国体制中的重要作用。

"十四五"期间应力争：一是进一步面向国家重大战略需求，发挥新型举国体制和集中力量办大事的制度优势，加快核心技术攻关力度，把攻克"卡脖子"技术放在创新驱动的突破方向。二是进一步激发和保护企业家精神，释放企业创新创业活力，通过体制机制改革与创新使中央企业更加积极主动投入创新创业。三是进一步推进中央企业国有资本布局优化和结构调整，使中央企业资本进一步向面向国家安全领域产业、公共设施与民生领域关键产业和战略性关键技术领域产业集中。四是推动中央企业数字化和智慧化转型，为数字经济发展提供更加强大的支撑。中央企业不仅要应用新一代信息技术对传统产业进行智能技术升级，增强传统产业技术竞争优势，还要进一步投资布局战略性新兴产业、先进制造业与现代服务业等新经济产业，更要通过加大对基础领域技术研发和基础设施投入，加强对我国数字经济、智慧经济发展的支持。五是加强与民营企业、地方国有企业的优势互补、协同创新发展，共同加强产业链、价值链和供应链建设，弥补一些重要产业的薄弱环节和受制于人的环节，提升产业基础能力和产业链现代化水平。

第七章

"十三五"时期国有经济理论研究进展

"十三五"时期是我国全面落实党的十八届三中全会以来各项改革政策的重要时期，也是全面建成小康社会的决胜期。在这一时期，关于国有经济的相关理论在国家相关改革发展政策目标的引领下，在总结国有企业改革实践的基础上，得到了极大的丰富和创新发展。习近平总书记关于国有经济改革发展的理论与创新、基本经济制度创新、国有经济布局结构调整、构建中国特色现代国有企业制度、国有资产管理体制改革与完善、推进国有企业混合所有制改革等问题是"十三五"时期围绕国有经济的研究热点。

第一节 习近平总书记关于国有经济改革发展的理论与创新

党的十八大以来,伴随着国内外形势的变化和全面深化改革进程的推进,习近平总书记多次在国内外重要场合对国有企业和国有经济做出重要指示。习近平总书记的讲话从国有企业的性质地位作用、国有企业改革方向和现代企业制度建立等多个层面,为国有企业改革奠定了坚实基础。因此,学术界倍加重视总书记有关国有企业的论述,并对其中具有指导性意义的部分进行了深层次的研究和阐释,为国有经济发展指明了方向。

一、国有企业的主导性作用

习近平总书记曾多次强调"国有企业特别是中央管理企业,在关系国家安全和国民经济命脉的主要行业和关键领域占据支配地位,是国民经济的重要支柱,在我们党执政和我国社会主义国家政权的经济基础中也是起支柱作用的,必须搞好。"① 围绕习近平关于更好发挥国有经济主导作用的论述,学者们进行了深刻的阐释和研究。李天明(2019)认为,国有企业主导性作用的发挥在于将国有企业置于推进建设中国特色社会主义伟大事业的基础地位,把推动国有企业发展与推进伟大事业相结合。这是习近平总书记关于国有企业治理重要论述精神的出发点和落脚点,两者的内在理论具有鲜明的内在统一性。张水华(2018)认为,国有企业主导性作用的发挥还在于其对非公有制经济的引领作用,带动整体国民经济的发展和社会主义市场经济体系的建设与完善。公有制为主体,多种所有制经济共同发展,非公有制经济是我国社会主义市场经济的重要组成部分。国有经济起主导作用,鼓励、支持和引导非公有制经济朝着社会主义方向发展。因此,我们应该坚持国有企业在国家发展中的重要地位不动摇。

二、"做强做优做大"国有经济

习近平总书记曾多次强调:"国有企业是壮大国家综合实

---

① 习近平:《习近平主持召开中央全面深化改革委员会第四次会议强调加强领导科学统筹狠抓落实把改革重点放到解决实际问题上来》,载于《中国纪检监察》2018年第19期。

力、保障人民共同利益的重要力量,必须理直气壮做强做优做大,不断增强活力、影响力、抗风险能力,实现国有资产保值增值。"① 这一重要论述充分肯定了国有企业的地位和作用,对指导我国国有企业改革具有指导性意义,进一步指明了新形势下深化国有企业改革的方向和任务。祝念峰(2017)认为,习近平总书记关于"做强做优做大"国有企业和国有资本的重要论述具有三个层面的重要意义。首先,其澄清了长期以来有关国有企业的负面争论,包括国有企业低效论、垄断论和"僵尸"论,肯定了国有企业在社会主义市场经济运行体系中的重要作用。其次,其指出创新机制和现代企业制度对于国有企业建设的重要意义,为下一阶段国有企业改革指明方向。最后,其强调了党的领导对于国有企业下一步改革发展的重要作用。白暴力(2017)认为,习近平总书记关于"做强做优做大"国有企业和国有资本的论述为新时期供给侧结构性改革奠定了理论基础,为国有企业下一阶段整体结构和布局的调整指明方向。卢江(2017)认为,"做强做优做大"的基本方针要求我们在进行国有企业建设过程中要建设好中国特色现代国有企业制度,兼顾国有企业建设过程中的质量、数量和规模,更加重视国有企业高质量发展和稳定运行。楚序平等(2016)、郭敬生等(2017)认为,"做强做优做大"的基本方针对于指

---

① 习近平:《国有企业必须理直气壮做强做优做大》,载于《中国商界》2016年第8期,第42~43页。

导国有企业的改革发展具有里程碑意义。"做强做优做大"国有企业有利于巩固社会主义基本经济制度，保障全体人民共同利益，推动我国工业化现代化进程，增强我国综合国力和国际竞争力，巩固党的执政基础，有助于我们党赢得新的伟大斗争胜利。

三、两个"一以贯之"

习近平总书记在全国国有企业党的建设工作会议上强调"党对国有企业的领导是重大政治原则，必须一以贯之；建立现代企业制度是国有企业改革的方向，也必须一以贯之"。两个"一以贯之"方针的提出，为国有企业全面深化现代企业制度改革指明了方向，表明国有企业现代企业制度的基本构成是基于党组织发挥自身政治优势的基本企业制度。

党对国有企业的领导是我们党在探索社会主义市场经济规律过程中的伟大创造，是始终保持国有企业基业长青的制度保证（郝鹏，2019）。孔宪峰等（2018）认为，加强党的领导，是全面深化国有企业现代企业制度建立改革的基本前提。党对国有企业的领导不仅是对现代企业制度的补充，也是推动国家治理体系和治理能力现代化的重要组成部分。程承坪等（2017）认为，国有企业现代企业制度建立的目标是"产权清晰、权责明确、政企分开、管理科学",推动现代企业制度建立的过程中也需要涉及多方力量的协作,加强党的领导作用对协调国有企业全面深化改革具有重要意义。

宋方敏等（2017）认为,基于两个"一以贯之"加强党的领导、党的建设是我国国有企业的优良传统,是我国国有企业同西方资本主义国家所谓的"国有企业"最本质的区别和独特的优势,坚持两个"一以贯之"是国有企业和国有资本"做强做优做大"的根本保障。翟绪权（2019）认为,在两个"一以贯之"方针的具体落实层面,执行两个"一以贯之"最重要的突破口是建立国有企业现代企业制度,将国有企业公有制的特殊属性和市场化优势相结合。卢江等（2017）认为,贯彻两个"一以贯之"方针是社会主义本质基本要求,加强党对国有企业的领导需要纠正各方的错误观点。国有企业的多重属性决定了必须加强党对国有企业的领导。党的执政规律和自身建设规律要求必须加强党对国有企业的领导。中国特色社会主义的内在要求决定了必须加强党对国有企业的领导。基于上述研究,宋方敏（2017）等指出,国有企业现代企业制度建立的目标归结到一点就是要明确党组织在决策、执行、监督各环节的权责和工作方式,处理好党组织和其他治理主体的关系,形成各司其职、各负其责、协调运转、有效制衡的公司治理机制。因此,新时代国有企业发展的路径是:在市场化的一般性方面,通过建立以"管资本"为核心的国有资产监管体系规范公司治理结构；在公有制的特殊性方面，坚持党的领导是中国特色现代国有企业制度的本质特征，发挥党组织政治核心作用，是国有企业市场化的一般性与公有制的特殊性由对立走向统一的根本。

四、三个"有利于"

2015年7月，习近平总书记在吉林调研时强调"推进国有企业改革，要有利于国有资本保值增值，有利于提高国有经济竞争力，有利于放大国有资本功能"。即三个"有利于"原则。三个"有利于"方针的提出为国有企业改革指明了前进的方向，同时对其成功与否建立了客观的评价标准，不仅对于完善社会主义市场经济理论与国有企业理论，而且对于指导国有企业社会责任理论与实践，都具有启示与借鉴价值。

三个"有利于"方针为国有企业改革与发展提供了客观的评价标准，支持和引导了下一阶段国有企业改革（郭敬生，2017）。三个"有利于"方针对优化国有经济布局结构、国有企业混合所有制改革、建立中国特色现代企业制度和国有企业资产管理体制改革具有重要的引领作用，并为之提供了基本原则和重要参照标准，保障了国有企业改革路径和方针的一致性和基本原则（宋方敏，2017）。杨瑞龙（2020）认为，三个"有利于"方针在坚定国有企业改革信心的同时为国有企业改革建立了两条基本原则：一是改革模式与改革方式要符合国情；二是要遵循市场经济规律。三个"有利于"方针的基本观点要求国有企业改革过程中必须坚持公有制主体地位，充分发挥国有经济主导作用（孙智居，2017）。其既是指导国有企业全面深化改革的基本方针，也是检验国有企业改革成功与否的基本标准，国有企业如何打造适应市场的产权组织形式，完善经营管理机制的改革必须依照三个"有利于"方针。国有企业既具有经济功能，又具有非经济功能，而非经济功能具有重要的战略价值。国有企业是中国特色社会主义性质的重要支撑，是中国经济平稳运行的重要稳定器之一，国有企业也因此兼具市场性和社会性，因此，国有企业改革的成败关系到全面深化改革进程能否全面落实，必须依照三个"有利于"方针，通过改革搞活国有企业，提高经营效率。

三个"有利于"方针还要求国有企业改革过程中必须理清长期以来针对国有企业运行过程中的诸多错误言论：不可调和论、腐败低效论和利润侵占论。通过改革为国有企业长期稳定发展提供有效支撑和保障，同时为国有企业更好发挥其在全民所有制中的地位和作用奠定基础（卢江，2017）。

第二节　充分发挥国有经济主导作用与坚持"两个毫不动摇"

坚持社会主义基本经济制度，充分发挥国有经济主导作用，坚持"两个毫不动摇"的基本方针，是我国改革开放和社会主义市场经济体系建设取得重大成就的根本源泉。以国有经济为代表的公有制经济作为我国社会主义市场经济体系的主体，在市场经济体系运行过程中起着主导性的作用，引领社会主义经济体系的建设和完善，是我党执政的根基，是维护国民经济稳定运行和保持社会主义基本经济制度不动摇的重要体现。"两个毫不动摇"方针充分体现了社会主义市场经济中国有经济与私营经济、个体经济、外资经济的互促共生关系，在充分发挥国有经济主导作用的同时，充分激发其他所有制经济的活力，发挥对国民经济繁荣增长的促进作用，体现了公有制经济与非公有制经济的统一。"十三五"时期，理论界围绕充分发挥国有经济主导作用的理论基础和实现路径、坚持"两个毫不动摇"的必要性与协调国有经济和其他所有制经济发展等问题进行了深入研究。

一、发挥国有经济主导作用的理论基础与实现路径

"十三五"时期学术界关于发挥国有经济主导作用的研究成果,阐述了国有经济发挥主导作用的理论基础,提出了发挥国有经济主导作用的基本路径,丰富和发展了中国特色社会主义的国有经济理论。

(一)国有经济发挥主导性作用的理论基础

吴宣恭(2020)指出,生产资料公有制是社会主义经济制度的基础,是社会主义生产关系的根本特征,确立以国有企业为代表的公有制经济在社会经济运行体系中发挥主导性地位也是社会主义经济制度的基本要求。如果动摇或者丧失公有制的主体地位和国有经济的主导地位,社会主义市场经济特有的优势就会丧失。因此,我国《宪法》中明确规定"国有经济,即社会主义全民所有制经济,是国民经济中的主导力量,国家保障国有经济的巩固和发展"。李响(2016)认为,"国有经济"这一概念以及国有经济作为"国民经济中的主导力量"的定位在宪法上获得确立并正式被理论界所认可。

第七章 "十三五"时期国有经济理论研究进展

就国有经济发挥主导作用的内容而言，吴宣恭（2020）认为，政府在一定情况下需要对国民经济进行直接干预以规范经济运行下国民经济具体行业存在的具体问题，保障经济合理发展。周新城（2016）认为其主要表现在两个方面：一是在整个国民经济的运行中，国有企业能够控制经济运行的方向；二是在各种所有制的相互关系中，它能够鼓励、支持非公有制经济发展，并引导非公有制经济的发展。

虽然在改革开放后，我国国有经济在国民经济中的布局和结构都发生了很大的变化，但是国有经济在国民经济运行中的主导地位并没有发生变化。马立政（2019）认为，改革开放前国有企业发挥的中流砥柱作用是改革开放后国有企业发挥中流砥柱作用不可替代的基础和必要条件，改革开放后国有企业中流砥柱作用是改革开放前中流砥柱作用的完善与升华。黄群慧（2018）认为，新时代国有企业的主导作用依旧取决于以下三个使命：一是弥补市场经济的失灵，保障经济合理有效运行；二是承担国家产业政策的需要，引领经济社会中主导产业和新型产业的发展；三是承接国家经济转轨的重任，通过自身整合释放经济活力，引导经济整体转型过渡。

（二）国有经济在稳定宏观经济运行中的主导作用

国有企业的主导作用在宏观视角下的主要体现是保障国民

经济稳定运行，引导国民经济合理有序发展，缓解经济发展过程中突出的问题与矛盾。郭婧等（2019）通过实证分析证明非国有经济投资波动性较大，具有明显的顺周期性，而国有经济投资波动小，且具有明显的逆周期性。谢莉娟等（2019）认为，通过协调国有企业在逆经济周期时的投资与运行，可以起到降低经济波动，维持经济平稳运行的作用。除此以外，部分掌握国民经济命脉的国有企业还需承担稳市场、保供给等特定任务。

国有企业主导作用在宏观层面上的另一体现是在自然灾害发生时产业的救助、捐赠以及保障生产的行为。潘奇等（2019）认为，国有企业因为其自身强政治关联性、强社会责任感和带动性，能够在发生自然灾害和社会突发情况时主动承担社会捐赠和社会救助的责任，并带动周边非公有制经济的捐赠和救助行为，保障社会经济稳定运行。

除此以外，文洪朝（2017）指出，国有企业长期以来一直承担着社会主义市场经济工业化和现代化建设的基础工作，在宏观经济运行体系中承担着全产业链布局和基础工业品供给的基础职能。就具体运行依据而言，以谢莉娟等（2019）为代表部分学者在对国有批发企业进行研究后发现国有企业承担宏观职能的具体表现就是对于产业链的上下游的掌控。国有经济的主导作用还表现在其自身主导地区经济体系改革，促进要素配置改善等。

(三)国有企业在完善产业链和引领创新中的主导作用

微观视角下国有企业的主导性作用主要体现在产业链的引领和管控以及创新主导方面。国有企业在产业链条中一般处于中上游的位置,其自身可以通过日常生产运行及销售自身商品以及对商品的差异化定价来引领和规制自身所处产业链条中的企业合理发展,保障下游非公有制经济稳定运行的同时,促进全产业链的发展。除此以外,国有企业在自身经营活动中往往倾向于重资产运行,且自身具备较强科研实力,可以通过自身的创新引领来带动周边产业和整体经济体系创新驱动和稳定运行。就微观条件下国有企业主导效应的表现来说,主要体现在以下三个方面:第一,产业链保障。谢莉娟等(2019)认为,国有企业通过采取上游环节控制来承担稳定市场,保障供给等特定任务,且其可以凭借独有的资金优势将其独占的资源内部化,促成有利于提升竞争能力的纵向合作。胡迟(2019)认为,国有企业在关系国家安全、国民经济命脉的重要行业和关键领域与重要前瞻性战略性产业拥有控制力与带动力是国有经济的重要职责。第二,产业追赶。汪涛(2018)等通过研究发现,拥有关键操作性资源和广泛的社会资源是大型国有企业成功主导创新的关键因素和基础。第三,创新引领。叶静怡等(2019)认为,就创新效益而言,国有企业的知识溢出大于私有企业，国有企业的知识溢出对私有企业创新产出有显著正向影响，而私有企业则不具有这种作用。

二、坚持"两个毫不动摇"

"两个毫不动摇"的基本方针，是长期以来我国在处理公有制经济和非公有制经济间关系的基本原则。在国有企业改革与发展的进程中，处理好以国有企业为代表的公有制经济和以私营企业和外资企业为代表的非公有制经济之间的关系成为国有企业建设和改革的焦点。一方面，发挥国有经济主导作用是以公有制为主体的社会经济体系的根本要求；另一方面，社会主义初级阶段的基本国情要求促进非公有制经济健康发展。

（一）坚持"两个毫不动摇"的理论基础

第一，坚持"两个毫不动摇"是坚持和完善社会主义基本经济制度的根本要求。张嘉昕等（2019）指出生产力的发展程度是衡量社会制度优越性的重要标志，解放和发展生产力是社会主义的根本任务。在社会主义初级阶段，同时协调不同性质经济主体，提升经济体系运行效率，促进社会整体生产力的发展是社会主义经济制度运行的首要目标。周晓梅（2018）

第七章 "十三五"时期国有经济理论研究进展

指出非公有制经济是社会主义经济中最活跃也是最具有创造性的部分，是公有制经济的重要补充。但其自身存在一定的盲目性和自发性，需要对其进行一定的引导和规范。

第二，坚持"两个毫不动摇"是发展社会生产力，建设社会主义现代经济体系的基本途径。周新城（2018）指出，"两个毫不动摇"是社会主义初级阶段的基本方针，就发展程度来说，我国的社会主义还需要经过工业化、现代化这一相当长的历史过程，才能进入发达的社会主义阶段。张嘉昕等（2019）认为，一方面，公有制经济是建设现代化经济体系的制度保障；另一方面，构建现代化经济体系需要进一步释放非公有制经济的活力。从实践看，同时释放以国有企业为代表的公有制经济和以民营企业和外资企业为代表的非公有制经济的生产力是改革开放以来我国社会主义现代化建设取得成果的重要因素。

第三，坚持"两个毫不动摇"是完善社会主义市场经济体系，形成对外开放格局的基本要求。"两个毫不动摇"方针是我们党在社会主义经济建设的艰辛探索中总结出的科学经验。当前，全球经济增长放缓和区域保护主义抬头，国际市场形势的复杂变幻更加迫切地要求我国在坚持市场经济体系的同时鼓励各类型企业更加广泛地参与到国际市场的竞争中，而激烈的国际竞争主要表现为各国企业之间或跨国公司之间的直接竞争，国有企业和民营企业都是我们赢得国际竞争的重要力量,也是"一带一路"建设的参与主体。

(二)促进公有制经济与其他所有制经济和谐发展

"两个毫不动摇"的提出为进一步规范公有制经济与非公有制经济间的关系提出了新的命题,其中,最重要的是正确处理好国有企业与私营企业间的关系。非公有制经济在国民经济的基本运行体系中发挥着主动性和创造性的作用,是国民经济中最活跃的组成部分,要充分认识非公有制经济的地位和作用,不唯成分论,放开领域,放宽环境,放宽政策,让非公有制经济的作用充分发挥出来。积极调整民营经济的产业结构和运行方式,重点发展现代农业、战略新兴产业、现代服务业。许保利(2018)指出,"两个毫不动摇"方针的产生一方面是基于国有企业与非国有企业融合发展的现实,证明了改革开放以来我国在经济建设中取得了重大的成就。改革开放40多年来,我国民营经济不断发展壮大,在稳定增长、促进创新、增加就业、改善民生等方面发挥了重要作用,形成了我国基本经济制度优势和经济治理绩效,对人类社会特别是其他社会主义国家发展经济、改善民生、保持稳定提供了中国方案。冯俏彬(2018)指出,"两个毫不动摇"方针也适时指出"私营经济离场论"的荒谬之处,坚定非公企业发展的决心、增强非公企业发展的信心,避免带来一些蛊惑人心的负面影响。高尚全

（2017）认为，坚持"两个毫不动摇"并结合新时代特征完善这一制度的重要方面，就是完善对产权的保护制度，依法保护产权。民营企业的有效运行及其创造性作用的重要表现在于其具有自主经营、独立性和创造性，而这些特性的发挥依赖于对其企业产权的合法保护，这不仅是发挥民营企业创造性作用的内涵，更是全面推进依法治国的重要表现。

（三）"两个毫不动摇"与"所有制中性"的区别

近年来，有关"所有制中性"的问题在学者中引发了广泛的争议。有部分学者将"所有制中性论"称为"市场经济的规律"，主张"取消国企、民企、外企的所有制分类""摘下企业头上的'所有制帽子'"。"所有制中性"由高尚全（2017）提出，他进一步将此说法与"竞争中性"相结合，提出了"两个中性"概念。呼吁各部门、各地方、各司法机构按"两中性"原则行事，即无论各市场主体的所有制成分，在政策环境、法律保障、要素供给等方面，要平等竞争、一视同仁。具体到国有经济与民营经济间的关系时，高尚全（2017）认为，"所有制中性"的基本原则要求国家放弃对国有企业的所有行业垄断和补贴行为。

以上观点引发了学术界的激烈讨论。吴宣恭（2020）指出，"竞争中性"与"所有制中性"存在本质区别，将"竞争中性"解释成"所有制中性"的论述是伪命题,"所有制中性论"把市场竞争公平解释为否定企业所有制问题,具有欺骗性。张嘉昕等(2019)认为竞争中性本意指以公正平等的原则对待各类市场竞争主体,竞争中性实则是竞争中立,竞争中立得不出企业所有制中性的结论。国有企业与民营企业间的平等竞争是必要的,这可以充分发挥市场在经济中的决定性作用,但是从"竞争中性原则"得不出"所有制中性论",两者都不是市场经济规律。

除此以外,"两个毫不动摇"方针与"所有制中性"在本质上存在区别,"两个毫不动摇"方针不是"所有制中性"观点的理论依据。简新华(2019)认为"所有制中性"概念中的三重理解中存在混乱和不准确。"两个毫不动摇"是指社会主义初级阶段对待公有制经济和非公有制经济发展的基本方针,本身并不是所有制的性质特征。各类所有制具有不同主体,它们在社会生产目的、经济活动方式以及一定社会生产体系中所处地位不同,在生产过程、流通过程中发挥不同的作用,从而所获社会财富形式和份额也有差异。

"所有制中性论"试图以抽象的价值中立混淆企业的所有制属性,是一个违背马克思主义政治经济学基本原理的伪命题;公平竞争与企业的所有制类型并无直接必然联系,"所有制中性论"过分夸大了所有制在企业经营管理层面的作用,忽视了民营经济在社会主义市场经济中的地位作用及其演进逻辑。再者，它从根本上试图淡化国有企业的所有制属性，变相主张"国退民进"或"国企私有化"。基于"所有制中性"的改革违背社会主义经济本质，极有可能成为戈尔巴乔夫式的"改革新思维"，为搞单纯私有化提供舆论导向和理论依据，造成恶劣影响，导致颠覆性的严重失误，把中国改革和发展引入歧途，决不能听之任之。

第三节 国有经济布局结构调整

党的十八大报告中提出"推动国有资本更多投向关系国家安全和国民经济命脉的重要行业和关键领域，不断增强国有经济活力、控制力、影响力"。"十三五"时期，推动国有经济布局结构调整是不断强化国有经济主导作用，推进国有企业改革的重要方向和内容。当前，我国国有经济布局仍存在一些问题，推进国有经济结构战略性调整的任务依然艰巨。学术界在关于国有经济布局结构战略性调整的问题上进行了较多的讨论。

一、国有经济布局结构存在的问题

经过了几十年的改革与发展，我国国有经济布局结构战略性调整已经取得了一定的成果，国有经济布局更加合理，国有企业运行质量明显提升，形成了一批规模、实力、国际竞争力较强的国有企业。但不可否认的是，当前国有经济布局结构依然存在问题，调整任务尚未完成。学术界针对我国国有经济布局结构存在的问题进行了分析和总结。

学者们认为我国国有经济布局结构的不合理之处主要体现在：国有经济战线过长，覆盖面过广，挤占民营资本的生存发展空间；在各个产业的布局不合理，在竞争性领域布局分散，关键性领域进入不足；布局结构调整速度有待加快等。黄群慧（2016）指出国有经济布局结构存在的主要问题有：国有经济功能定位模糊不清；国有经济集中于重化工业，在战略性新兴产业上分布不足；地方国有企业的资产总量虽然高于中央企业，但经营能力和效益比不上中央企业；央企海外资产虽然在不断扩张，但仍面临"竞争中立"规则的约束；国有企业创新能力虽有所提高，但创新方向及效率与创新型国家战略要求还有一定距离；竞争性行业集中度不高，影响企业效益，某些行业国有企业经营范围覆盖到各个环节，其中竞争性环节却缺乏有效竞争。徐传谌等（2017）认为，国有经济布局结构不合理在宏观上表现为国有经济规模占整个国民经济总量的比重较小，国有经济就业人数也不占优势，没有体现出公有制经济的主体地位。在中观上表现为国有经济在各产业中的布局不合理，在关系国民经济命脉的行业中规模不够，在社会化生产程度较低的领域分布过多,在竞争性行业一味退出,不能与非公有制经济公平竞争。在微观上表现为国有股权在混合所有制企业中所占份额不合理,在社会化大生产领域的混合所有制企业规模过低,在一些经济效益高的竞争性行业,未呈现出大范围国有控股或相对控股,也没有积极参股非公有制企业。戚聿东、张任之(2019)认为我国国有经济布局战线过长,行业分散,产业结构宽泛,资本运行效率低,影响国有资本向优势企业、前瞻性产业和关系国家安全和国民经济命脉的行业和领域集中,遍及大中小微各个规模,违背"抓大放小"原则。张行(2020)认为目前国有经济布局和结构调整仍需加快。

二、国有经济"进"与"退"之争

进入"十三五"时期以前,一些学者提出了国有企业过度发展,特别是在一般竞争性领域的发展,挤占了民营经济的发展空间,因而提出了"国进民退"问题,一时间引起了学界对国有企业"进"与"退"问题的学术争论。"十三五"时期,这一争论仍然受到学者们的关注,围绕国有企业是否应退出竞争性领域,国有企业与民营企业的"进"与"退"等问题,学者们进行了探讨。

（一）关于"国有企业退出竞争性领域"的争论

关于国有企业是否应退出竞争性领域的问题，有学者认为国有企业应该完全退出竞争性领域，给非国有经济充足的生存发展空间。如甘小军、潘永强（2016）通过实证分析认为国有企业拖累了民营和整体经济的增长，因此应完全退出竞争性领域，让效率更高的非国有经济充分发展。但大多数学者认为国有经济应根据国家经济发展目标和战略要求，更好发挥国有经济的主导作用，选择相对退出竞争性领域更为合理。

"十三五"以前，就有不少学者否定了主张国有企业退出竞争性领域，甚至是营利性领域的观点。指出随着国有经济战略性调整和私营经济的不断发展，我国国有经济已经退无可退，若国有经济从营利性领域全部退出，那么私人垄断资本将会控制整个国民经济命脉，动摇国有经济的主导地位，违背我国的社会主义性质。"十三五"时期，学者们进一步阐述了这一观点。黄少安（2017）指出国有经济的存在空间通常为市场失灵领域和一些自然垄断行业，但不能局限在这一范围，国有经济还需要在一些竞争性领域存在，以增强对国民经济的控制力。既不能认为国有经济仅需要存在于市场失灵领域，也不能过分夸大国有经济的功能和存在空间。判断国有经济的总量或比例是否合理，关键在于其布局、结构、控制力和对其他所有制经济的影响程度。胡迟（2019）认为，"国有企业完全退出竞争领域"的观点是片面的。如果让国有企业仅存在非竞争领域，那么国有企业难以实现经济功能，国有经济也就无法发挥其控制力和影响力。对于国有企业与民营企业并存的领域，要以国有资本进入时不会挤出非国有资本为原则，对国有资本应该优先配置的领域制定一个目录，用以引导国有资本向这些行业或领域集中。

支持"国有企业退出竞争性领域"的理由通常包括国有企业"低效论"、国有企业"与民争利论"等，学术界对这些观点也进行了许多研究和评析。邵彦敏、邹运（2018）以改革开放以来国有企业在如移动通信、高速铁路、航空航天等领域取得的巨大成就和突出业绩，证明了国有企业的效率并不亚于民营企业，有力反击了"低效论"。赵锦辉（2019）指出支持"国有企业低效论"的观点是用资金、能源、原材料来衡量国有企业的投入，用国内生产总值衡量国有企业的产出，这种衡量方式并不准确，因为投入产出效益的高低应该体现在利润率上。实际上，对比国有控股工业企业和私营工业企业的利润率，就可以发现前者是高于后者的，"国有企业低效论"的观点没有说服力。周新城（2018）认为，是否"与民争利"在于"民"为何种含义。如果是指工人、农民，那么国有企业与"民"利益一致，国有企业的利润最终属于人民，不存在"与民争利"，而实际上"与民争利"的民指的是追逐剩余价值的私营、外资经济；如果"民"指的是私营企业主、资本家，国有经济的"争利"是完全正常的，符合优胜劣汰的市场经济规则。对于"与民争利"这种试图抹黑国有经济的言论要保持警惕。

（二）关于"国进民退"与"国退民进"的争论

自改革开放以来，关于国有经济和民营经济间关系的研究从未停止，尤其在2008年国家实施经济刺激计划后，是"国进民退"还是"国退民进"，学术界也争论不休，对于这样两个相互对立的观点，一些学者认为它们本身就是自相矛盾的，还有学者提出"国"与"民"应该而且能够共同发展，而不是相互制约，"国民共进"才是应当追求的目标。

汪立鑫、左川（2019）分别从协作和竞争两个角度，证明了国有经济与民营经济互为对方的发展条件，是共生发展的关系，即使在某些领域国有企业与民营企业存在竞争，也是市场选择的结果。因此，国有经济与民营经济相互促进、共同发展将会是我国经济发展的常态，长期的"国进民退"或"国退民进"趋势不会出现。杨瑞龙（2018）认为，"国进民退"与"国退民进"这两种观点虽然是对立的，但实际上它们都有一个相同的逻辑，即坚持国有经济主导地位和发展民营经济是相互冲突、无法同时实现的。这一逻辑实际上没有正确认识和理解中国特色社会主义经济的性质，和国有企业在社会主义市场经济体制中的角色。"国"与"民"不应该相互对立，而应该构建一个适应社会主义市场经济的"国民共进"的微观结构，让国有经济和民营经济在合适的领域实现共同发展。邹俊（2019）认为，国有企业作为国民经济的"稳定器"，不仅在市场失灵领域发挥着重要作用，还承担大量的政策性负担。对于国有企业来说，在某一行业或领域的"进"与"退"不仅是一种考虑企业自身情况的企业决策，更是一种考虑到各种外部因素的国家政策性的决策，这些外部因素包括某行业是否关系到国计民生、对上下游产业是否有所影响、是否涉及国家经济安全等。

三、推进国有经济布局结构调整的措施

（一）国有经济布局结构调整的思路

国有经济布局结构的总体规划是统领方方面面的重要改革任务，如国有企业功能定位、推进混合所有制改革、建立以"管资本"为主的国有资本管理体制，以及完善国有企业现代企业制度等（黄群慧等，2017）。国有经济布局结构战略性调整，也需要这些方面改革的共同推进。

史丹等（2020）认为站在新时代高度理解多种所有制企业共同发展的新要求必须立足于中国特色社会主义的基本情景，必须坚持逻辑与历史相统一的原理方法，必须树立和坚持可持续的经济生态系统观，必须深刻把握"共同发展"的形成机理，必须准确把握与遵循企业发展的基本规律，必须坚持长期视角、动态视角与全局视角。张富禄等（2020）认为应统筹兼顾国有企业产权结构优化与国有资本产业布局优化问题。国有资本应该退出传统产业领域，进入的重点是新兴产业领域。引导国有资本稳步有序退出市场化程度高、不具备竞争优势的领域。张行（2020）认为深化国有企业改革，需要以优化国有经济布局，加大补短板投资力度为重点。

（二）基于功能定位分类推进国有经济布局结构调整

学术界普遍认为对国有企业进行功能界定和分类改革，有利于优化国有经济布局结构。2015 年，《关于深化国有企业改革的指导意见》出台，将国有企业划分为商业类和公益类，并提出了分类推进国有企业改革的总体要求，有益于进一步推进国有经济战略性调整，也为"十三五"时期学术界的相关研究提供了新的思路。

分类改革有利于国有经济布局结构调整。黄少安（2017）认为，对存在国有资产的企业划分类别是进行国有企业改革的

第七章 "十三五"时期国有经济理论研究进展

基础工作。分类是为了确定国有经济规模和产业空间布局,确定国有经济的合理存在范围。对这些企业进行细致的划分,可以更好地确定哪些国有资产应该退出或者保留。戚聿东、肖旭(2019)认为,对国有企业进行分类,有利于引导国有资本的进退调整,通过改组、兼并、联合、租赁等方式,推进国有资本向关系国民经济命脉的行业或领域集中。周业安、高岭(2017)指出,分类改革的思路主张国有企业具有多样性,其效率在不同行业或领域也有差别,并且在某些特殊行业的国有企业,不能完全以效率为标准进行改革,还要同时考虑到公平问题,所以应该对国有企业进行分类。李丽琴、陈少晖(2016)认为,区分不同类别国有企业的性质和功能,有利于更好发挥国有企业的经济属性和社会属性,是未来推进国有经济布局结构调整的关键。

关于国有企业分类的标准,中央相继出台的《关于深化国有企业改革的指导意见》和《关于国有企业功能界定与分类的指导意见》中将我国国有企业划分为公益类与商业类,依据这一分类标准,学者们对公益类和商业类的国有企业进行了进一步的类别划分。

钱津(2016)认为,将国有企业划分为商业类和公益类之后,还需要对商业类国有企业进一步划分,区分出竞争性商业类企业和非竞争性商业类企业,使国有企业改革更加精准。胡迟(2019)认为商业类国有企业可以再依据国有企业功能、主业、发展动态、地区实际情况划分为完全竞争类和特殊功能类，并根据发展情况对国有企业类别进行动态调整。翟绪权、张行（2018）认为，在市场化导向下，商业类国有企业可以分为竞争性商业类国有企业和战略性商业类国有企业。骆家骥、李昌振（2016）认为，主业处于充分竞争行业和领域的国有企业还可以进一步分为：以产业为基础的行业和非产业的综合经营；主业处于关系国家安全、国民经济命脉的重点行业和关键领域、主要承担重大专项任务的国有企业也可以进一步分为：保障国家安全的国有企业、保障国民经济运行的国有企业和自然垄断行业的国有企业。

也有学者认为，"公益性"国有企业这一概念存在一定的缺陷，会导致国有企业类型划分不清，难以科学引导国有企业的分类改革。宁金成（2015）指出"公益性"国有企业概念模糊，用"公共服务性"可以更清楚地形容这一类别的企业。公共服务性国有企业的目标是履行公共职责、提供公共物品和准公共物品，通常包括供水供电、公共交通等行业。

在分类基础上优化国有经济布局结构的路径。王宇亮（2016）认为，公益类国有企业布局要以"服务于国家战略目标""关系国家安全和国民经济命脉的重要行业和关键领域"为重点，国有资本在公共服务领域要保持控制地位，在国计民生领域要加大投入，在非国计民生的一般商业类领域应该逐渐收缩；商业类国有企业应该积极开拓新兴产业，如新能源、信息安全等。翟绪权、张行（2018）提出，竞争性商业类国有企业可通过以"管资本"为主破除政府部门对竞争性商业类国有企业的行政干预，建立国有资本投资运营公司。同时建立多元化股权，以全面混合所有制改革推进竞争性商业类国有企业改革。剧锦文（2017）指出依照不同类型实施国有企业重组，公益型国有企业通过重组逐步将其非公益性业务剥离开，涉及竞争类的业务应该逐步退出；中间型国有企业，要明确企业的特殊功能，通过重组提升企业的治理水平和竞争能力；竞争型国有企业，应完全遵循市场原则实施兼并和重组，扩大国有企业规模，减少国有企业数量，提高国有企业经营效益。黄群慧（2016）分别从长期和短期两方面提出不同类型国有企业的调整方向。公共政策性国有企业，短期调整方向是剥离营利性业务，经营活动注重公共政策目标的实现；长期调整方向是根据国家政策需要，新增国有资本或新设企业，也可能退出国有资本或撤销企业。一般商业性国有企业，短期调整方向是完全剥离具有垄断性质的业务，将退出的国有资本投向公共服务或符合国家战略目标的领域；长期调整方向是依靠国有资本运营公司，建立国有资本灵活流动的机制，以市场化方式提升企业效益，实现国有资本保值增值。特定功能性国有企业，短期调整方向将公共政策性业务和一般非战略性竞争性业务分拆，经营业务向特定功能领域集中；长期调整方向是退出竞争格局成熟、战略重要性下降的领域，在提供公共服务、保障国家安全、符合国家战略要求的新兴行业发挥作用。

(三)"一带一路"背景下国有经济战略性调整

2013年,习近平总书记提出"一带一路"倡议以来,我国国有企业对外投资更多地体现出国家战略引领性,在"一带一路"沿线国家的投资也在不断地增加。黄群慧(2016)认为,"一带一路"倡议下,国有经济布局战略性调整体现在海外区域布局战略调整,国有企业"走出去"战略的重点是更多地向"一带一路"沿线国家转移。黄茂兴、唐杰(2019)指出,我国国有企业是"走出去"战略和"一带一路"倡议的先行者,是最早践行"走出去"的企业主体。刘戒骄、徐孝新(2018)认为,我国国有企业之所以成为"一带一路"倡议的先行者和主力军,是因为"一带一路"沿线国家大多数是发展中国家,工业化水平不高,基础设施不够完善,技术水平有限,而中国国有企业在建设管理基础设施方面的技术和资金能力较强;另外,"一带一路"沿线部分国家的经济与政治风险双重叠加,企业收益有很大风险和不确定性,私有企业不愿意进入,但国有企业可以不受短期经济利益目标的限制,理应承担更多责任。程娜(2017)认为,资源型国有企业应该借助"一带一路"的有利契机,积极"走出去",充分发挥其在"走出去"战略中领航者的职能,利用两种资源和两个市场，与周边国家围绕资源开发和基础设施建设，建立更加广泛和深入的经济技术合作。

第四节 国有企业混合所有制改革

党的十八届三中全会以来，国有企业混合所有制改革成为新一轮国企改革的重要着力点。"十三五"时期，学界基于前期对国有企业混合所有制改革的背景、性质等方面的研究，进一步探讨了国有企业混合所有制改革的内涵、现状、意义、途径与模式等多个方面的内容，较为全面地研究了我国在新时代推进国有企业混合所有制改革的相关问题。

一、国有企业混合所有制改革的内涵和意义

（一）国有企业混合所有制改革的内涵

关于国有企业混合所有制改革的内涵，学者们进行了理论思辨。一般而言，混合所有制是指由不同所有制成分在企业内

部以资本为纽带结合而形成的所有制形态，它不是一种独立的所有制形式，而是公有制与私有制相结合的产物。大多数学者主要从宏观层面的基本经济制度角度以及微观层面的企业产权结构出发探究国有企业开展混合所有制改革的内涵。从宏观角度出发，新时代中国特色社会主义所有制的宏观格局必然是公有经济成分以多样化的形式在宏观经济中占主体地位，其目的是促进国有资本与集体资本和民营资本深度融合，形成持续健康发展的良好格局。混合所有制经济是指整个社会经济的所有制是由不同性质的所有制形式结合而成的经济形式，我国当前以公有制为主体、多种所有制经济共同发展的基本经济制度就是一种混合所有制经济，全面建成小康社会离不开国有经济的支撑，同时国有经济更是我国成为社会主义现代化国家必不可少的经济支柱。刘戒骄等（2018）、程娜（2017）从微观角度出发，认为我国现阶段实行的国企混改方式是通过非公资本参股以及企业员工持股等方式适当降低国有资本在国企中"一股独大"的格局，从而增加国有企业股权的多样性，国有经济在社会主义市场经济中的主导地位不变，国有资本的创新效率和控制力显著增长。王曙光等（2016）认为，微观层面的改革即产权结构的多样性调整，宏观层面的改革即国有企业与民营企业、外资企业等不同所有制性质的企业的股权结合，而在双重视角下既要有企业股权结构的多元性，又要实现全社会的企业所有制性质的多元化。何干强（2016）认为，关于混合所

第七章 "十三五"时期国有经济理论研究进展

有制企业是否包含公有制资本与公有制资本或私有制资本与私有制资本混合的企业,有学者提出了否定意见,认为混合所有制应特指不同性质的所有制的资本的混合,否则就无须在股份制概念以外再提出混合所有制的概念了。

从国有企业发展混合所有制的实现形式来分析其内涵也是现阶段研究国企混改的主题之一。臧跃茹等(2016)认为,混合所有制改革的内涵在于通过股份公司的形式将国有资本与多种形式的非公资本交叉融合,进而形成一种产权结构多元化、治理能力现代化的企业微观结构。李政(2019)认为,就国有企业混合所有制改革的目标而言,这一改革具有三重内涵:第一,国有企业开展混合所有制的内涵在于扩充公有制形式的多元化;第二,国有企业开展混合所有制改革能够激发以公有制为主体多种经济成分协同发展的多样化;第三,国有企业开展混合所有制改革的核心是使国有资本和民营资本在一个企业内部相互融合、共同发展。

实质上,现阶段混合所有制改革的内涵主要包括"混"和"改"。前者更为强调国有资本层面上的变革,在于其他资本混合过程中实现资本的合理流动,既可始于集团层面自上而下的改革模式,又可始于专业化业务平台自下而上的改革模式,促进多种性质的股权形成优势互补、保值增值的局面。后者则侧重于国有企业在混改中实现公司治理能力的不断完善,充分释放国有企业的创新活力与生产驱动力,增强企业的核心竞争力。

（二）国有企业混合所有制改革的意义

国有企业是我国社会主义经济的"顶梁柱"，在我国社会主义市场经济建设过程中起着主导性的作用。但是长期以来，国有企业的管理体制和经营体制一直存在着各种各样的问题，国有企业改革仍然任重道远且十分紧迫（李政，2019）。我国现阶段仍处于社会主义初级阶段这一基本国情没有变，而发展混合所有制经济作为我国基本经济制度的实现形式，意在加强和完善我国社会主义制度，不断放大国有资本的控制力和效率，绝非扩大非公资本的控制范围（周新城，2016）。混合所有制改革并非用私有资本代替国有资本，而是要在实现国有资本和私有资本共同发展的同时，促进国有经济更好转型，进而更好发展国有经济（卫兴华，2016）。

首先，国有企业混合所有制改革有利于提高国有企业的创新力和经营效率。通过混合所有制改革，可以促进公有制经济与非公有制经济有机结合，进而推动公有制和市场经济的结合（李政，2019）。

其次，通过混合所有制改革可以降低企业负债率。已有的基于上市国有企业的研究表明，国有企业通过混合所有制改革可以有效降低企业负债和经营风险，并且相较于股权结构维度，高层治理结构维度的混合所有制改革更有助于缓解国企过度负债（吴秋生等，2019）。

再次，通过混合所有制改革，可以进一步提升企业的国际竞争力。国有企业混合所有制改革可以更好地帮助国有企业和民营企业共同"做大做优做强"，为中国企业"走出去"，在国际市场上的竞争打下坚实基础（李政，2019）。且混合所有制改革通过促进不同股权性质的资本进行有效融合，促进国有资产保值增值和国际竞争力提升（祁怀锦等，2018）。

最后，通过混合所有制改革，国有企业可以优化产业布局，推动整体经济结构调整（彭华岗，2018）。在部分行业内，国企可以通过混改，逐步实现股权退出。混合所有制改革已经成为国有资本功能放大的重要途径。通过吸收各类资本，不仅带动了各类资本的发展，也能够放大国有资本的功能。

二、国有企业混合所有制改革面临的问题和难点

（一）国有企业混合所有制改革面临的问题

1. 对国企混合所有制改革的内涵理解模糊

在现有研究中，关于混合所有制、混合所有制经济和混合

经济的内涵不能得到充分的辨析。认清三者的内涵有所区别：混合所有制一般指混合所有制企业，是不同所有制性质的生产资料进行混合，实质上为微观层面的解释；而混合所有制经济指代的是国家、集体以及私人所有的生产资料所有制的组成成分，也就意味着是两种及以上的经济制度的交叉，其体现方式为股份制以及交叉持股等形式，实质上为宏观层面的解释。而混合经济的概念来自西方，意指以私有经济为主体的市场经济混入国家调控，与我国的混合所有制经济的形成背景和理论依据迥然不同，我国的混合所有制经济的内涵为以公有制经济为主体、多种所有制经济共同发展的一种基本经济制度。而现阶段我国国企从内涵上并没有充分认清，仍然沿用改制措施作为国企混改的主要方式（袁惊柱，2019）。

2. 未能认清混合所有制改革与国有资产股权多元化的区别

国有企业变更为国有控股公司以及股权多元化公司应为国企混改的目标。而在混改的进程中，部分国企内部的治理结构并未发生根本性转变，企业经营管理者并未与所有者分开，只是注册方式改为公司制，但内部资本结构仍然是国资独有，这种改制方式并不属于混合所有制改革。同时还存在着央企重组和地方层级作为混改内容的现象，扭曲了混改背景下国企股权多元化的本质内容。

3. 国有企业混改呈现出"政府热、企业冷"的局面

从政府角度出发，政府制定的主要方针为"宜混则混、宜独则独、宜控则控"，而各省市地方往往出现出了"为混而混"的不良现象，甚至地方领导错误地认为"一混就灵"。具体表现为：各地方政府不将企业的类别、层级进行精确划分，对部分国有企业的功能界定和绩效不能进行全面了解。从中央到地方，政策目标被地方政府机构不断放大。混合所有制改革的考核标准应为国有资产在混合所有制企业中的比重，然而国内局部地区的既定指标和经营数据均显示为混合所有制企业的数量以及所处行业，这与国有企业混合所有制改革的内涵是不相匹配的（许光建等，2018）。从企业角度出发，一方面，部分经营效率低下的国有企业的混改意愿不强烈，没有充分意识到现阶段下国企混改的重要性和必要性。另一方面，存在部分国有企业的管理者对自身负责的国有资产流失的担心较大，导致混改的步伐受到严重阻碍。民营企业在部分混改的进程中呈现出"话语权低、控股比小"的特点，直接导致民营企业管理者不愿意将资深企业参与混合所有制改革（臧跃茹等，2016）。

4. 现阶段国有企业"三会一层"中的高级管理层不能完全按照市场管理的方式进行企业经营决策，使得企业在行使自身功能的过程中存在行政干预

国有股权在国有企业的占股比例和管理方式没有得到进一

步明确，同股不同权的现象时有发生。国资监管机构在百余项国有企业审批中，对国有资本束缚过紧，严重阻碍了国企混改的步伐。部分国有企业自身不具备与市场经济融合的独立性，从而使得企业功能达不到最大化释放（李中义等，2016）。

5. 国有资产管理体制尚未完善

一方面，国资委在不断完善的市场经济体制下的职能面临挑战，国资委既是出资人又是监管者，双重身份使得其内部产生冲突；另一方面，国资委的业务覆盖面已远远超过出资人自身的职责范围，同时履行"管人管事管资本"的职能。现阶段国有企业的委托代理关系存在链条过长、监管流程复杂、监管力度不足的问题，"内部人控制"下的企业数量占比较高（李中义等，2016）。

（二）国有企业混合所有制改革面临的难点

1. 国有企业分类及混改企业的选取

选择适合的企业进行混合所有制改革是改革成功的关键，学者们虽一致认为国企混改应遵循分类改革的原则，但关于国有企业应如何分类，哪些类型的企业适合开展混合所有制改革却没有形成统一的意见。

在国有企业分类问题上，一些学者采用二分法，即将国有企业分为公益性或公共政策性国有企业和竞争性或一般商业性国有企业；部分学者采用三分法，即将国有企业划分为公益型国有企业、垄断型国有企业和一般竞争型国有企业；还有学者对国有企业进行了较为细致的分类，将国有企业划分为提供公共产品和服务的国有企业、自然垄断型国有企业、关系国家安全和国民经济命脉的国有企业、涉及稀缺自然资源开采和销售的国有企业、竞争型国有企业等，并认为，对于一些大型国有企业的主业和辅业、总公司和处于竞争性行业中的子公司也应区别对待。事实上，关于国有企业应如何分类的问题，在不同条件下会有所区别，根据国有企业规模、功能和归属中央或地方等不同的划分标准，国有企业在不同情境中被划分成了大型国有企业和中小型国有企业、公益性国有企业和营利性国有企业、央企和地方国企等，不同分类方式适用于讨论不同的国企改革问题。因此，在国企混改情境下所进行的国有企业分类，需满足理论分析和实践应用的需要。二分法较为符合西方经济学理论对国有企业的地位和作用的理解，但这样的分类难以体现社会主义市场经济中不同国企功能和地位，在探讨混合所有制改革问题时，无法区别关系国家安全和国民经济命脉的国有企业，也无法体现国有企业在特定行业和领域的主导作用，三分法虽比二分法更进一步，但仍难以明确不同国有企业的职能和定位。显然，以此为基础讨论国企混改问题，是难以体现"巩固以公有制为主体的基本经济制度""做优做强做大国有企业""增强国有经济活力、影响力、控制力"等的改革目标和导向的，此外，二分法和三分法过于笼统，在实践中容易造成"一刀切"的现象，按照这样的分类方法推进混合所有制改革将可能造成对不适合改革的企业强行混改，造成国有企业职能丧失或国有资本流失；也可能致使一些适合推行混改的企业失去改革机会，阻碍国有企业的发展。

与此相对应的，在推行混合所有制改革的行业和企业选取上，学者们的观点也不尽相同。一些学者认为，非公益性的国有企业都应当进行混合所有制改革，引入非公资本增加国有企业的活力，完善国有企业治理机制，使国企更好地适应市场化的发展要求，在混合所有制改革过程中逐步使国有企业退出竞争性领域。也有学者提出，应重点推进垄断行业进行混合所有制改革，以破除国企垄断造成的低效（陈林等，2014）。另有一些学者则认为，国有企业混合所有制改革应首先确保国有经济的主体地位不动摇，国有企业的相应职能不改变，因而，推进混改的行业和企业选取应谨慎，在分类改革的基础上还可视具体情况在企业内部分层进行改革。如可以将具有特定功能的央企从一般商业竞争类企业中划分出来，采用适当的方法推进这类企业的改革，以使大型央企更好地参与世界市场的竞争（黄群慧，2018）。笔者更支持后一种观点，因为国有企业发展混合所有制还关系到国有经济布局结构的调整，国有经济活力、影响力和控制力的提升，社会主义基本经济制度的巩固和完善等重要问题，国有企业的分类选取将直接影响上述目标的实现效果，是混合所有制改革的关键环节，借混改之名削弱国有经济是与混合所有制改革的初衷背道而驰的。

2. 混合所有制企业中公有资本与其他所有制资本的地位

关于混合所有制企业应由谁控股，企业内部的公有资本和非公有资本地位如何，即由谁掌握和怎样掌握控股权是发展混合所有制经济的一个关键问题。学者们认为，区分混合所有制企业的性质是十分必要的，只有明确了国有资本控股的企业具有国有企业性质，而私人资本控股的企业不具备国有企业性质才能进一步探讨通过混合所有制改革放大国有资本功能和做强做优做大国有经济（何干强，2016）。混合所有制经济的性质不能笼统定义，关键看企业中掌握控股权的资本的性质，由国家和集体控股的企业具有明显的公有性，而由私有资本控股的企业则具有明确的私有性（卫兴华，2015）。公有资本在混合所有制经济中的主体地位应划分为两个层面，处于竞争性领域的商业类公有资本应追求自身价值的增值，公有资本无须追求对企业控股，而是选择进入增殖能力强的企业；公益类企业中的国有资本则应处于控股地位，保持和放大公有资本的控制力（洪银兴，2016）。而实践中应根据混改企业的具体情况确定由哪种性质的资本控股，一般而言，除处于竞争性领域且不涉及关系国家经济安全和国民经济命脉、国家重点支持发展的战略性行业和领域的国企外，国企引入私有资本应保持国有资本控股，避免国有资本流失，扩大国资功能；国有资本参股私营企业，保持私有资本的控股权；国有资本、集体资本和私有资本共同投资的新企业或项目则按照项目性质和投资比例确定控股权；某些亏损的中小国企可以转归私资控股经营（卫兴华，2015）。混合所有制企业的法人财产权由国有资本和私有资本共同拥有，哪种成分占主导地位是由企业的具体经营状况和资本间的谈判实力决定的（刘凤义等，2016）。

学者们还指出，明确不同混合所有制企业中各类资本的地位和作用还有助于防范"混合所有制失灵"，这种失灵可能产生两种不良后果：一种是国资通过绝对控股或相对控股拥有企业的实际控制权，而私有资本通过"搭便车"分享国有企业的垄断利润，使改革失去实际意义；另一种是私有资本掌握企业实际控制权，诱导国资代理人放弃监管，甚至形成合谋，导致国有资本流失（许光建等，2018）。

三、国有企业混合所有制改革的推进路径

（一）建立国有资本投资、运营公司

设立国有资本投资公司和国有资本运营公司是推动国有企业混合所有制改革的重要渠道之一，是实现国有资本投资管

理、国有资本向其他所有制企业投资和国有资本与其他资本共同出资创办企业的重要手段。学者们指出,建立国有资本投资、运营公司契合当前国有企业混合所有制改革和优化国有企业布局结构等改革目标,同时有利于实现国有资产管理体制由"管资产"为主向"管资本"为主的转变。一方面,成立国有资本投资、运营公司可以集中国有资本以专业化的团队进行管理运作,提高国有资本投资效率,更好地优化国有经济布局结构(綦好东,2017);另一方面,国有资本投资、运营公司作为国有资产三层监管体制的第二层,是连接国资委和国有企业的重要环节,承担国有资产管理平台的功能,主要通过资本运作而非行政手段来实现国有企业战略投资、结构调整、企业重组等重要目标,既能够负责运营国有资产实现保值增值,又能避免国资委对企业经营的直接干预(廖红伟等,2018)。

关于如何设计不同类型的国有资本投资运营公司,学者们提出了各自的观点。有学者区分了国有资本投资公司和国有资本运营公司的功能和定位,认为国有资本投资公司应采取国有资本全资或控股的方式,主要投资于关系国家经济安全和国民经济命脉的关键行业和重要领域,以及涉及公共产品和服务的领域,其作用是弥补市场失灵和发挥政府调控作用,对其经营绩效的考核应侧重服务国家战略及提供公共产品和服务等社会公共目标的达成度;国有资本运营公司则可适当采取参股或相对控股等方式,投资于竞争性领域,遵照市场机制实现国有资本经营的利润最大化,对其考核也应更多地关注经济效益、资本回报于市场竞争力(廖红伟等,2018)。也有学者提出了可从界定国有资本功能入手组建不同功能的国有资本投资、运营公司,公益性企业组建特殊法人,由相关部委直接管理,实现公益目标;重要垄断领域组建行业性国家投资控股公司,如国家金融投资(控股)公司、国家能源投资(控股)公司等,控股产业内龙头企业,相关部委负责人出任董事,运用国有资本引导实施国家产业规划;竞争性领域组建综合性国有资本运营公司,行使国有资本股权,实现完全市场化运营(荣兆梓,2014)。还有学者以做强做优做大国有企业、增强国有经济活力、控制力、影响力和抗风险能力为导向,提出了组建国有资本投资、运营平台的不同类型,即关系国家安全和国民经济命脉的关键领域和自然垄断行业的国有资本投资平台,专注于一个或几个主导产业,扩大国资的控制力;多元国有资本投资公司,投资于不同产业,子公司多处于充分竞争行业,扩大国有资本的活力和影响力;国有资本运营公司,通过资本市场实现国有资本的保值增值和国有经济结构布局的优化调整,落实国家产业政策,支持创新创业等,放大国资功能(许光建等,2018)。

(二)引入非国有资本参与国有企业

吸引非国有资本,特别是战略投资者进入国有企业是引入

第七章 "十三五"时期国有经济理论研究进展

高效管理模式和公司治理机制、创新产品、拓宽销售渠道、提高企业创新能力和综合竞争能力的有效途径。如中国联通和阿里巴巴、百度的联合就是国有企业引入非公资本，提升企业整体实力的典型案例。但哪些国有企业适合引入非公资本、如何引入非公资本、对于不同的企业选择引进什么样的非公资本、进入国有企业的非公资本资质如何选择、评价等都成为值得研究的课题。

学者们认为，非公资本参与国有企业较适用于产业发展较为成熟、非公企业具有较强市场竞争力的领域，而在新兴产业和国有经济控制力仍需增强的产业领域则可采用国有资本投资项目引入非公资本参股的形式（余菁，2014）。国有企业在引入非公有资本时应适当考虑弥补企业的短板或提升企业的创新能力和综合竞争实力。如对于产品结构单一营销能力不足的国有企业可以考虑引入相关行业的优质企业，实现优势互补创新产品、拓宽销售渠道等。对于一些不缺乏资金的大型国有企业而言，混合所有制改革可从改进经营管理方式入手（程恩富等，2015）。公共政策性企业，如医疗卫生、社会养老等领域，可以在保障公有资本主导地位的前提下吸纳非公资本，以混合所有制促进行业发展（程恩富等，2015）。非公投资者的筛选是改革的重要环节，应通过试点先行、总结经验、规范制度流程的步骤逐步推进改革，从而保障国有企业能够引入适当、优质的战略合作者，在改革过程中界定好、平衡好各投资主体的责任与权利，防止战略投资者意外撤资等（綦好东，2017）。应坚持"宜独则独、宜控则控、宜参则参"的原则，不可将私有资本参股国有企业作为发展混合所有制的唯一途径，在混改的过程中导致整个国有经济比重的下降（何干强，2016）。

（三）鼓励国有资本以多种方式入股非国有企业

混合所有制改革不仅是吸引非公有制资本入股国有企业，同样也可以由国有企业向具有较好发展潜力的非国有企业投资，支持、引领其他企业的发展。国有资本向其他具有良好发展前景的非国有企业投资的主要目的是增强企业业务能力、占领新兴市场、优化资本布局，实现与其他优质企业的互补发展（綦好东，2017）。我国民营企业在发展中也存在一些问题，如资本规模小，绝大多数民营企业不具备参与混合所有制改革的实力，也难以与大型跨国企业抗衡；企业治理结构不规范，企业家行为较为随意；家族式管理问题严重，企业管理现代化水平低等，阻碍民营企业发展成为具有国际竞争力和前沿创新能力的大企业（黄群慧，2014）。国有资本的投资入股可以帮助民营企业扩大资本规模、改进经营管理、提高创新能力、开阔国际视野等，同时也能使自身获得较高的资本投资效益、产业链的延长等好处，实现混合所有制改革的双赢。

但国有资本入股非国有企业的混改途径相较于其他混改途

径面临着更多的实施和监管难题。首先，在投资项目的选取上，应避免盲目投资和无效投资，防止国有企业将资金投入没有发展前景或自身经营存在较多问题的企业，造成国有资本的流失和浪费（綦好东，2017）。民营企业的选取和项目评估是重要环节，混改过程中可能存在经营不善的民企套取国有资本的可能性，应加强监管，避免利益输送。其次，国有资本投资方式和股权持有方式还有待研究，有观点认为国有资本可以优先股的形式持有其他企业股份，也有学者提出了担忧，指出国有资本以优先股的形式持有混合所有制企业股份将导致国有资本失去对企业经营管理的决策权，不能分享企业的超额利润和高额股息，因而不能将其作为国有资本投资的一般方式。可以作为使用国有企业资本积累过程中闲置资本的一种途径（何干强，2016）。

（四）混合所有制企业推行员工持股

员工持股是发展混合所有制企业的重要途径之一。学者们探讨了在混合所有制企业推行员工持股的意义、原则和路径。学者们一致认为，实行员工持股对混合所有制企业的发展具有积极意义。一方面，员工持股有利于完善混合所有制企业的公司治理机制；另一方面，员工持股有利于建立长效的员工激励机制，使员工与企业成为利益共同体（黄群慧，2015）。这种

"劳资两利"的利润分享制度更能体现社会主义的价值追求，使劳动者在混合经济改革中分享发展成果（程恩富等，2015）。关于实行员工持股应遵循的原则，学者们认为应坚持激励相容、增量分享和长期导向三个原则，以使员工在追求自身利益的同时实现企业利益的最大化，在长期中分享企业发展的新增利润（黄群慧，2014）。

学者们围绕混合所有制企业实施员工持股的范围和途径进行了讨论。不同国有企业实行员工持股计划的适用性与推行混合所有制改革的适用性是一致的，因此，公共性、公益性和特殊目的的国有企业难以清晰界定员工工作业绩对企业绩效的贡献程度，不适宜推行员工持股；特定功能性国企具备混合所有制改革条件的可谨慎推行员工持股计划；一般商业性国企则可积极推行员工持股，形成资本所有者和劳动者利益共同体。在此分类的基础上，员工人力资本对企业竞争力影响大的国有企业和中小国有企业可积极发展员工持股计划（黄群慧，2014）。关于员工持股的适用对象，有学者认为当前我国还处于探索阶段，应主要面向对关系企业经营业绩和持续发展的科研人员、管理人员和业务骨干，时机成熟时再面向全体员工推广（廖红伟，2017）。

在混合所有制企业实行员工持股，虽不会造成企业性质和全民所有制生产关系的改变，但也应明确，在混合所有制企业中实行员工持股，是以私人资本所有权为激励动力，属于按要素分配范畴。持股员工具有股份所有者和劳动者的双重身份，具有劳动者和企业所有者的双重权利，其与企业的劳动关系随之发生改变，持股员工与非持股员工间的关系也发生转变（顾钰民，2014）。混合所有制企业推行员工持股的同时，也应积极探索体现社会主义分配关系的分配机制，关注全体员工的发展和福利（何干强，2016）。

第五节 构建中国特色现代国有企业制度

构建更加符合社会主义市场经济发展要求、更能体现社会主义制度优势、更好发挥国有经济作用的中国特色现代国有企业制度是"十三五"时期国有企业改革的重要内容之一，加强国有企业党的领导是这一改革的关键问题。2016年10月，习近平总书记在全国国有企业党的建设工作会议上强调："坚持党对国有企业的领导是重大政治原则，必须一以贯之；建立现代企业制度是国有企业改革的方向，也必须一以贯之。中国特色现代国有企业制度，'特'就特在把党的领导融入公司治理各环节，把企业党组织内嵌到公司治理结构之中，明确和落实党组织在公司法人治理结构中的法定地位，做到组织落实、干部到位、职责明确、监督严格。"学术界围绕中国特色现代国有企业制度改革的必要性、构建中国特色现代国有企业制度等问题进行了诸多研究和讨论。

一、构建中国特色现代国有企业制度的必要性

改革开放以来，我国国有企业在建立现代企业制度上已经取得了巨大的成效，大部分的国有企业已经完成公司制、股份制改革，建立起了"三会一层"的公司治理结构。在国有企业现代企业制度的构建过程中，有两个原则是必须坚持的：一是充分发挥党对国有企业的监督管理作用；二是根据中国特色社会主义中国有企业的特征和定位，构建具有中国特色的现代国有企业制度。对这两个原则的坚持体现了构建中国特色现代国有企业制度的必要性。

（一）坚持党对国有企业的领导

习近平总书记在国有企业党建工作会议上的重要讲话，从党的根本性质、工作目的、核心作用、制度特色、领导职能、组织基础、责任落实7个方面指出了加强和完善党对国有企业领导的重大意义和具体要求。"坚持党的领导、加强党的建设，

是我国国有企业的光荣传统，是国有企业的'根'和'魂'，是我国国有企业的独特优势。"这是从总体上论述党对国有企业的领导和国有企业党的建设的重要性。学者们对这一重大意义进行了深刻的剖析。

谭啸（2016）认为，推进新一轮国有企业改革，必须加强和改进党对国有企业的领导：第一，党的领导是我国经济腾飞和企业壮大的关键因素；第二，党的领导是保持"国企为国"本色的重要保障；第三，党的领导是改善国有企业公司治理的有效手段；第四，党的领导要在国有企业中"顶天立地"；第五，党的领导是推进混合所有制改革的必要前提。章治国（2017）认为，要清醒地认识坚持党对国有企业领导的重大意义。新一轮国有企业改革主要目标的核心是建立中国特色现代国有企业制度，实现这一目标离不开党的领导。只有坚持党的领导，才能保证中国特色现代国有企业制度符合中国特色社会主义制度的总要求，中国特色现代国有企业制度才能建成，现代国有企业制度才具有"中国特色"。孔宪峰（2018）认为国有企业是中国特色社会主义经济的"顶梁柱"，坚持党对国有企业的领导，体现中央对国有企业改革发展的高度重视和振兴国有企业的坚定决心，也是国有企业改革发展沿着正确方向前进的重要保障。于芳（2016）、陈宾（2018）认为，国有企业既要追求经济利益，又要兼顾社会责任和政治责任。现有法人治理结构无法保障国有企业履行社会责任和政治责任，而党的独特政治优势能保证国有企业更好地履行经济责任、社会责任和政治责任。陈晓华（2019）从法学视角论证了加强党对国有企业领导的必要性。正确处理"党的领导"和"建立现代企业制度"的问题，在法学领域的映现是国有企业法律规制和政治规制的关系问题。由于法律规制与政治规制体系难以形成有效的理解和沟通，对国有企业改革的理论和实践造成认识论障碍。在商事公司法制度供给与国有企业公共性特征下的制度需求形成错配的情况下，加强党对国企领导的政治规制模式就成了弥补法律规制不足的必要手段。

卢江（2017）对反对加强党对国有企业领导的错误观点进行了批判。一些观点认为加强党的领导与企业自主决策相互矛盾，加强党的领导是独断专权，没有民主性。而事实上，党对国有企业的领导有利于民主集中制的贯彻落实，任何性质的企业都是在民主和集中之间权衡，自主决策也需要一定程度的权力集中。也有观点认为加强党的领导必然会进一步加剧权力寻租，出现腐败，并将党的领导等同于国有企业垄断，以西方经济学理论为依据得出垄断必然导致低效的结论。这种错误观点将事物现象等同于事物本质，用主观反映代替客观规律，无法准确把握事物发展。还有的观点认为国有企业的利润应该属于全民，加强党的领导会导致利润更加集中上缴，损害广大劳动人民的利益，应将利润以分红形式支付给全体人民。这种观点是典型的机械认识论。加强党的领导有利于国有企业利润分配实现形式的探索和实施，既有初次分配，也有二次分配；既有直接收入，也有间接补偿。

（二）突出中国特色现代企业制度的优势

中国特色现代国有企业制度是执行两个"一以贯之"的突破口。针对国有企业党建工作存在的问题，习近平总书记在全国国有企业党的建设工作会议上提出了两个"一以贯之"的总要求，即"坚持党对国有企业的领导是重大政治原则，必须一以贯之；建立现代企业制度是国有企业改革的方向，也必须一以贯之"。中国特色现代企业制度这一概念包含两层含义，就是习近平总书记提出的两个"一以贯之"，这两个"一以贯之"，不能理解为互不相干，而是把这两个要求融为一体。建立现代企业制度体现了企业发展的普遍规律，而坚持党的领导体现了我国国有企业发展的特殊规律，二者缺一不可。

翟绪权（2019）等认为，自从我国确立了社会主义市场经济体制，国有企业既要通过建立现代企业制度成为一般性的市场主体，又要通过国有股权来保证公有制的特殊性。新时代深化国有企业改革应遵循两个"一以贯之"，其突破口是建立中国特色现代国有企业制度，通过健全现代企业制度增强全球市场竞争力，通过坚持党的领导、把党的领导融入公司治理各个环节发挥公有制的优势。

中国特色现代国有企业制度是对现代企业制度的合理扬弃。首先，中国特色现代国有企业制度吸收了现代企业制度合理内核。程承坪（2017）指出这个合理内核是一个特征、一个理念和一个治理结构：一个特征是产权清晰、权责明确、政企分开、管理科学；一个理念是产权相互制衡，分工协调；一个治理结构是"三会一层"。

其次，中国特色现代国有企业制度是对现代企业制度的改进。公司制虽然是现代企业制度的典范，但也并不是完美的。谭啸（2016）认为党的领导能够纠正公司制度的缺陷，是我国国有企业的独特优势：第一，弥补董事会运作不足，帮助董事会提高决策质量；第二，强化对经理层的监督，对经理层的权力形成限制，对经理层中的党员形成直接监督；第三，凝聚职工的力量，在重大灾害发生时发挥国有企业的社会职能。宋方敏（2017）指出，党的领导核心地位体现了中国特色国有企业制度的独特优势。坚持党的领导是中国特色国有企业制度的根本原则和不变灵魂，是国有经济立于不败的成功之源和最大优势。程承坪（2017）认为，中国特色现代国有企业制度对现代企业制度的改进体现在四个方面：一是人性假设不同，西方现代企业制度持经济人假设，持个人主义价值观；中国特色现代国有企业制度的人性假设是社会人，持整体主义价值观，考虑自身利益的同时也考虑其他人的利益。二是公司治理的出发点不同，西方现代企业制度公司治理的出发点虽然在各国不完全相同，但是均不涉及国家利益，中国特色现代国有企业制度公司治理的出发点是追求资本利益、劳动者利益、社会利益和国家利益等多方利益的共赢，不允许为局部利益而损害社会和国家整体利益。而且它的包容性很强，不拒绝非公有资本进入国有企业，也不否定其对利益的合法追求。三是企业发展依靠的力量不同。西方现代企业制度，其企业发展依靠资本；中国特色现代国有企业制度的依靠力量，首先是党的领导，然后是广大干部职工，最后才是资本。将三种力量有机结合，能够实现国家利益、社会利益、劳动者利益和资本利益的共赢。四是产权民主的构成不同。西方公司制企业产权民主是指不同私有资本产权之间的民主。中国特色现代国有企业制度的产权民主更广泛，是公有资本产权、非公有资本产权和劳动产权之间的民主。

实现做强国有企业需要遵循中国特色现代国有企业制度。顾钰民（2018）认为，现代企业制度只是一般规律，对任何性质的企业都有效，但做强国有企业的关键在于建立中国特色现代国有企业制度。中国特色现代企业制度"特"在把党的领导融入公司治理各个环节，把企业党组织内嵌到公司治理结构之中，这是中国特色现代国有企业制度的创新，是做强国有企业的根本。我国的国有企业是国家的经济支柱，坚持党对国有企业的领导不动摇，是做强国有企业的应有之义和逻辑结论。

中国特色现代国有企业制度是社会主义经济组织政治性与经济性的统一。谭啸（2018）认为，国有企业改革发展中的党建历程，就是不断谋求国有企业政治性与经济性融合统一的历程。党的十八大以来，我国经济步入新常态，习近平总书记强调两个"一以贯之"，明确提出国有企业党组织要发挥领导核心和政治核心作用，对国有企业政治性与经济性的融合统一提出了更高要求。中国特色现代国有企业制度是植根于社会主义实践并在改革中摸索形成的，既带有鲜明的政治属性，又强调以市场化方式提高资源配置效率。王志刚和董贵成（2017）认为，国有企业党组织作为党的基层组织，是从国有企业的政治属性出发，保证党和国家方针政策、重大部署的贯彻执行，保证党对国有企业的政治领导。国有企业的法人治理结构，是从国有企业的经济属性出发，维护股东权利，保证国有资产保值增值，实现经营效益最大化。

二、中国特色现代国有企业制度存在的问题与解决对策

国有企业构建现代企业制度存在的问题。目前我国国有企业构建现代企业制度过程中面临的障碍主要来自企业法人治理结构不完善和国有企业党组织建设滞后两个方面。

在企业法人治理结构方面,程承坪(2017)认为国有企业法人治理结构的不规范之处表现在两方面:一是股权结构不合理,存在国有股"一股独大"现象;二是经理层缺乏有效的激励和约束机制。陈宾(2018)认为我国国有企业法人治理结构存在所有者缺位、企业经营者任命行政化以及激励机制不健全等问题。周泽将等(2020)认为国有企业制度中,国家监督委员会在国有企业监督中存在不足,偏离监督机制定位,存在职能错位现象。李济广(2020)认为国有企业董事长选拔任用、激励约束、内部监督机制存在一系列问题。

在国有企业党组织建设方面,于芳(2016)认为我国国有企业党建工作方面存在以下问题:第一,党的建设在现代企业治理结构中没有明确的位置;第二,部分国有企业抓党建的力度不足;第三,党务干部队伍建设滞后于党建工作实践。程承坪(2017)认为,虽然自党的十八大以来,各级党委和国有企业党组织都在积极探索推进国有企业党建工作的途径和方法,但我国国有企业在党建工作体制机制、方式方法上仍存在一些问题:(1)部分国有企业党建工作被弱化、边缘化;(2)有些国有企业党建工作缺乏活力,党的建设体制机制创新滞后于企业改革发展;(3)有些企业的党组织不能充分发挥政治核心作用,在参与企业重大问题决策、行使党管干部职能时,缺乏有效途径,对企业领导人员监督不到位;(4)有些企业领导人员的专业能力不强,难以领导企业科学发展；（5）部分企业基层党组织活动不正常，难以发挥有效作用；（6）企业党务工作者选拔困难，后继乏人。如果这些问题得不到有效解决，就会制约党组织发挥其政治优势，影响党组织的政治核心地位和作用。

构建中国特色现代国有企业制度的措施。针对中国特色现代国有企业制度构建过程中存在的问题，学者们从完善国有企业法人治理结构和加强国有企业党组织建设两个方面提出了解决对策。

陈宾（2018）认为，在国有企业股权结构集中的现实背景下，只要解决所有者缺位问题，明确党组织在法人治理结构中的法定地位和职责及行使权力的规则，现有法人治理结构就能发挥相互制衡的作用，解决因两权分离产生的委托—代理问题。从产权归属来看，国有企业代表全体人民的利益是国有企业的根本属性，代表人民的利益是党的根本属性。在法人治理结构各主体和利益相关者中，只有党的利益和全体人民的利益一致。企业党组织作为代理人参与公司治理，最符合全体人民的利益，代理成本最小。姬旭辉（2020）认为新时代国有企业改革要把党组织嵌入到公司治理结构之中，在制度上明确党组织在公司治理结构中的法定地位，在组织上坚持"党管干部"原则和"双向进入"，交叉任职的领导机制，在具体的重大事项决策中发挥党组织领导作用。

在"加强和改进党对国有企业的领导"这一问题上，有些人认为，市场经济应该让市场在资源配置中起决定作用，应当简政放权，减少国家干预，甚至认为在企业中强化党的领导，会加剧国有企业"行政化"，是改革的倒退。还有人以西方的私有企业和国有企业中都不存在类似于党组织的组织为理由，认为我国国有企业中党组织应该逐步退出。有很多学者指出这种观点是错误的。这是对党领导经济工作的能力认识不足，对我国国有企业的功能定位认识不到位，对公司治理管理的片面认识。张弛（2017）指出，以西方企业发展经验来类比我国国有企业是不恰当的。实际上，并不存在一个能够普遍适用各个国家、各类企业的现代企业制度，我国国有企业是社会主义制度的重要物质基础和经济基础，是社会主义价值目标赖以实现的重要支点，国有企业的社会主义性质需要特殊的组织机制来予以保障。国有企业党组织能够保证和监督党和国家的方针政策的贯彻执行，让国有企业具有社会主义内核。因此，对于国有企业来说，党组织是不可或缺的。

第六节　国有资产管理体制改革与完善

国有资产管理体制是伴随着国有企业改革的进程不断改革与完善的。国有资产管理体制由"管资产"为主向"管资本"

为主转变体现了国有经济布局结构调整和国有企业改革发展的要求。"十三五"时期围绕国有资产管理体制改革的研究涉及国有资产流失、以"管资产"为主的国有资产管理体制构建、国有资产分类管理、构建国有资产评价体系等问题。

一、以"管资本"为主的国有资产管理体制

构建以"管资本"为主的国有资产管理体制符合优化国有资产经济布局结构调整、遵照市场规律配置国有资产、推进国有企业混合所有制改革的要求，是当前国有资产管理体制改革的主要方向，其核心是建立国有资本投资与运营公司，以现代化资本主导的制度来保障国有企业中市场在资源配置中的主导性地位，同时为国有资本改革与完善提供有利条件。

（一）构建以"管资本"为主的国有资本管理体制的重要意义

我国国有资产管理体制的发展历程是不断完善政企分开、政资分开的国有资产管理体制的历程。无法解决政企不分、政资不分的问题，必然阻碍国有企业改革进程的推进，阻碍国有企业主导性作用的发挥。针对现行状况下国有企业监管过程中

存在的诸多问题，中共中央明确提出建立以"管资本"为主的国有资产监管体系，推动国有企业从实物经营到资本经营的转变。戚聿东等（2019）认为，以"管资本"为主的新型国有资产监督管理体制可以在保证国有企业脱离行政干预、加强自主经营与市场属性的同时，进一步精简国有资产监管机构规模并控制政府行政干预行为。胡锋（2019）、张桂芳（2017）等认为，以"管资本"为主加强国资监管是对国有资产监管方式的重大转变，有利于国有资本的布局结构优化、国有企业供给侧结构性改革的推进和国有企业活力的提升。就最终目的来看，以"管资本"为主的国有资产监管体系的建立的核心是推进政企分开、政资分开、所有权与经营权相分离。

（二）构建以"管资本"为核心的国有资产监管的路径

何小钢（2018）等认为，从以"管企业"为主的国有资产管理体制向以"管资本"为主的国有资产管理体制转变的核心是成立国有资本投资运营平台公司。柳学信（2019）等认为，新型国有资产监管体制的完善涉及国有资产投资运营公司的构建、国有企业分类改革与监管和国有企业法人治理结构的完善等多方面的内容。胡锋（2019）、张桂芳（2017）等认为，构建以"管资本"为主的国有资产监管体制是一项系统工程，除顶层制度设计外，还需要推进国有资本投资运营公司市场化运作、完善国有企业公司治理结构、实施负面清单监管等多方面举措共同推进。杨新铭等（2020）认为，国有资产资本现行管理体制的核心问题是履行出资人职能与政企分开的"两难"，效率改进与全民所有性质的体现。要想实现由管企业到管资本，要分类监管分类授权，将管资本与管资产相结合，坚持市场化改革取向，确立监管负面清单，科学监管，防止国有资产流失。

构建国有资本投资公司对优化国有经济布局结构、推进国有企业改革、完善国有企业现代企业制度具有重要意义。第一，将资本运作职能与企业主业相分离，推动国有企业聚焦于国有资产运营建设。推动国有企业主业回归于实体经济与创新领域，实现国有资本运营与国有企业经营的各司其职，更好发挥国有经济主导作用。第二，执行国有股权转换器和政府干预"阻断器"功能。国有资本投资运营公司特殊治理改进的具体路径主要体现在间接授权和直接授权下出资人与公司之间法律关系的厘定和出资人职责与权利边界的廓清、董事会成员中政府董事与社会化董事的博弈与结合。第三，从决策、激励监督、制衡三方面优化治理机制。国有资产投资公司可通过优化企业高管与职员薪酬激励政策，实行员工持股计划和股权激励计划等措施深化监督机制改革，形成董事会关系制衡企业高管决策等方面推动国有企业监管制度与形式发展。

国有资产监管机构与国有企业间距离化设计的核心是国有

资产投资运营平台公司。国有资产投资运营平台公司在国有资产监管机构和国有企业间建立了"隔离层",通过"国资委—平台公司—经营性企业"三层架构的实质性运行更好地实行市场化运营和专业化管理。袁东明(2019)等认为,就完善以"管资本"为主的国有资产管理体制的具体步骤来说,一方面需要厘清政府与国有企业之间的关系,进一步推进国有企业经济战略布局结构调整;另一方面是加快国资监管的制度调整,进一步推进企业经营清单管理,简化审批程序和运行结构,提升运营效率。王曙光(2017)等认为,"管资本"作为国有企业整体改制以及国有资本管理框架的重要组成部分,管理的切入点在于国有企业,管理的核心是国有资产配置和海外资产监管,管理的最终目的是呼应国家治理转型,体现市场化资源配置方式,优化产业结构,实现企业股权多元化。

二、EVA 评测体系

针对国有经济监管体制的改革还涉及对国有经济和国有企业发展指标的一系列监管和评价的问题。原有的单纯以会计利润为主要核心指标的国有经济指标评测体系不能全面衡量国有经济的发展水平和经营状态,需要引进新的全面评价体系以满足新时代监管体系的要求,同时有效监管国有资产流失和企业高负债良性运转的问题。通过引进经济增加值（economic value added，EVA）评测体系，既可以全面衡量国有经济运行过程中的经营状况，还可以有效反映国有经济在市场中所起到作用的大小，进而满足新时代国有经济监管体系运行的需要。

（一）国有经济监管指标评测体系

以"管资本"为核心的新型资产管理体制的构建为国有资产监管工作提出了更多的挑战，建立一整套适应国有企业改革进程的国有资产行政监督与考核标准，明确国有资产监管部门的法律责任和任务是国有资产改革的必要条件。现阶段国有资产监管体制的改革方向是成立国有资产投资运营公司，建立以"管资本"为核心的国有资产监管体制。伴随着国有资产运营职能的剥离，相应需要重新构建国有资产运营评价体系。

彭文彬（2016）等认为原有以会计利润为核心的评价指标难以全面反映国有资产出资人的权益，未能考虑国有企业可持续经营的需要，国有企业经理人存在调节利润的动机，导致国有资产流失等诸多问题。池国华等（2020）认为EVA考核的薪酬契约能够提高薪酬契约的激励效率，抑制高管隐性腐败，有利于企业的健康发展。但要区分激励过度和激励不足，考虑不同地区制度环境差异。贾海英等（2016）认为，与原有的国有企业运行监管评价体系相比，EVA评测体系具有股东价值导向密切、企业价值关联度高、适用性强等优点。但在具体行业和具体部门的执行中应该对相关指标进行合理分解。

(二) EVA 评测体系与国有企业创新研发

多数学者通过研究国有企业 EVA 评测体系对国有企业经济发展的影响后得出 EVA 评测体系能明显促进国有企业创新发展，郝婷等（2017）指出，EVA 评测体系对高新技术行业中国有企业研发投入的促进作用明显，且促进作用随企业技术水平的提升而升高。EVA 评测体系对国有企业创新研发的促进作用主要基于以下途径：第一，研发费用正向管理。EVA 评测体系能明显缓解国有企业创新委托代理过程中的矛盾，国有企业高管为在 EVA 评测体系中获得更高评分，会选择在短期内主动增加研发和创新费用，促进创新型国有企业运行体制的建立且在以"微利"和"微增"的角度进行研究后发现结果相同。第二，对于风险偏好较高的管理者，EVA 评测体系会明显提升其对企业创新研发的投入程度和投入支持度，进而保障企业创新和创业能力，推动企业创新发展。且该行为在技术和资本密集型行业表现更为明显。

(三) EVA 评测体系与企业投融资行为

夏宁（2019）等指出，EVA 绩效考核对国有资本控股的上市公司的投资与融资行为有显著影响，主导了国有企业的资本运行结构。陈琳等（2017）认为，EVA评测体系对国有企业投资行为具有积极影响，对国有企业融资行为具有明显抑制作用。且其明显抑制了国有企业的非效率投资动机和过度投资行为，促进了国有资本最优化配置，提升了国有企业管理者投资决策的准确性和积极性，促进企业合理安排投资结构和融资结构，保障国有企业平稳发展。

EVA评测体系对国有企业过度投资行为的抑制途经主要是同集团现金流量管控和企业内部控制的协同作用：一方面，在实施EVA评测体系的条件下，央企集团的现金管控程度越高，EVA考核对其过度投资的抑制效果越明显。说明在央企总部实施强势现金管理制度的条件下，EVA评测体系可以与之协同，在抑制企业过度投资方面发挥明显作用；另一方面，对于过度投资，内控规范和EVA考核的实施分别具有显著的治理作用，并且两者之间能够相互协调共同促进，共同发挥国有企业过度投资过程中的监管职能。且EVA评测体系对国有企业过度投资行为的抑制作用具有一定的时间滞后性。

（四）EVA评测体系与国有企业风险承担和价值评价

李昕潼等（2018）通过对EVA评测推行以来国有企业资本和价值运行能力的评估发现，EVA评测通过提升国有企业的投资效率和保障企业融资财务决策等途径有效提升了国有企业价值。基于 EVA 的企业价值管理体系的构建，可有效实现企业效益最大化目标，符合企业长期发展的战略要求。何威凤（2017）等学者从 EVA 评测与国有企业风险承担角度研究后发现，实施 EVA 业绩评价制度后，中央企业改变了风险承担水平，且当管理者拥有较低权力、较高能力以及较多薪酬激励时，实施 EVA 业绩评价制度后中央企业会更积极去承担风险。EVA 评测体系在评价国有企业运营与风险承担状况时还可以进行相关改良，有效保障自身评价体系的科学性和准确性。在通过将 M2 测度引入 EVA 模型重新建立风险调整相关指标进行分析后发现，经过改良的 EVA 评测指标可以直接度量企业经营绩效，并在不同上市公司之间进行横向比较，解决了传统评测体系的诸多弊端。

三、国有资产流失

国有资产流失一直是国有改革与发展过程中最突出的矛盾之一，也是国有资产监管体制所关注的核心。不同学者基于不同的研究角度为国有资产流失的定义和检验做出了多方面的定性和规范。

（一）国有资产流失的定义和背景

国有资产流失的概念有广义和狭义之分。广义而言，国有资产流失是指国有资产在投资、经营、管理等过程中发生的资产价值减损的所有情况；狭义而言，由于相关责任主体的过错所造成的在国有资产运营过程中，非基于正常经营风险所发生的资产价值减损。黎桦（2016）认为，与广义概念相比，狭义概念中的国有资产不包括非经营性国有资产和资源型国有资产，因此更加便于衡量经营过程中的国有资产流失。

我国关于国有资产流失的争论起源于 2004 年的"郎顾之争"。两人基于采取管理层收购式的国有资产改革是否会引发国有资产流失进行了激烈讨论并引发了社会的广泛关注，学术界在回顾两者争论的同时也对国有资产的产权性质与国有资产流失间关系的问题展开了广泛的研究。一般观点认为国有资产流失主要是非市场化的交易机制和制度环境不协调等因素造成的。胡改蓉（2017）认为，非市场化交易机制造成国有资产流失的观点为国有资产交易过程中价格评估机制的非市场化和竞价机制的不透明化是造成国有资产流失的主要原因；林毅夫（2017）认为，制度环境不协调论的学者基于制度学的角度研究发现国有企业自身治理结构的不完善和企业所承担的社会责任和政治负担不协调造成国有企业缺乏自生能力，进一步导致国有资产监管缺乏和国有资产流失等问题。

（二）国有资产流失的具体表现

黎桦（2016）基于国有资产运营流程将国有资产流失划分为投资流失、管理流失和交易流失三种，并提出了不同性质的国有资产流失所具备的不同特点。投资造成的国有资产流失更多的是基于管理者主观意愿故意为之，管理造成的国有资产流失更多地发生在企业内部，交易造成的国有资产流失更多的是基于内外勾结，且这三种国有资产流失发生在国有企业改革的不同时期，伴随着国有企业改革进程的不断深化而逐渐发生变化。改革过程中政府缺乏长远规划的短期行为造成的经营不当和资产损失；由于存在腐败和信息不对称造成的国有资产估值过低损失；因国有资产监管体制不完善而造成的国有资产的被动流失等是国有资产流失的具体表现。

此外，国有企业海外投资和关停长期亏损国有企业亦可能造成国有资产流失。周煊（2019）认为，缺乏对海外市场足够的调查和了解、东道国政治环境与政策歧视和境外审批程序等会造成国有企业海外投资过程中的资产流失。王永钦（2018）和谭语嫣（2017）认为，"僵尸企业"会在自身所处的产业市场中产生投资和创新的挤出效应，并因为其自身运行的低效率导致财政补贴和政府救助失效，部分资金和国有资产被人为流失和贪污。范维（2019）认为，长期亏损闲置的国有企业造成了国有资产的大量流失。除此之外，政府在实施"去产能"政策和健全国有资本流转市场过程中也应积极防范国有资产的流失问题。

（三）防范国有资产流失途径

第一，建立国有企业党组织治理体系。李明辉（2020）等通过研究发现，党组织参与国有企业治理体系可以通过提升并购溢价水平、提升企业税收激励和完善国有企业法规体系等方面提升国有企业公司治理水平，进而显著降低国有资产运行损耗和流失情况。张弛（2019）等的研究也表明，国有企业党组织治理体系还可以与国有企业建立现代企业制度相结合，增强国有企业持续经营能力、提升国有企业运行效率、保障国有企业社会功能的实现和自身社会主义性质。

第二，加强企业内部审计。国有企业内部审计制度的缺乏一直是造成国有资产流失的主要内因，高明华（2017）等认为，外派监事会、加强政府对于国有企业资产审查、完善国有企业登记注册制度和外派审计署等方式可以在短期内有效缓解国有资产流失的困境，保障国有资产功能的发挥。

第三，完善国有资本流转市场功能。国有资产在经营流转过程中的流失一直是国有资本流失的主要途径。防止流转过程中国有资本的流失需要多管齐下，一方面要在资产流转全程采取透明化和公正化的权力监督和司法审查（黎桦，2016）；另一方面要通过建立国有资本流动平台制度来充分发挥市场对于国有资产的定价功能，防范国有资产流失、改善国有资本治理、促进产业转型升级（陈柳，2015）。

第四，建立现代企业制度。高明华（2017）、王婧（2019）等的研究表明，在国有公司内部建立以权力制衡原理和剩余提取原理为基础的监督机制，是防止国有公司经济效益发生腐败性流失的治本措施。一方面，应加强董事会和监事会在国有企业公司治理结构中的地位和作用，形成厂长—董事会—监事会三权分立治理结构；另一方面，通过党组织治理在国有企业现代企业制度建立过程中形成逐级监督，保障国有资产稳定运行。

此外，针对预防国有企业海外投资造成的国有资产流失的措施而言，一方面是应该对国有资产建立审慎监管体系，包括探索建立资产专项清查制度和风险预警机制（刘建丽，2017）；另一方面是建立国有资产内部投资风险管控机制，提升企业内部独立董事在公司决策中的地位以及增强企业内部财务审计和管理工作审计力度（徐舒韵，2015；张存韡，2015）。

参 考 文 献

[1] 白暴力、王胜利：《供给侧改革的理论和制度基础与创新》，载于《中国社会科学院研究生院学报》2017年第2期。

[2] 陈宾：《法人治理结构视角下完善国有企业党的领导》，载于《行政管理改革》2018年第5期。

[3] 陈林、唐杨柳：《混合所有制改革与国有企业政策性负担——基于早期国企产权改革大数据的实证研究》，载于《经济学家》2014年第11期。

[4] 陈琳、乔志林：《EVA绩效考核对央企控股上市公司投融资行为的影响研究》，载于《西安财经学院学报》2017年第2期。

[5] 陈柳：《发挥资本市场功能破解国有企业改革难题的思路与对策》，载于《现代经济探讨》2015年第7期。

参考文献

[6] 陈仕华、卢昌崇：《国有企业党组织的治理参与能够有效抑制并购中的"国有资产流失"吗？》，载于《管理世界》2014年第5期。

[7] 陈晓华：《国有企业法律规制与政治规制：从竞争到融合》，载于《法学评论》2019年第6期。

[8] 程承坪：《当前国企改革的方向：建立中国特色现代国有企业制度》，载于《学习与实践》2017年第2期。

[9] 程恩富、董宇坤：《大力发展公有资本为主体的混合所有制经济》，载于《政治经济学评论》2015年1月。

[10] 程娜：《资源型国有企业摆脱转型困境的路径选择》，载于《经济纵横》2017年第6期。

[11] 池国华、杨金、郭菁晶：《内部控制、EVA考核对非效率投资的综合治理效应研究——来自国有控股上市公司的经验证据》，载于《会计研究》2016年第10期。

[12] 池国华、杨金、张彬：《EVA考核提升了企业自主创新能力吗？——基于管理者风险特质及行业性质视角的研究》，载于《审计与经济研究》2016年第1期。

[13] 池国华、朱俊卿：《业绩考核制度可以抑制中央企业高管隐性腐败吗？——基于薪酬契约激励效率的中介效应检验》，载于《中南财经政法大学学报》2020年第5期。

[14] 楚序平、周建军、周丽莎：《牢牢把握国有企业做强做优做大的改革发展方向》，载于《红旗文稿》2016年第

20期。

[15] 丁晓钦、陈昊:《国有企业社会责任的理论研究及实证分析》,载于《马克思主义研究》2015年第12期。

[16] 段远刚:《在国有企业混合所有制改革中防范国有资产流失》,载于《前线》2017年第9期。

[17] 范维、王麒植:《国有闲置资产的有效利用研究——新市场财政学的视角》,载于《东岳论丛》2019年第9期。

[18] 甘小军、潘永强:《论国有企业对非国有经济及整体经济的拖累》,载于《江西社会科学》2016年第7期。

[19] 高明华:《国有资产监督目标模式与外派监事会监督机制创新》,载于《天津社会科学》2017年第5期。

[20] 高尚全:《坚持"两个毫不动摇"必须有完善的产权制度作保障》,载于《人民论坛》2017年第7期。

[21] 顾钰民:《混合所有制经济是基本经济制度的重要实现形式》,载于《毛泽东邓小平理论研究》2014年第1期。

[22] 顾钰民:《习近平做大做强做优国有企业的理论逻辑》,载于《思想理论教育导刊》2018年第1期。

[23] 郭婧、马光荣:《宏观经济稳定与国有经济投资:作用机理与实证检验》,载于《管理世界》2019年第9期。

[24] 郭敬生:《论经济新常态下的国有企业改革发展——以习近平系列重要讲话精神为主线》,载于《马克思主

义研究》2017年第3期。

[25] 郝鹏：《坚持用高质量党建引领中央企业高质量发展》，载于《国资报告》2019年第5期。

[26] 郝婷、赵息：《EVA考核对国有企业研发投入的影响》，载于《科学学与科学技术管理》2017年第1期。

[27] 何干强：《在深化改革中做强做优做大国有企业》，载于《马克思主义研究》2016年第2期。

[28] 何威风、刘巍：《EVA业绩评价与企业风险承担》，载于《中国软科学》2017年第6期。

[29] 何小钢：《国有资本投资运营公司改革与国企监管转型——山东、重庆和广东的案例与经验》，载于《经济体制改革》2018年第2期。

[30] 洪银兴：《十八大以来需要进一步研究的几个政治经济学重大理论问题》，载于《南京大学学报（哲学·人文科学·社会科学)》2016年第2期。

[31] 胡迟：《国有资本投资、运营公司监管的新发展与强化对策》，载于《经济纵横》2017年第10期。

[32] 胡迟：《新中国成立70周年再论新时代完善国有企业的功能定位》，载于《经济纵横》2019年第6期。

[33] 胡锋、石涛：《以管资本为主加强国资监管的路径研究》，载于《湖湘论坛》2019年第2期。

[34] 胡改蓉：《经营性国有资产流失认定的偏差与制度

修正》，载于《政治与法律》2017年第12期。

[35] 胡海波、颜佳琳：《国企EVA考核、非效率投资与可持续价值创造》，载于《当代经济管理》2018年第11期。

[36] 胡俊：《授权视角下国有资本投资运营公司特殊治理的法律改进》，载于《法学杂志》2019年第7期。

[37] 黄茂兴、唐杰：《改革开放40年我国国有企业改革的回顾与展望》，载于《当代经济研究》2019年第3期。

[38] 黄群慧、王佳宁：《国有企业改革新进展与趋势观察》，载于《改革》2017年第5期。

[39] 黄群慧、钟宏武、张蒽：《企业社会责任蓝皮书：中国企业社会责任研究报告2019》，社会科学文献出版社2019年版。

[40] 黄群慧：《"十三五"时期新一轮国有经济战略性调整研究》，载于《北京交通大学学报（社会科学版）》2016年第2期。

[41] 黄群慧：《改革开放四十年中国企业管理学的发展——情境、历程、经验与使命》，载于《管理世界》2018年第10期。

[42] 黄群慧：《问路混合所有制》，载于《中国经济和信息化》2014年第15期。

[43] 黄群慧：《新时期员工持股制度的适用性》，载于《民营经济报》2014年8月27日。

［44］黄群慧：《引入"员工持股"要坚持三个原则》，人民网，2015年9月14日，http：//politics.people.com.cn/n/2015/0914/c70731-27580119.html。

［45］黄群慧：《新时期如何积极发展混合所有制经济》，载于《行政管理改革》2013年第12期。

［46］黄少安：《现阶段中国国有经济定位与国有企业改革》，载于《学术月刊》2017年第7期。

［47］姬旭辉：《新时代加强党对国有企业领导的理论逻辑与实践路径》，载于《理论视野》2020年第7期。

［48］简新华：《"所有制中性"是市场经济规律还是谬论?》，载于《上海经济研究》2019年第5期。

［49］贾海英：《EVA指标的主要优势及其在企业经营中的应用浅析》，载于《财务与会计》2016年第9期。

［50］剧锦文：《国有企业重组的动因解析》，载于《天津社会科学》2017年第4期。

［51］孔宪峰：《坚持党的领导、加强党的建设、是国有企业的"根"和"魂"——学习习近平关于加强党对国有企业领导的论述》，载于《党的文献》2018年第2期。

［52］黎桦：《国企改革与国有资产流失风险的耦合性及法律治理》，载于《北京理工大学学报（社会科学版）》2016年第2期。

［53］李丽琴、陈少晖：《国有企业分类改革的理论依据

与现实推进》，载于《现代经济探讨》2016年第4期。

[54] 李明辉、刘笑霞、程海艳：《党组织参与治理对上市公司避税行为的影响》，载于《财经研究》2020年第3期。

[55] 李天明：《习近平关于国有企业治理重要论述的基本特征》，载于《哈尔滨市委党校学报》2019年第2期。

[56] 李响：《论国有经济的主导力量定位——〈宪法〉第7条的规范诠释》，载于《现代法学》2016年。

[57] 李昕潼、池国华：《EVA考核对企业融资结构的影响研究》，载于《科学决策》2018年第1期。

[58] 李扬、彭华岗、黄群慧：《企业社会责任蓝皮书：中国企业社会责任研究报告2020》，社会科学文献出版社2020年版。

[59] 李政：《如何有效推进国企混改》，载于《经济参考报》2019年5月20日第7期。

[60] 李中义、李月：《混合所有制经济的理论阐释与发展路径选择》，载于《财经问题研究》2016年第1期。

[61] 廖红伟、杨良平：《以管资本为主新型监管体制下的国有企业深化改革研究》，载于《学习与探索》2018年第12期。

[62] 廖红伟：《国有企业改革中的员工持股制度分析——基于交易成本理论的视角》，载于《江汉论坛》2017年第9期。

[63] 林毅夫:《新结构经济学的理论基础和发展方向》,载于《经济评论》2017年第3期。

[64] 刘凤义、崔学东、张彤玉:《发展混合所有制经济需要厘清的集中基本关系》,载于《天津社会科学》2016年第1期。

[65] 刘建丽:《国有企业国际化40年:发展历程及其制度逻辑》,载于《经济与管理研究》2018年第10期。

[66] 刘建丽:《国有企业海外投资监管的目标与制度设计》,载于《经济体制改革》2017年第6期。

[67] 刘戒骄、徐孝新:《改革开放40年国有企业制度创新与展望》,载于《财经问题研究》2018年第8期。

[68] 柳学信、孔晓旭、牛志伟:《新中国70年国有资产监管体制改革的经验回顾与未来展望》,载于《经济体制改革》2019年第5期。

[69] 卢江:《坚决加强和完善党对国有企业的领导》,载于《红旗文稿》2017年第5期。

[70] 骆家骕、李昌振:《国有企业改革:分类、设计及实施》,载于《经济与管理研究》2016年第5期。

[71] 马立政:《国有企业是中国社会主义经济实践的中流砥柱——新中国70年来国有企业发展历程及主要经验》,载于《毛泽东邓小平理论研究》2019年第7期。

[72] 马忠、张冰石、夏子航:《以管资本为导向的国有资

本授权经营体系优化研究》，载于《经济纵横》2017年第5期。

[73] 宁金成：《国有企业区分理论与区分立法研究》，载于《当代法学》2015年第1期。

[74] 欧佩玉、孙俊勤：《EVA考核对中央企业非效率投资的影响》，载于《经济管理》2018年第5期。

[75] 潘奇、朱一鸣、郑秀田：《中央企业捐赠两难困境制度纾解的准自然实验研究》，载于《管理学报》2019年第11期。

[76] 彭华岗：《持续推进国有企业与市场经济的深度融合》，载于《经济导刊》2018年第3期。

[77] 彭文彬、孙健敏、尹奎：《EVA在国内的研究现状与展望》，载于《现代管理科学》2016年第12期。

[78] 戚聿东、肖旭：《新中国70年国有企业制度建设的历史进程、基本经验与未竟使命》，载于《经济与管理研究》2019年第10期。

[79] 祁怀锦、刘艳霞、王文涛：《国有企业混合所有制改革效应评估及其实现路径》，载于《改革》2018年第9期。

[80] 綦好东：《国有企业混合所有制改革：动力、阻力与实现路径》，载于《管理世界》2017年第10期。

[81] 钱弘道、张洁：《企业国有资产监管中行政监督法治化指标研究》，载于《浙江大学学报（人文社会科学版）》2019年第5期。

参考文献

[82] 钱津：《论国有企业改革的分类与分流》，载于《经济纵横》2016年第1期。

[83] 曲天军、钟宏武、王大洋、汪杰：《中国企业精准扶贫案例50佳》，经济管理出版社2019年版。

[84] 荣兆梓：《发展混合所有制经济视角的国有经济改革新问题》，载于《经济纵横》2014年第9期。

[85] 荣兆梓：《发展混合所有制经济要求进一步深化国有经济改革》，载于《国有经济论丛》2013年版。

[86] 邵彦敏、邹运：《针对国有企业的三种错误观点辨析》，载于《红旗文稿》2018年第16期。

[87] 宋方敏：《习近平国有经济思想研究略论》，载于《政治经济学评论》2017年第1期。

[88] 孙智君：《习近平的产业经济思想及其显著特征》，载于《贵州社会科学》2017年第2期。

[89] 谭士军：《国资监管核心是以"管资本"为主推进国资监管转型》，载于《上海市经济管理干部学院学报》2016年第5期。

[90] 谭啸：《加强党对国有企业的领导至关重要》，载于《红旗文稿》2016年第17期。

[91] 谭啸：《深刻认识国有企业的制度优势》，载于《红旗文稿》2018年第4期。

[92] 谭语嫣、谭之博、黄益平、胡永泰：《"僵尸企业"

的投资挤出效应基于中国工业企业的证据》，载于《经济研究》2017年第5期。

[93] 汪立鑫、左川：《国有经济与民营经济的共生发展关系——理论分析与经验证据》，载于《复旦学报（社会科学版）》2019年第4期。

[94] 汪涛、王婧：《价值共创视角下大型国有企业主导产业技术追赶作用机制》，载于《技术经济》2018年第11期。

[95] 王凡：《从实物经营到资本经营国有企业管理体制转型研究》，载于《求索》2017年第7期。

[96] 王曙光，徐余江：《混合所有制经济与深化国有企业改革》，载于《新视野》2016年第3期，第17~23页。

[97] 王曙光、徐余江：《混合所有制经济与国有资产管理模式创新——基于委托—代理关系视角的研究》，载于《中共中央党校学报》2017年第6期。

[98] 王新红、武欣玲：《论党组织参与国有公司治理的法律原则》，载于《中南大学学报年（社会科学版）》2017年第5期。

[99] 王永钦、李蔚、戴芸：《"僵尸企业"如何影响了企业创新？——来自中国工业企业的证据》，载于《经济研究》2018年第11期。

[100] 王宇亮：《基于国有企业分类改革下的职能与组织机构研究》，载于《经济体制改革》2016年第4期。

[101] 王志刚、董贵成：《中国特色现代国有企业制度"特"在哪里》，载于《先锋队》2017年第29期。

[102] 卫兴华：《评析当前关于国有经济的混淆认识》，载于《毛泽东邓小平理论研究》2016年第8期。

[103] 卫兴华：《学习好、把握好中央〈关于深化国有企业改革的指导意见〉》，载于《毛泽东邓小平理论》2015年第10期。

[104] 卫兴华：《全面准确地理解"发展混合所有制经济"》，载于《经济导刊》2015年第10期。

[105] 文洪朝：《若干社会主义经济理论的再认识》，载于《当代世界社会主义问题》2017年第2期。

[106] 文宗瑜、宋韶君：《国有资本运营职能从国有企业剥离的改革逻辑及绩效评价体系重构》，载于《北京工商大学学报（社会科学版）》2018年第2期。

[107] 吴秋生、独正元：《混合所有制改革程度、政府隐性担保与国企过度负债》，载于《经济管理》2019年第8期。

[108] 吴宣恭：《破除"所有制中性论"的错误认知》，载于《当代经济研究》2020年第2期。

[109] 伍山林：《习近平经济战略思想的三个层面》，载于《求索》2017年第9期。

[110] 习近平：《保持战略定力增强发展自信坚持变中求新变中求进变中突破》，载于《人民日报》2015年7月19日。

[111] 习近平：《国有企业必须理直气壮做强做优做大》，载于《中国商界》2016年第8期。

[112] 习近平：《理直气壮做强做优做大国有企业》，载于《人民日报》2016年7月5日第1版。

[113] 习近平：《推动形成优势互补高质量发展的区域经济布局》，载于《实践（思想理论版）》2020年第1期。

[114] 习近平：《习近平主持召开中央全面深化改革委员会第四次会议强调加强领导科学统筹狠抓落实把改革重点放到解决实际问题上来》，载于《中国纪检监察》2018年第19期。

[115] 夏宁、蓝梦、宁相波：《EVA考核、研发费用管理与央企创新效率》，载于《系统工程理论与实践》2019年第8期。

[116] 谢莉娟、王诗桪、张昊：《重资产配置与国有企业效率——兼议混合所有制改革中的价值网优化》，载于《经济理论与经济管理》2019年第2期。

[117] 徐传谌、何彬、艾德洲：《逐步实现共同富裕必须发展和壮大国有经济》，载于《马克思主义研究》2014年第9期。

[118] 徐传谌、翟绪权、张行：《中国国有经济结构性调整研究》，载于《经济体制改革》2017年第2期。

[119] 徐传谌、邹俊：《国有企业与民营企业社会责任比较研究》，载于《经济纵横》2011年第10期。

[120] 徐舒韵：《央企境外资产流失的原因及对策》，载于《财务与会计》2015年第10期。

[121] 许保利：《坚持"两个毫不动摇"国企民企协同发展》，载于《人才资源开发》2018年第7期。

[122] 许光建、孙伟：《国有企业混合所有制改革五个关键问题》，载于《经济参考报》2018年5月7日。

[123] 杨瑞龙：《按照"三个有利于"标准推进国有企业改革》，载于《经济理论与经济管理》2020年第1期。

[124] 杨瑞龙：《国有企业改革逻辑与实践的演变及反思》，载于《中国人民大学学报》2018年第5期。

[125] 杨新铭、杜江：《国有资本管理体制改革的基本逻辑与方案》，载于《理论学刊》2020年第4期。

[126] 叶静怡、林佳、张鹏飞、曹思未：《中国国有企业的独特作用：基于知识溢出的视角》，载于《经济研究》2019年第6期。

[127] 于芳：《新常态下强化国有企业党建工作》，载于《财经问题研究》2016年第6期。

[128] 余澳、贾卓强：《民营企业参与地方国有企业混改的现实困境与对策研究》，载于《经济纵横》2019年第12期。

[129] 余菁：《"混合所有制"的学术论争及其路径找寻》，载于《改革》2014年第11期。

[130] 袁东明、袁璐瑶：《国有企业改革成就、经验与建

议》，载于《经济纵横》2019年第6期。

[131] 袁惊柱：《国有企业混合所有制改革的现状、问题及对策建议》，载于《北京行政学院学报》2019年第1期。

[132] 袁长清：《铸牢国有控股金融企业的"根"和"魂"——深入学习贯彻习近平总书记在全国国有企业党的建设工作会议上的重要讲话》，载于《紫光阁》2017年第6期。

[133] 臧跃茹、刘泉红、曾铮：《促进混合所有制经济发展研究》，载于《宏观经济研究》2016年第7期。

[134] 翟绪权、张行：《市场化导向下竞争性商业类国有企业发展研究》，载于《福建师范大学学报（哲学社会科学版）》2018年第3期。

[135] 翟绪权、赵然、张行：《习近平关于国有企业两个"一以贯之"重要论述的学理逻辑探析》，载于《福建师范大学学报（哲学社会科学版）》2019年第2期。

[136] 张弛：《国有企业党组织与现代企业制度冲突吗？》，载于《当代经济研究》2019年第12期。

[137] 张弛：《为什么中国特色现代国有企业制度"特"在党组织？》，载于《红旗文稿》2017年第6期。

[138] 张存韡：《加强境外国有资产监管的途径与方法》，载于《山东社会科学》2015年第S1期。

[139] 张富禄、罗丽丽：《深化国有企业改革需要多目标统筹兼顾》，载于《中州学刊》2020年第4期。

[140] 张桂芳:《以"管资本"为主的国有资产监管改革路径与措施——对上海市国有企业中高级管理人员的调研思考》,载于《西部论坛》2017年第4期。

[141] 张行:《习近平新时代中国特色社会主义思想下国有企业改革路径思考》,载于《福建师范大学学报(哲学社会科学版)》2020年第6期。

[142] 张嘉昕、王庆琦:《坚持"两个毫不动摇"是新时代经济发展的必然抉择——警惕"所有制中性论"带来的思想混乱》,载于《毛泽东邓小平理论研究》2019年第8期。

[143] 张建平、王实、倪晨阳:《集团现金管控程度对EVA考核的过度投资抑制效果的影响——基于中国上市央企的实证分析》,载于《技术经济》2016年第12期。

[144] 张梦雯、李继峰:《"去产能"需谨防国有资产流失》,载于《人民论坛》2017年第10期。

[145] 张水华:《论习近平关于国企改革的主要原则》,载于《法制与社会》2018年第36期。

[146] 张晓文、李红娟:《国有资产的流转与流失问题辨析》,载于《经济纵横》2016年第9期。

[147] 张卓元:《从"管企业为主"到"管资本为主"国企改革的重大理论创新》,载于《新视野》2016年第3期。

[148] 章治国:《坚持和改善党对国有企业的领导》,载于《理论视野》2017年第8期。

[149] 赵锦辉:《中国国有企业 70 年发展回顾与展望》,载于《山东社会科学》2019 年第 9 期。

[150] 赵治纲:《中央企业 EVA 直观化监测体系构建策略》,载于《财务与会计》2016 年第 15 期。

[151] 郑红亮:《中国公司治理与国有企业改革研究进展》,载于《湖南师范大学社会科学学报》2018 年第 4 期。

[152] 中共中央宣传部编:《习近平总书记系列重要讲话读本 2016 年版》,人民出版社 2016 年版。

[153] 中国宏观经济分析与预测课题组:《新时期新国企的新改革思路——国有企业分类改革的逻辑、路径与实施》,载于《经济理论与经济管理》2017 年第 5 期。

[154] 中国社会科学院工业经济研究所课题组、史丹:《我国多种所有制企业共同发展的时代内涵与"十四五"政策措施》,载于《经济管理》2020 年第 6 期。

[155] 周佰成、马可为、李佐智、孙小婉:《风险调整 EVA 模型及其在央企绩效评价中的应用》,载于《管理世界》2016 年第 6 期。

[156] 周晓梅:《公有制经济为主体多种所有制经济共同发展的客观性研究——以马克思的生产关系要适合生产力性质规律为视角》,载于《当代经济研究》2018 年第 6 期。

[157] 周新城:《国有企业是中国特色社会主义经济的"顶梁柱"——兼驳各种抹黑国有企业的错误言论》,载于

《山东社会科学》2018 年第 6 期。

[158] 周新城：《坚持把国有企业搞好——学习习近平视察吉林的讲话划清马克思主义与新自由主义的界限》，载于《毛泽东邓小平理论研究》2015 年第 8 期。

[159] 周新城：《谨防以推行混合所有制为名削弱国有经济》，载于《马克思主义研究》2016 年第 12 期。

[160] 周煊：《中央企业境外资产监管问题研究》，载于《人民论坛·学术前沿》2019 年第 18 期。

[161] 周业安、高岭：《国有企业的制度再造——观点反思和逻辑重构》，载于《中国人民大学学报》2017 年第 4 期。

[162] 周志华：《完善国有公司治理制度防止国有资产腐败性流失》，载于《学术论坛》2016 年第 1 期。

[163] 祝念峰、王雪凌：《2016 年思想理论领域的热点问题》，载于《红旗文稿》2017 年第 3 期。

[164] 邹俊：《国家所有权与深化国有企业改革》，载于《内蒙古社会科学（汉文版）》2019 年第 6 期。